Sandra Runge

DON'T WORRY, BE MAMI

Juristisches Know-how rund um Schwangerschaft, Geburt und Elternsein

Buch

»Endlich wieder arbeiten!«, freut sich Juristin Sandra Runge nach dem Ende ihrer Elternzeit. Doch als sie an ihrem ersten Tag im Job die Kündigung ausgehändigt bekommt, wird ihr klar, dass Eltern es in unserer Gesellschaft alles andere als leicht haben. Dabei sollten Mamis und Papis den neuen Lebensabschnitt mit Kind doch sorgenfrei genießen, ohne sich durch Behördendschungel, Gesetzeswirrwarr und Versicherungsblabla zu quälen!

Da hilft nur tief durchatmen, ein entspanntes *Ohhhhhmmmm* beim Schwangerschaftsyoga zu singen und sich von Sandra Runge an der Hand nehmen zu lassen. Denn mit »Don't worry, be Mami« hat die Zweifachmama und Rechtsanwältin den wichtigsten Rechtsratgeber für Eltern geschrieben - unterhaltsam aus dem Leben gegriffen und mit allen wichtigen Tipps und Tricks rund ums Kinderkriegen.

Autorin

Sandra Runge ist Zweifachmama, Rechtsanwältin und Bloggerin aus Berlin. Nach der Geburt ihrer Kinder hat sie festgestellt, wie viele rechtliche Themen plötzlich im Raum stehen. Dazu fehlte ihr ein fundierter und gleichzeitig verständlicher Rechtsratgeber für Mütter, sodass sie irgendwann entschied, das Buch selbst zu schreiben. Neben ihrem Anwaltsberuf hat sie in Berlin Coworking Toddler gegründet, Deutschlands erste Kita mit Coworking Space.

Besuchen Sie uns auch auf www.facebook.com/blanvalet und www.twitter.com/BlanvaletVerlag

Sandra Runge

DON'T WORRY, BE MAMI

Juristisches Know-how
rund um Schwangerschaft,
Geburt und Elternsein

blanvalet

Sollte diese Publikation Links auf Webseiten Dritter enthalten, so übernehmen wir für deren Inhalte keine Haftung, da wir uns diese nicht zu eigen machen, sondern lediglich auf deren Stand zum Zeitpunkt der Erstveröffentlichung verweisen.

Dieses Buch ist auch als E-Book erhältlich.

Verlagsgruppe Random House FSC® N001967

1. Auflage

Redaktion: Nadine Lipp
Umschlaggestaltung: semper smile, München
Umschlagmotiv: © shutterstock/vata
KW · Herstellung: sam
Satz: Uhl + Massopust, Aalen
Druck und Bindung: CPI books GmbH, Leck
Printed in Germany
ISBN 978-3-7341-0605-7

www.blanvalet-verlag.de

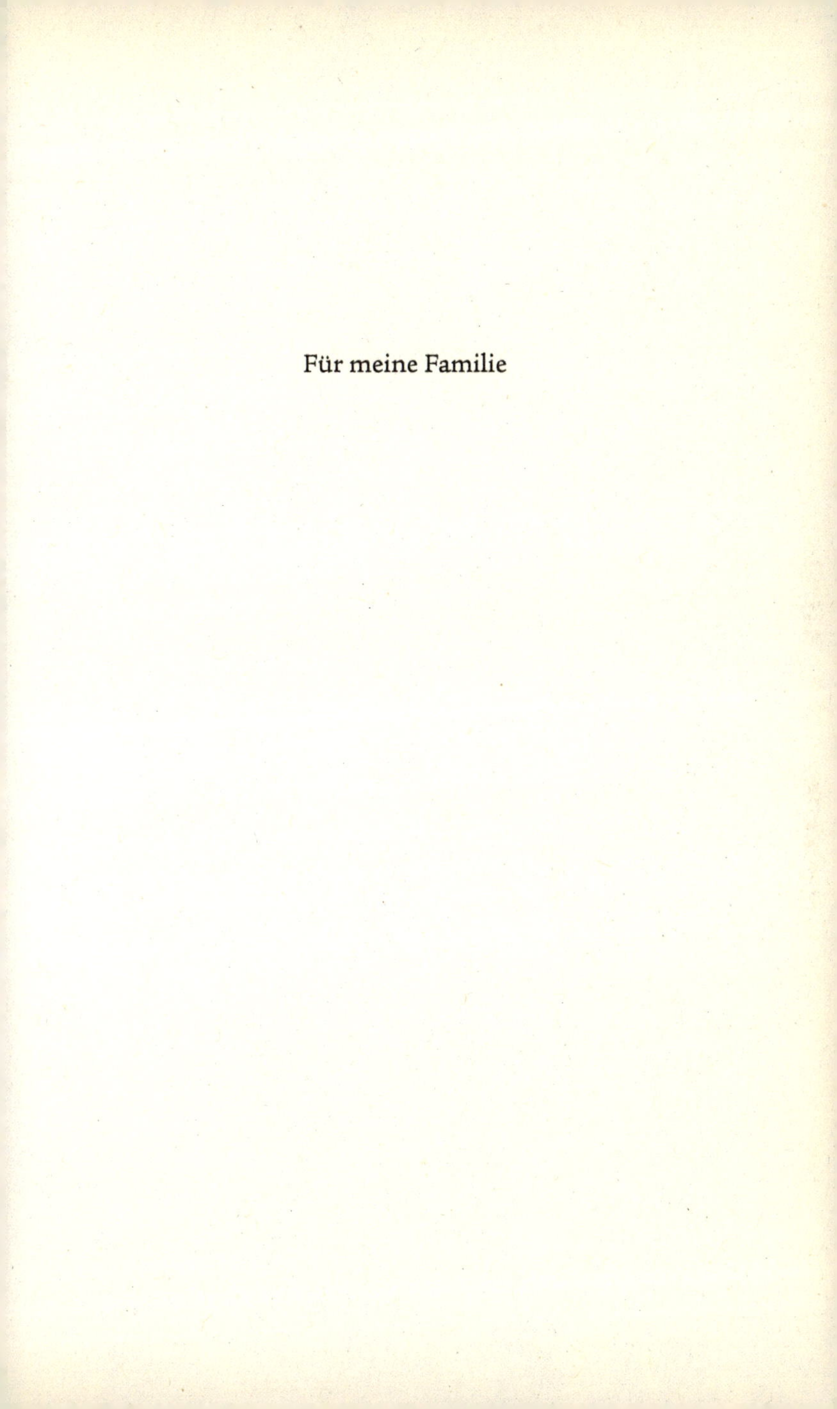

Für meine Familie

Wenn dir das Leben eine Zitrone gibt,
mach Limonade draus.

Virginia E. Wolff

INHALT

Liebe Leserin,
Lieber Leser,

dieses Buch ist ein Herzensprojekt, das ungefähr sechs Jahre lang in mir gereift ist und mithilfe vieler wunderbarer Unterstützer geboren wurde. Nach einer Reihe von einschneidenden persönlichen Erlebnissen als Mutter und Anwältin war es mir ein Anliegen, einen Rechtsratgeber für Eltern zu schreiben – aus dem Leben gegriffen, ohne Juristenkauderwelsch, ein bisschen lustig, ein bisschen traurig und sofort griffbereit für den praktischen Einsatz. Ich hoffe sehr, dass dir mein Buch Sicherheit bei der Beantwortung rechtlicher Fragen gibt und ein wertvoller Begleiter während der Schwangerschaft, Geburt und des Elternseins sein wird.

Gleichzeitig möchte ich darauf aufmerksam machen, dass Eltern, insbesondere Mütter, im Job und nach dem Wiedereinstieg immer noch benachteiligt werden. Das Buch soll dazu beitragen, dass Politiker und Gesetzgeber um- und weiterdenken und Mütter- und Elternrechte verbessern.

»Don't worry, be Mami« beruht auf wahren Begebenheiten, die ich selbst erlebt und frei interpretiert habe – gewürzt mit einer Prise, manchmal auch mit einer großen Portion Fantasie. Alle Namen und Charakterisierungen der Personen, die Teil dieser Geschichte sind, wurden zum Schutz der Persönlichkeitsrechte verändert. Sollte dennoch jemand meinen, die eine oder andere Ähnlichkeit zu erkennen, ist das kein Vorsatz, sondern reiner Zufall.

Der Buchtext wurde weitestgehend geschlechtergerecht formuliert, an einigen Stellen habe ich jedoch zur besseren Lesbarkeit darauf verzichtet – was aber nicht heißt, dass nicht alle Geschlechter angesprochen sind. Ganz im Gegenteil: Das Buch wurde zwar von einer Mutter für alle Mütter geschrieben, enthält aber auch viele Informationen für Väter, die das Buch natürlich auch lesen dürfen und sollten.

Die überarbeitete und aktualisierte Ausgabe, die du in den Händen hältst, berücksichtigt unter anderem die Reform des Mutterschutzgesetzes und des Unterhaltsvorschussgesetzes. Zusätzlich habe ich den Anhang erweitert und natürlich auch LeserInnen-Feedback eingearbeitet (Danke dafür!).

Die rechtlichen Informationen und Tipps in diesem Buch wurden nach bestem Wissen und Gewissen zusammengetragen, ersetzen jedoch keine maßgeschneiderte rechtliche Beratung. Eine Haftung wird daher ausgeschlossen.

Aktuelle Entwicklungen, Updates und Änderungen zum Thema Elternrechte – manchmal auch kleine private Einblicke in das Leben einer Rechtsanwältin zwischen Kind, Kita und Gerichtssaal – findest du auf meinem Blog smart-mama.de sowie auf den dazugehörigen Social-Media-Kanälen, bei Facebook, Twitter und Instagram. Ich freue mich, wenn wir uns dort treffen und austauschen!

Wenn auch dir eine Ungerechtigkeit widerfahren ist, kannst du mir gerne über hallo@smart-mama.de schreiben. Anregungen und (nette) Kritik darfst du natürlich auch loswerden.

Jetzt aber Schluss mit dem Vorgeplänkel: Viel Freude beim Lesen!

Deine Sandra

Berlin, im April 2018

VORGESCHICHTE

Der Urknall: Wie ich nach der Elternzeit zu einer arbeitslosen Mutter wurde

Nick, mein kleiner Sohn, der bis eben noch tief und fest in meinen Armen schlummerte, ist aufgewacht. Erst meldet er sich mit einem leisen Glucksen, dann mit mehreren lauten Wähwähhhhs. Milchdurst! Er befreit seine Ärmchen und Beinchen mit heftigen Ruder- und Strampelbewegungen aus meiner Umarmung, krabbelt auf meinen Bauch und zieht erwartungsvoll an meinen Haaren und Ohren. Dann bohrt er kurz seinen Zeigefinger in mein rechtes Nasenloch. Autsch! Bereits im zarten Alter von zwölf Monaten und drei Tagen weiß er genau: Meine Mama ist ein Morgenmuffel und muss mit sanften Ritualen geweckt werden.

Ich taste schlaftrunken nach meinem Telefon, das irgendwo auf dem Nachttisch liegen muss. Das Display zeigt 5.17 Uhr. Verdammt, flucht meine innere Stimme. Wieso ist Nick so früh wach geworden? Normalerweise trinkt er doch erst um sieben Uhr seine Guten-Morgen-Nuckelflasche. Ausgerechnet heute, an meinem ersten Arbeitstag nach einem Jahr Elternzeit, raubt er mir den Schlaf.

Ich stehe auf, nehme das durstige Bündel in meine Arme und beruhige ihn mit einem langsamen Wiegewalzer, den ich mit ihm im Schummerlicht durch das Schlafzimmer tanze. Engtanzen und leise »Sch-Sch-Schs« helfen immer, wenn Nick unzufrieden ist. Wir tanzen im Dreivierteltakt zur

Fensterbank, dort bereite ich eine Milchflasche für ihn zu. Zwischendurch schiebe ich das Rollo einen Spalt zur Seite und werfe einen Blick aus dem Fenster. Es ist dunkel, Berlin schläft noch. Vereinzelt blinkt die noch nicht abgehängte Weihnachtsbeleuchtung aus den Fenstern der gegenüberliegenden Häuser. Ein kitschiger einäugiger Schneemann mit Zipfelmütze grinst mich an. Ich habe das Gefühl, dass er mich auslacht – wie ich da so am Schlafzimmerfenster unserer Dachwohnung stehe: übermüdet, mit verquollenen Augen, in einem ausgewaschenen Micky-Maus-Schlafhemd, links das Baby wiegend und rechts eine Nuckelflasche schüttelnd. Ich strecke dem Schneemann kurz die Zunge raus – soll er doch woanders hingucken und grinsen.

Ich lege Nick in unser Bett, das seit geraumer Zeit in eine Familien-Schlaflandschaft umfunktioniert worden ist, und drücke ihm die Milchflasche in die Hand. Dann krieche ich unter die Bettdecke und stelle erleichtert fest: Er nuckelt mit geschlossenen Augen und zwirbelt seine goldbraunen Wuschelhaare um den Zeigefinger – ein sicheres Zeichen dafür, dass er wieder einschläft. Auch ich muss schlafen und Energie tanken. Dringend. Aber ich komme verflixt noch mal nicht zur Ruhe. In meinem Kopf dreht sich ein außer Kontrolle geratenes Gedankenkarussell mit der Aufschrift »Tschüss Elternzeit, hallo Job!«, in dem Nick, mein Mann Max, Nicks künftige Erzieherin und meine beiden Chefs, Herr Frey und Herr Werth, sitzen.

Nun beginnt er also – ein neuer Lebensabschnitt. In vier Stunden sitze ich im Büro und fange wieder an, als Inhouse-Juristin eines internationalen Logistikunternehmens zu arbeiten. Zweifel überkommen mich. Wird es mir gelingen, vom Windel-, Nuckel- und Bauklotz-Modus in den Paragrafen-Modus zu wechseln? Kann ich das überhaupt noch – eine Rechtsabteilung leiten und Verantwortung für mein Team und teure Transaktionen tragen? Gesetze studieren, Paragrafen jonglieren und Gutachten für meine Chefs schreiben? Das fühlt sich fremd an – und dazu noch meilenweit entfernt. Was ist, wenn ich meinen Job nach der Elternzeit verlernt habe? »So ein Quatsch«, ermahnt mich meine innere Anwältin, die langsam aus dem einjährigen Dornröschenschlaf erwacht, »du hast dich im letzten Jahr doch fortgebildet und deinen Fachanwalt für Arbeitsrecht gemacht. Ganz blöd kannst du ja nicht sein.«

Ich umarme Nick und ziehe ihn an mich. Er riecht gut und vertraut nach Elternzeit. Ein Cocktail aus Milch, Karamell und einem Hauch Lavendel-Gute-Nacht-Bad. Ich merke, wie das schlechte Gewissen an mir nagt. Der arme Zwerg, auch für ihn beginnt heute der Ernst des Lebens – sein erster Tag in der Krippe. Dagegen ist mein Wiedereinstieg doch lächerlich. Ich weiß immerhin, was auf mich zukommt, er dagegen muss sich an fremde Menschen und eine völlig neue Umgebung ohne Mama und Papa gewöhnen. Wie ein von Hand aufgezogenes Tierbaby, das plötzlich im Dschungel ausgewildert wird.

Das Gedankenkarussell nimmt Fahrt auf. Was ist, wenn die Erzieher doch nicht so nett sind wie bei unseren beiden Besichtigungen? Werden sie Nick trösten, ihn durch die Krippe tragen und mit ihm Wiegewalzer tanzen, wenn er weint? Haben wir für ihn die richtigen Menschen ausgesucht, die ihn ab jetzt Tag für Tag beim Wachsen begleiten, seine Stinkewindeln wechseln und Auas wegpusten werden?

Ich denke an das »Kita-Eltern-Casting« zurück. Was haben wir nicht alles über uns ergehen lassen müssen, um dort einen Platz zu ergattern: Mehrere Vorstellungsgespräche, zu denen ich Max mitgeschleift hatte (»Ja, Schatz, du MUSST da mitkommen, es macht immer einen besseren Eindruck, wenn wir zu zweit antanzen. Und bitte geh noch mal vorher zum Friseur und zieh dir ein schickes Hemd an.«), peinliche Betteltelefonate (»Es wäre so toll, wenn das mit dem Platz klappt, wissen Sie, wir haben so viele Einrichtungen gesehen, diese hier hat das überzeugendste pädagogische Konzept. Ach, und was ich noch sagen wollte, mein Mann ist handwerklich sehr geschickt und könnte bestimmt den kaputten Sandkastenrand reparieren.«) - und dann noch eine ärgerliche Zahlung für den Monat Dezember - obwohl wir den Betreuungsplatz erst ab Januar in Anspruch nehmen dürfen (»Ist doch kein Problem, das bezahlen wir gerne.«). Egal. Augen zu, Portemonnaie auf, Hauptsache, wir haben einen Krippenplatz.

Der Plan, am gleichen Tag mit der Eingewöhnung und mit dem Job-Wiedereinstieg zu beginnen, ist eigentlich völlig verrückt. Aber es ließ sich nicht anders organisieren. Eine Verlängerung der Elternzeit war von meinem Arbeitgeber abgelehnt worden, da Sylvie, meine Elternzeitvertretung, nur bis Ende Dezember gearbeitet hat. Und Max kann die Eingewöhnung leider nicht übernehmen, da er drei Tage unter der Woche nicht in Berlin arbeitet - deshalb muss meine Mutter einspringen. Ich verdränge mein schlechtes Gewissen. Das Leben ist kein Wunschkonzert, erst recht, wenn es um den beruflichen Wiedereinstieg und um einen Krippenplatz geht.

Das Gedankenkarussell dreht sich unkontrolliert weiter. Schlaf, wo bist du? Ich gehe gedanklich meinen Wiedereinstiegs-Masterplan durch, schließlich soll mein Start nach der Elternzeit perfekt sein:

- Handtasche ausmisten (Reiswaffelkrümel, abgelutschte Schnuller, Ersatzwindeln) und neu packen (Kopfschmerztabletten, Lippenstift, Ersatzstrumpfhose) ✔
- Schoko-Wiedereinstiegskuchen backen (damit die beiden Chefs und alle Kollegen um mich herum gut gelaunt sind) ✔
- Absatzschuhe entstauben und putzen (hat sich erledigt, da ich am Freitag neue Schuhe gekauft habe) ✔
- Pralinen für meine Mutter besorgen (sie wird Nervennahrung brauchen) ✔
- Foto von Nick für den Büro-Schreibtisch rahmen (zur Beruhigung bei plötzlichen Sehnsuchts-Attacken) ✔
- Gespräch mit den Chefs vorbereiten (bei guter Laune: flexible Arbeitszeiten und Homeoffice ansprechen, bei sehr guter Laune: Gehaltsentwicklung)

Ich stelle erleichtert fest, dass ich alles erledigt habe. Die Oma ist bereits angereist und wurde mit Pralinen versorgt, ich habe gepackt, gebacken, das Bild von Nick in einen silbernen Rahmen gesteckt und alles im Flur bereitgestellt. Ja, sogar das Gespräch, das ich am ersten Tag mit meinen beiden Chefs führen werde, habe ich zusammen mit Max vorbereitet. Aber warum mache ich mich verrückt, es wird bestimmt alles gut laufen, Herr Frey hat sich nach meinem letzten Bürobesuch kurz vor Weihnachten schließlich mit den Worten »Wir freuen uns schon sehr auf Ihre Rückkehr und sehen uns dann am 3. Januar« verabschiedet.

Ist doch klar, ich mache da weiter, wo ich aufgehört habe, und werde so schnell wie möglich meine ehrgeizigen Pläne, die ich in der Elternzeit geschmiedet habe, umsetzen: mehr Verantwortung, mehr Geld, Mitarbeiterin des Monats, ach Quatsch, des Jahres! Ich denke an meine Lieblingskollegen, meinen Arbeitsplatz, gebügelte Blusen, klappernde Absätze und an mein altes Gehalt, das bald wieder auf meinem Konto landen und endlich das Elterngeld ablösen würde.

Mein Bauchnabel kribbelt. Eigentlich ist es doch schön, wieder arbeiten zu gehen – irgendwie habe ich den Jahrmarkt der Eitelkeiten auch ein wenig vermisst. Es ist an der Zeit, dass ich endlich zu den Müttern gehöre, die ich im Sommer häufig auf dem Spielplatz beobachtet hatte: mit der Sonnenbrille auf der Nase, halb im Sandkasten sitzend, schick gekleidet im Büro-Outfit, barfuß oder in Nylonstrümpfen (die Stöckelschuhe liegen umgekippt am Sandkastenrand), tiefenentspannt mit dem Kind buddelnd, die gebügelte Bluse paniert mit Sand. Das schaffe ich doch mit links, oder? Und Nick wird das auch schaffen, die Krippe wird ihm bestimmt guttun. Die vielen Aktivitäten, die anderen Kinder – und wenn die Erzieher doof sein sollten, dann wird eben gewechselt. Punkt. Ich atme tief ein. Und plötzlich merke ich, dass sich das Gedankenkarussell langsamer dreht und stehen bleibt. Die Wiedereinstiegs-Zweifel und das schlechte Gewissen verflüchtigen sich langsam. Hallo, Welt da draußen, ich kann beides! Glückliches Kind und glückliche Mama, Sandkasten und Büro, Schnuller und Paragrafen, Sandburgen und Präsentationen.

Dann kuschele ich mich wieder an Nick, dem die leere Milchflasche gerade aus der Hand geglitten ist. Er schnarcht leise und friedlich. Ich schließe erleichtert die Augen, hülle mich noch einmal in den Elternzeit-Duft, dann schlafe ich endlich ein.

§§§

Zwei Stunden später sitze ich heulend im Auto. Ich denke an Nick, dem es überhaupt nicht gefallen hat, dass ich mit klappernden Absätzen, rotem Lippenstift und dem Wiedereinstiegskuchen aus dem Haus gegangen bin. Vielleicht hätte ich doch noch ein Jahr länger Elternzeit nehmen sollen? Ich schnäuze zum dritten Mal in das ausgefranste Taschentuch. Dann drehe ich das Radio bis zum Anschlag auf. »Somewhere over the Rainbow« schallt es aus dem Lautsprecher.

Drei Ampeln später bin ich wieder die Ruhe in Person. Ich halte kurz in der Brunnenstraße und gönne mir einen Kaffee auf die Hand. An der nächsten roten Ampel überprüfe ich mein Telefon: Keine Nachricht - gute Nachricht. Nick hat gefrühstückt und ist jetzt bereit für seinen ersten Tag in der Krippe. Dann poste ich auf Facebook stolz den Status »Working Mom«. Alle sollen es wissen. Jetzt gibt es kein Zurück mehr. Ich fahre weiter durch die verstopften Straßen. Fünfzehn Minuten später biege ich in die Einfahrt zum Bürogebäude ein und parke in der Tiefgarage wie gewohnt auf meinem Parkplatz. Ha! Selbst den richtigen Einparkwinkel habe ich noch drauf.

Ping - die Aufzugstür öffnet sich. Und schon befinde ich mich in den heiligen Hallen meines Arbeitgebers, der LOGO Logistics GmbH. Der Büroduft hat sich nicht verändert. Eine beißende Mischung aus Kaffee, Synthetikteppich und Raumspray. Pina, meine Assistentin, kommt mir aufgeregt auf dem Flur entgegen und umarmt mich: »Mensch, du bist ja schon da, der Kleine hat dich bestimmt früh geweckt, stimmt's? Siehst müde aus, und ein paar Kilo mehr auf der Kante könntest du auch vertragen. Schön, dass wir dich wiederhaben, aber komm erst mal wieder an, dann quatschen wir.«

»Ja, ähhh, ich freue mich auch... huch«, beinahe wäre mir

der Wiedereinstiegskuchen aus der Hand gerutscht. Ich öffne die Tür zu meinem Büro, bleibe stehen und lasse meinen Blick durch den Raum wandern. Alles sieht so aus wie vor der Elternzeit: das Bild an der Wand, moderne Kunst in Ölfarbe, wilde Pinselstriche, die auch von Nick stammen könnten, das schwarze Regal mit den dicken Büchern und den Aktenordnern, die sich merklich vermehrt haben.

Seltsam, irgendetwas ist aber anders, denke ich plötzlich und suche den Fehler, der mir eigentlich gleich hätte auffallen müssen. Ich schlucke, Fehler gefunden. Zwei wichtige Büro-Accessoires stehen nicht mehr auf meinem Schreibtisch: Rechner und Telefon.

Ich versuche das ungute Gefühl, das aufkommt, zu unterdrücken und finde schnell eine Erklärung: Räuber und Ganoven! Wahrscheinlich hat sich jemand über die Feiertage eingeschlichen und den Rechner abmontiert, um ihn anschließend bei eBay zu versteigern. Ich alarmiere Pina, die in der Küche Kaffee kocht. »Neeee, das hat doch der IT-Paule gemacht«, erwidert sie. Ach so, denke ich zufrieden, dann bekomme ich zur Feier des Tages also neue Technik. Das wurde aber auch Zeit.

Zehn Minuten später klopft IT-Paule an meine Tür. Wie immer trägt er ein breites Grinsen auf den Lippen und ein gewagtes Hemd. Diesmal orange-grau kariert – im Achtzigerjahre-Fledermaus-Schnitt. Ich mag ihn, weil er immer gute Laune hat und sich nicht von den Chefs auf der Nase herumtanzen lässt. »Hallo und herzlich willkommen! Wie war der Mutterschaftsurlaub? Haben Sie sich gut erholt?«

»Guten Morgen«, sage ich freudig und schüttele seine Hand. Ich überlege noch, ob ich ihm kurz erklären soll, dass ich im letzten Jahr nicht im Urlaub, sondern in Elternzeit war und das Wort »Erholung« fehl am Platz ist. »Wann bekomme ich denn meinen neuen Rechner?«, frage ich.

»Neuer Rechner? Hä? Davon weiß ich nichts. Der alte steht jedenfalls in einem anderen Raum im Erdgeschoss. Das wollten die Chefs so. Zusammen mit Ihrem Telefon.«

Ich überlege kurz, ob ein Umzug in eine andere Etage Sinn macht, und beantworte die Frage mit nein, schließlich sitzt die Geschäftsführung, zu der ich im weiteren Sinne gehöre, in der fünften Etage. »Aha, verstehe ich nicht.« Das ungute Gefühl klopft wieder an.

IT-Paule geht konspirativ einen Schritt auf mich zu, sodass ich seinen muffigen Atem riechen kann. Dann flüstert er hinter vorgehaltener Hand: »Ich verstehe das auch nicht. War ganz eilig. Ich sollte deswegen sogar am Wochenende antanzen.« Er tippt sich mehrmals mit dem Zeigefinger an die Stirn und verdreht die Augen. »Fragen Sie am besten die Chefs, die müssten ja jeden Augenblick kommen.«

Ich laufe wieder zu Pina und versuche in Erfahrung zu bringen, was hier eigentlich los ist. »Keine Ahnung, ich weiß von nichts«, sagt sie und sieht mich mit großen Augen an. »Uns hat keiner gesagt, dass du in einem anderen Raum sitzen sollst. Macht doch auch gar keinen Sinn, dann müssten ja die Akten umgeräumt werden. Und Sylvie hat ja auch die ganze Zeit in deinem Zimmer gearbeitet.«

Sylvie. Vielleicht sollte ich sie kurz anrufen. Sie müsste als meine Elternzeitvertretung ja eigentlich über alles im Bilde sein. Ich beginne an meinem Mobiltelefon herumzudrücken und lese zuerst noch die Kommentare unter meinem »Working Mom«-Facebook-Status: »Viel Glück und einen großen Blumenstrauß auf dem Schreibtisch!«, »Energie, Kraft und gutes Karma für deinen ersten Arbeitstag« und »Happy Wiedereinstieg!« Schnell stecke ich das Telefon wieder zurück in meine Handtasche.

Vor wenigen Tagen hatte ich noch mit Sylvie telefoniert. »Alles läuft bestens«, hatte sie gesagt, »wir sehen uns nächste Woche im Büro, dann machen wir die Arbeitsplatzübergabe.« Da kann doch in der Zwischenzeit nichts Besonderes passiert sein, oder? Das mit dem leergefegten Schreibtisch ist bestimmt eine Verwechslung, für die es eine ganz banale Erklärung gibt. Ich überlege kurz, ob ich Sylvie vertrauen kann. Klar, denke ich, schließlich habe ich ihr den Job hier vermittelt, nachdem mein Chef kurz vor Beginn des Mutterschutzes noch immer keine Elternzeitvertretung für mich organisiert hatte. Sylvie zählt zwar nicht zu meinen allerbesten Freundinnen, aber wir hatten uns ab und zu auch privat getroffen und häufig telefoniert. Sie kam sogar nach Nicks Geburt zum Babybesuch – mit einem großen Blumenstrauß.

Ich blicke auf mein Mobiltelefon. 8.30 Uhr. Nick wird jetzt schon im Buggy sitzen und mit der Oma über den Helmholtzplatz fahren. Bestimmt hat er eine Brezel in der Hand. Die Oma wird aufgeregter sein als Nick. 8.30 Uhr bedeutet auch: Gleich wird Herr Frey im Büro ankommen, wenn er seine Gewohnheiten beibehalten hat.

Ich öffne die Tür einen Spaltbreit, damit mir seine Ankunft akustisch nicht entgeht. Normalerweise läuft er als Erstes an meinem Büro vorbei in die Küche, um sich einen Kaffee zu holen. Schwarz, ohne Milch, ohne Zucker. Ich stelle das Foto von Nick auf den leeren Schreibtisch und überlege kurz, ob ich mit dem Aufzug in das Erdgeschoss fahren soll, um mein neues Büro zu inspizieren. Nein, ich warte jetzt lieber auf Herrn Frey. Immerhin steht noch mein Name an der Tür. Wenn ich ins Erdgeschoss umziehen soll, hätte IT-Paule doch gleich das Schild abmontiert. Also bleibe ich sitzen und warte.

Mir ist langweilig. Komische Situation. Ich bin motiviert, energiegeladen und voller Tatendrang, gleichzeitig aber arbeitsunfähig, weil das Arbeitswerkzeug fehlt. Wie bestellt und nicht abgeholt. Ich setze mich auf meinen Bürostuhl, nehme Schwung und drehe mich im Kreis. Einmal, zweimal, dreimal. Ich schiele zur Backform, die ich auf dem Sideboard abgestellt habe, und beschließe, ein Stück Wiedereinstiegskuchen zu essen.

Fünf Minuten später ertönt ein kanarienvogelähnliches Pfeifen. Die Melodie von »Don't worry, be happy«. Oha, Herr Frey ist im Anmarsch. Diese Marotte, die wirklich alle Kollegen nervt, hat er sich anscheinend immer noch nicht abgewöhnt. Ich wickle die Kuchenreste schnell in ein Taschentuch und wische die Krümel vom Tisch. Dann setze ich mich aufrecht in Position. Aber seltsam – er läuft einfach an meiner offenen Tür vorbei und wenige Minuten später zurück in sein Büro. Eigentlich hätte er sehen müssen, dass ich bereits da bin. Oder wollte er es nicht sehen? Ich beschließe einige Minuten zu warten und dann in sein Büro zu gehen. Ich mache Grimassen zur Lockerung meiner Gesichtszüge, streiche meine Bluse glatt und laufe in sein Büro.

Er begrüßt mich freundlich und schüttelt meine Hand mit einem kräftigen Händedruck. Kurz darauf höre ich mich schon fragen: »Wissen Sie eigentlich, warum mein Rechner und mein Telefon nicht mehr in meinem Zimmer stehen?« Er grinst und winkt mir eine verharmlosende Geste zu. »Ahahahach, das meinen Sie – wir sprechen später darüber, in Ordnung?«

»Gut, dann kann ich aber noch nicht anfangen zu arbeiten. Schließlich wollte ich jetzt schon einmal damit beginnen, die Rechtsfälle durchzugehen.«

»Nicht schlimm«, bemerkt Herr Frey und wendet sich geschäftig einer bunten Excel-Tabelle zu.

Bitte, was? Nicht schlimm? Ist es tatsächlich nicht schlimm, wenn ich an meinem ersten Arbeitstag nach der Elternzeit nicht arbeiten kann? Beim Verlassen des Büros schiele ich an die Decke und suche nach der versteckten Kamera. Verwirrt gehe ich zu meinem Arbeitsplatz zurück und rufe Max an. Wir orakeln zusammen, was das alles bedeuten könnte. Fest steht: nichts Gutes. Er versucht mich zu beruhigen, sehr überzeugend wirkt er nicht.

Ich öffne meine Tür sperrangelweit und setze mich wieder an den leeren Schreibtisch. Herr Werth, der Co-Chef, wird sich nicht so leicht aus der Affäre ziehen können. Ich betrachte das gerahmte Foto von Nick, das als einziger Gegenstand auf meinem nackten Schreibtisch steht. Es entstand während unseres ersten Urlaubs zu dritt. Er planscht mit überdimensionalen gelb-grünen Schwimmflügeln im Wasser und lächelt glücklich durch seine ersten beiden Zähnchen. Mein kleines Hasenkind, ich würde dich jetzt so gerne im Arm halten, denke ich traurig. Ich versuche einen Artikel aus einer juristischen Fachzeitschrift zu lesen, doch ich kann mich nicht konzentrieren. Fast eine Stunde vergeht. Ich langweile mich. Ist das schon Mobbing?

Plötzlich höre ich Schritte. Große, laute Schritte. Herr Werth ist im Anmarsch. Den Blick fest an meinen Türrahmen geheftet, überlege ich, was ich sagen soll, wenn er in mein Büro kommt. »Guten Morgen, wo sind eigentlich mein Telefon und mein Rechner?« Das hört sich doch dämlich an. Er soll mir diesen merkwürdigen Empfang erklären - ohne dass ICH ihm dazu eine Frage stellen muss.

Die Schritte kommen näher. Ich richte mich auf. Brust raus, Bauch rein. Doch er kommt nicht in mein Büro. Er läuft schnellen Schrittes vorbei in Richtung Küche und murmelt nur »Gutnn Moggän«. Wie ungehobelt, denke ich. Vielleicht holt er sich nur schnell einen Kaffee und kommt dann bei mir vorbei, versuche ich mir einzureden. Pustekuchen. Mit dem Kaffee in der Hand läuft er wieder zurück über den Flur. Stoisch geradeaus blickend, wie ein farbloser Schatten an meiner Tür vorbeihuschend. Ich weiß nicht, ob ich lachen oder heulen soll. Das ungute Gefühl versuche ich ab jetzt nicht mehr zu unterdrücken. Ich stopfe aus Frust das zweite Stück Wiedereinstiegskuchen in mich hinein.

Fünfzehn Minuten später höre ich noch einmal Schritte, diesmal im Duett. Beide Chefs platzen in mein Zimmer: »Kommen Sie mal bitte kurz mit in den Konferenzraum, wir müssen etwas besprechen.«

Die beiden sitzen mir am langen Besprechungstisch gegenüber und blicken mich mit ernster Miene an. Was habe ich verbrochen, frage ich mich? Ich bin doch nur eine Mutter, die sich ein Jahr um ihr Baby gekümmert hat und jetzt wieder arbeiten möchte. Herr Frey räuspert sich. »Wir kommen gleich zum Thema: Es tut uns außerordentlich leid, wir können Sie nicht mehr bei der LOGO Logistics GmbH weiterbeschäftigen.«

Flutsch. Ich habe das Gefühl, dass mir der Synthetikteppich unter den Stöckelschuhen weggezogen wird. Mein Gesicht erstarrt zur Maske, mein Puls steigt, mein Herz rast – mit jedem unglaubwürdigen Erklärungsversuch ein bisschen schneller –, bis ich in Trance nur noch Wortfetzen aufschnappe. »Umstrukturierung« ... »Auslagerung der Rechtsabteilung« ... »Kosten einsparen« ... »keine andere Beschäftigungsmöglichkeit« ... »sofortige Freistellung« ... »Alles Gute für die Zukunft« … »Sie werden Ihren Weg schon gehen« … Blablabla. Ich versinke langsam in einem dunklen Schlund und schnappe nach Luft.

Dann nestelt Herr Werth unbeholfen an einer Klarsichthülle herum und übergibt mir ein Schreiben mit der Überschrift »Ordentliche Kündigung und sofortige Freistellung«, ohne dabei die Miene zu verziehen. Eiszeit-Stimmung macht sich im Besprechungsraum breit. »Bitte quittieren Sie mir den Empfang der Kündigung, Sie wissen schon, der guten Ordnung halber, muss ich Ihnen ja nicht erklären.« Herr Frey reicht mir wortlos einen Kugelschreiber. Ich überlege, ob ich mit »Ihr Arschgesichter« unterschreiben soll, entscheide mich dann doch dagegen. Nicht dass ich noch eine zweite und diesmal fristlose Kündigung riskiere. Ich unterzeichne – mit zittriger Krakelschrift – und lasse Höflichkeitsfloskeln über mich ergehen. Ich stelle keine Fragen, stehe auf und schüttle roboterhaft zwei Hände.

Zurück in meinem Büro rufe ich zuerst Max an. »Waaaaaas? Du veräppelst mich, oder? Das ist unzulässig, du bist doch erst heute aus der Elternzeit zurückgekehrt! Da ist man doch noch im Kündigungsschutz, dachte ich.«

Leider hat er nicht recht, obwohl der gesunde Menschenverstand sagt: Eine Kündigung am ersten Tag nach der Elternzeit, die jegliche Chance und Perspektive für einen gelungenen Wiedereinstieg zunichtemacht, kann doch nicht zulässig sein. Aber die Rechtslage ist eine andere. Meine innere Anwältin ist jetzt hellwach und beginnt zu erklären: »Weißt du, das ist wie bei einem Kaninchen, das sich in seinem Bau um seine Kaninchenbabys kümmert. Es ist geschützt, wenn es die Elternzeit in seiner Erdhöhle verbringt. Sobald es den Bau nach der Elternzeit verlässt, kann sich ein

Raubvogel vom Himmel stürzen und das Kaninchen packen. Einfach so. Zack und weg.«

ELTERN-KÜNDIGUNGSSCHUTZ, KÜNDIGUNG NACH DER ELTERNZEIT

Eine Kündigung am ersten Tag nach der Elternzeit ist der absolute Wiedereinstiegs-GAU. Bestimmt fragst du dich jetzt, wie das möglich sein kann – auch nach der Jobpause sollte man doch eigentlich vor dem Verlust des Arbeitsplatzes geschützt werden, oder? Gibt es da nicht einen besonderen **Kündigungsschutz,** der solche Fälle vermeidet?

Tatsächlich unterliegen Mütter gleich zweimal dem **besonderen Kündigungsschutz**:

Es gibt den **Mutterschutz-Kündigungsschutz** während der Schwangerschaft bis 4 Monate nach Geburt (§ 17 MuSchG) und den **Elternzeit-Kündigungsschutz** während der Elternzeit (§ 18 BEEG) – dieser gilt natürlich auch für Väter. Wenn deine Elternzeit nahtlos an den Mutterschutz-Kündigungsschutz andockt, führt das dazu, dass eine Kündigung **vom ersten Tag der Schwangerschaft bis zum letzten Tag der Elternzeit** unzulässig ist. Gleichzeitig bedeutet das auch: Ab dem ersten Tag nach der Elternzeit erlöscht der besondere Kündigungsschutz, sodass dir dein Arbeitgeber **ohne gesetzliches Kündigungsverbot kündigen kann**.

Gut zu wissen: Nach der Elternzeit kann es sein, dass der schwächere **allgemeine Kündigungsschutz** nach dem **Kündigungsschutzgesetz** auf dich Anwendung findet (§§ 1, 23 Abs. 1 S. 3 KSchG). Eine Kündigung ist dann unter folgenden **Voraussetzungen** unwirksam:

- Du bist länger als **6 Monate** bei deinem Arbeitgeber beschäftigt.
- Dein Arbeitgeber beschäftigt regelmäßig mehr als **10 Arbeitnehmer**.
- Die Kündigung ist **sozial ungerechtfertigt**, d. h., es liegen weder personen-, verhaltens- noch betriebsbedingte Gründe für eine Kündigung vor.

Wichtig: Falls du rechtlich gegen eine Kündigung vorgehen möchtest, musst du aktiv werden und zwingend innerhalb von **3 Wochen** nach **Zugang** des Kündigungsschreibens eine **Kündigungsschutzklage** beim Arbeitsgericht einreichen – sonst wird die Kündigung wirksam.

Mehr-Geld-Tipp: Das Einreichen einer Kündigungsschutzklage kann teuer werden, da du im erstinstanzlichen Arbeitsgerichtsprozess unabhängig vom Ausgang des Rechtsstreits deine Anwaltskosten selbst tragen musst. Um das zu vermeiden, kannst du eine **Rechtsschutzversicherung** abschließen – am besten gleich zu Beginn deiner Schwangerschaft.

(Weitere Infos zum Mutterschutz-Kündigungsschutz findest du auf S. 72, zum Elternzeit-Kündigungsschutz auf S. 189.)

Ich rufe Sylvie an. Sie ist nicht überrascht. Ganz im Gegenteil. Zu meiner großen Verwunderung höre ich, dass sie bestens informiert ist. »Es tut mir so leid. Ich wusste es bereits seit letzter Woche und durfte es nicht erzählen. Habe noch hin und her überlegt, ob ich es dir sagen soll, aber man hatte es mir im Vertrauen gesagt.« BAM. Es fühlt sich an, als ob gerade ein Eimer Eiswasser über meinem Kopf ausgeleert wurde. Sylvie ist nicht auf meiner Seite. Sylvie ist im Team Werth und Frey. Und sie hat mich getäuscht und belogen, indem sie mir vorgegaukelt hat, dass alles in Ordnung sei.

Ich zittere. Mir ist übel. Ich verspüre den Drang, sofort das Büro zu verlassen. Schnell packe ich meine Sachen, lasse es mir aber nicht nehmen, noch einen Zettel auf den Wiedereinstiegskuchen zu legen: »Danke für den angenehmen Wiedereinstieg. Lassen Sie es sich schmecken.« Kurz darauf sitze ich wieder heulend im Auto. An einer roten Ampel poste ich bei Facebook einen neuen Status: »Mama arbeitslos!«

§§§

Meine Mutter staunt, als ich um 11.30 Uhr wieder vor der Tür stehe. »Mamaaaa«, johlt Nick und streckt mir freudig seine Ärmchen entgegen – es sieht so aus, als ob er den ersten Tag in der Krippe gut überstanden hat. Wenigstens einer, der mich heute nett begrüßt, denke ich. Ich nehme ihn auf den Arm und erzähle kurz, warum ich schon wieder zu Hause bin. Meine Mutter schüttelt den Kopf. »Und ich dachte immer, dass Mütter heutzutage von unseren Gesetzen ausreichend geschützt werden, wenn sie wieder arbeiten wollen.«

»Das dachte ich bis heute auch«, antworte ich und merke, dass ich gleich wieder heulen muss. »Die Gesetze, die Eltern schützen sollen, sind einfach nicht weitreichend genug.« Meine Mutter blickt mich fragend an. »Ach, weißt du, Mama, eigentlich sollte der besondere Kündigungsschutz nicht nur während der Schwangerschaft und Elternzeit, sondern auch noch einige Wochen nach dem Ende der Elternzeit gelten, damit Eltern eine faire Chance erhalten, ohne Kündigung wieder in den Job einzusteigen.« – »Beruhige dich erst mal. Wer weiß, wofür das gut ist«, sagt sie und nimmt mich in den Arm.

Nach dem Wiedereinstiegs-Schock verkrieche ich mich eine lange Woche hinter einer Mauer aus Tränen, Pfefferminzschokolade und den »Gilmore Girls«. Ohne Nick wären daraus wahrscheinlich Monate geworden. Seine Bedürfnisse, sein Lachen, sein Weinen und seine vollen Windeln erinnern mich daran, dass es Wichtigeres gibt, als sich wegen eines verlorenen Jobs selbst zu bemitleiden.

Und irgendwann schimpft meine innere Anwältin: Du lässt dich doch nicht auf diese Weise abfertigen! Schließlich bist du vom Fach und willst dich gegen diese Ungerechtigkeit wehren.

Irgendeine Instanz muss den beiden Chefs doch mal sagen: »So geht's aber nicht, Herr Werth und Herr Frey, Sie können eine Mutter nach der Elternzeit nicht einfach so abservieren. Wo kämen wir denn da hin in diesem Land?«

Eine Woche später reiche ich beim Arbeitsgericht Berlin Kündigungsschutzklage ein. Kurz vor dem Gerichtstermin telefoniere ich mit meiner Freundin Denise, die als Journalistin bei einer großen Berliner Tageszeitung arbeitet. »Das ist doch ungeheuerlich. Soll ich darüber schreiben? So etwas muss an die Öffentlichkeit. Das ist pures Mütter-Mobbing.« Ich lehne dankend ab. Mir ist nicht nach Öffentlichkeit zumute.

ELTERN-MOBBING

Im Berufsleben kommt es vor, dass Eltern systematisch benachteiligt werden. Wenn du das Gefühl hast, dass du von Vorgesetzten oder Kollegen häufig belästigt, angefeindet oder schikaniert wirst, weil du Mutter oder Vater bist, kann das ein **Mobbing-Fall** sein, der zu einem Anspruch auf **Schmerzensgeld** (z. B. wegen der Verletzung der Gesundheit) und zum Ausgleich von **Vermögensschäden** (z. B. Verdienstausfall) führen kann.

Gut zu wissen: Nicht jede Konflikt- oder Stresssituation ist gleich ein Mobbing-Fall. Dafür müssen verschiedene **Voraussetzungen** erfüllt sein:

- Du befindest dich in einer unterlegenen Position.
- Die Handlungen erfolgen gehäuft, systematisch und über einen längeren Zeitraum.
- Es gibt für die Handlungen keine Rechtfertigung.

Tipp: Wenn du das Gefühl hast, dass du gemobbt wirst, solltest du, falls vorhanden, den Betriebsrat informieren. Zudem ist es wichtig, alle Vorfälle und deren Umstände (zeitliche Lage, beteiligte Personen, Anlass und Ablauf) schriftlich in einem **»Mobbing-Tagebuch«** dokumentieren, da du im Prozess die Beweislast trägst.

Bitte nicht vergessen: Falls in deinem Arbeits- oder Tarifvertrag **Ausschlussfristen** stehen, musst du die Schadensersatzansprüche rechtzeitig geltend machen.

Wichtig: Neben Mobbing kann auch eine **Geschlechterdiskriminierung** nach dem Allgemeinen Gleichbehandlungsgesetz (AGG) infrage kommen, dazu mehr auf S. 45.

Zum ersten Gerichtstermin, der sich »Gütetermin« nennt, erscheine ich mit Kinderwagen. Nick ist erkältet und hat krippenfrei. Herr Grau, der Anwalt meines Arbeitgebers, fängt mich auf dem Gerichtsflur ab. Scheinbar gibt es eine Info, die er unbedingt noch vor der Verhandlung auf dem Gerichtsflur loswerden möchte. Er knetet unruhig seine Finger und streicht sich verlegen mit einer Hand durch die pomadigen Haare. An seinem Ringfinger prangt ein alberner Siegelring. Männer mit Siegelring waren mir immer schon suspekt. »Ach, übrigens, ich wollte Sie noch informieren, dass Sylvie jetzt bei mir in der Kanzlei arbeitet und von dort die Rechtsabteilung der LOGO Logistics extern weiterführt.« Ich lasse mir nichts anmerken, aber mir gefriert das Blut in den Adern. BAM. Meine Elternzeitvertretung hat mir meinen Job weggeschnappt. Ich überlege. Ist schon klar, die Rechtsabteilung wird ausgelagert, weil ich angeblich zu teuer bin, und Sylvie macht meinen Job. Nur schön, dass man mich vor der Kündigung noch nicht einmal gefragt hat, ob ich vielleicht weniger Stunden oder für weniger Geld arbeiten möchte. Langsam durchschaue ich das rechtliche Konstrukt, mit dessen Hilfe ich entsorgt werden soll.

Die Güteverhandlung endet ergebnislos. Auf der Rückfahrt denke ich über Denise' Angebot nach. Was wäre, wenn vor jedem Berliner Spätkauf die Schlagzeile *»Arbeitgeber mobbt Mutter am ersten Tag nach der Elternzeit aus dem Unternehmen«* im Zeitungsständer zu lesen wäre? »Nein, das geht nicht«, sagt meine innere Anwältin entschlossen. »Damit würdest du den Prozess negativ beeinflussen. Das ist doch nicht deine Art.« Trotzdem beschließe ich, meine Erlebnisse und andere Ungerechtigkeiten zu dokumentieren, denn ich weiß, dass ich nicht die einzige Mutter bin, die ein Wiedereinstiegs-

Desaster erlebt hat. Wer weiß, vielleicht packe ich eines Tages doch aus.

Noch am gleichen Abend klappe ich meinen Rechner auf und beginne die Fakten und das noch zu erwartende Szenario zu notieren. Nach zehn Minuten habe ich das Elternzeit-Rauswurf-Komplott, das bei Herrn Grau vermutlich unter dem Ordner »Kündigungs-Masterpläne«, Unterordner »Mütter in Elternzeit«, abgespeichert ist, durchschaut und zu Papier gebracht:

Elternzeit-Rauswurf-Masterplan

1. Abwarten, bis die Mutter aus der Elternzeit zurückkehrt, bis dahin nichts anmerken lassen.
2. Mutter am ersten Tag nach der Elternzeit kündigen, dann ist der Sonderkündigungsschutz beendet.
3. Mutter sofort freistellen und vom Unternehmen isolieren.
4. Die Abteilung, in der die Mutter gearbeitet hat (Rechtsabteilung der LOGO Logistics GmbH), pro forma extern ausgliedern (Kanzlei Grau) – damit klar ist, dass der Arbeitsplatz weggefallen ist.
5. Outsourcing sichtbar umsetzen, damit es vor Gericht beweisbar ist (Akten in die Kanzlei bringen, Beratervertrag zwischen der LOGO Logistics GmbH und der Kanzlei Grau schließen etc.).
6. Anfallende Arbeiten der Mutter extern und mit weniger Personalkosten erledigen (Sylvie bearbeitet die Akten in der Kanzlei Grau und wird dort als freie Mitarbeiterin eingestellt).
7. Der Mutter eine Abfindung anbieten, falls sie Kündi-

gungsschutzklage erhebt. Wenn sie Ja sagt, wird ein Vergleich geschlossen, damit ist der Rechtsstreit erledigt.

8. Die Rechtsabteilung wieder eingliedern, wenn der Prozess beendet ist (Sylvie wird als freie Mitarbeiterin in der Rechtsabteilung eingestellt).
9. Ergebnis: Die Arbeitsaufgaben werden mit weniger Personalkosten und durch eine freie Mitarbeiterin ohne Sozialversicherungsbeiträge, Arbeitnehmer-Schutzrechte (z. B. Schwangerschafts- und Elternzeit-Kündigungsschutz) erledigt.

So ein Schweinekram, aber geschickt eingefädelt, fluche ich. Und Sylvie, der ich die Elternzeit-Vertretung vermittelt habe, macht eifrig mit beim Elternzeit-Rauswurf-Masterplan. Danke!

§§§

Ein halbes Jahr später scheide ich offiziell aus dem Unternehmen aus. »Das Arbeitsverhältnis der Parteien endet aufgrund arbeitgeberseitiger betriebsbedingter Kündigung der Beklagten …« steht im Vergleich, den wir vor dem Arbeitsgericht Berlin schließen. Der Rechtsstreit endet mit einer Abfindung.

»Nun akzeptieren Sie doch den Vergleich, das ist doch ein gutes Angebot«, drängelte der Richter mehrfach. Eigentlich wollte ich stur bleiben und in der nächsten Instanz, ja sogar notfalls bis zum Bundesarbeitsgericht weiterkämpfen, bis die Ungerechtigkeit schwarz auf weiß in einem Urteil zu lesen wäre. Doch ich hatte Kraft und Lust verloren, den Prozess weiterzuführen, nachdem mir der Richter im Kammertermin zu verstehen gegeben hatte, dass er der Version der Gegenseite Glauben schenkt. »Unternehmerische Freiheit« nannte er den Elternzeit-Rauswurf-Masterplan, von dessen Existenz ich überzeugt war, die ich aber leider nicht beweisen konnte. Der Richter schloss die Verhandlung mit den Worten: »Die Luft wird immer dünner, je mehr Verantwortung man im Unternehmen trägt.« Den Satz »Und wenn man Mutter ist, sollte man entweder schnell wieder in den Job einsteigen oder damit rechnen, dass der Job nach der Elternzeit nicht mehr vorhanden ist« traute er sich nicht zu ergänzen.

Wenige Wochen später weiß ich definitiv: Der Elternzeit-Rauswurf-Masterplan ist zu 100 Prozent aufgegangen. Genau so, wie ich es befürchtet hatte: Sylvie wird einen Monat später wieder bei LOGO Logistics GmbH als freie Mitarbeiterin beschäftigt – für einen Bruchteil meines Gehaltes. Sie arbeitet in meinem Büro, sitzt auf meinem Stuhl und benutzt meine Schreibtisch-Accessoires. Bestimmt hat sich IT-Paule mit dem Zeigefinger an die Stirn getippt und die Augen verdreht, als er den Rechner und das Telefon wieder in meinem Büro anschließen musste.

§§§

Doch das Leben geht weiter – auch ohne Job. Irgendwann verbanne ich die Schriftsätze in der Sache Runge./.LOGO Logistics GmbH in den Keller, richte meine Krone und fange an, Bewerbungen zu schreiben.

Drei Monate nach dem offiziellen Ende meines Arbeitsvertrages habe ich einen neuen Job, ein Jahr später bin ich wieder schwanger. Und ich fasse den in der Zwischenzeit gereiften

Entschluss, nicht nur ein Baby, sondern gleich zwei Babys zur Welt zu bringen: Nicks Geschwisterchen und ein Buch über Mütter- und Elternrechte. Denn ich habe der Welt und insbesondere allen potenziellen und werdenden Mamas da draußen so einiges mitzuteilen.

1

Schwanger! Wie sage ich es meinem Arbeitgeber? Oder: Vom Sonnengruß zum Mutterschutz

Ich sitze im hintersten Winkel der Kanzlei Dr. Schnietzel & Partner, genau genommen im dunklen Aktenarchiv – umgeben von chromfarbenen Büroregalen, gefüllt mit vergilbten Ordnern. Der Hocker, auf dem ich zusammengekauert sitze, ist unbequem. Ich rutsche hin und her, um eine optimale Sitzposition zu finden. Mit dem spießigen Kanzlei-Dresscode, dem ich mich fast jeden Morgen zähneknirschend unterwerfe, ist das nicht so einfach. Endlich sitze ich ruhig, die Beine übereinandergeschlagen und betrachte für einen Moment das gegenüberliegende Regal, dessen Regalböden sich bereits durchbiegen. An den Aktenzeichen sehe ich, dass sich in den Ordnern Unterlagen befinden, die teilweise älter sind als ich. Plötzlich muss ich an meinen ganz persönlichen abgelegten Rechtsfall denken. Wahnsinn, über ein Jahr ist es schon her, dass ich Opfer des »Elternzeit-Rauswurf-Masterplanes« wurde.

Das letzte Jahr ist im Sauseschritt vergangen. Kein Wunder, wir haben Vollgas gegeben: Der Umzug in ein Häuschen am Stadtrand, der neue Job in einer Anwalts-Kanzlei und Nicks 20 Wochen altes Geschwisterchen im Bauch – mehr Veränderung gab es in so kurzer Zeit noch nie in meinem Leben.

Nachdem ich den Kündigungs-Schmerz verdaut hatte und

in meinen neuen Job eingestiegen bin, sah es tatsächlich so aus, als ob ich supermuttimäßig alles schaukeln kann: Kind, Mann, Vollzeit-Job, Haus, Garten, Freunde, Sport, Wellness und ein permanentes Lächeln im Gesicht. Doch irgendwann kam die Ernüchterung und Erschöpfung. Nach den ersten Monaten im neuen Job musste ich feststellen: Ich saß nach der Arbeit kein einziges Mal barfuß mit Sonnenbrille und sandpanierter Bluse am Sandkastenrand, um dort mit Nick Sandkuchen zu backen. Und tiefenentspannt war ich auch nicht. Im Gegenteil. Ich war ein schlecht gelauntes Nervenbündel, das nicht vor 19 Uhr nach Hause kam und um 20 Uhr erschöpft mit seinem Kind einschlief. Umgeben von einem gelangweilten Ehemann, einem unordentlichen Haus und einem verwilderten Garten. Mit Freundschaften, die nur noch aus gelegentlichen Telefonaten bestanden. Ohne Fitness und Wellness und immer seltener mit einem Lächeln im Gesicht.

Schuld daran waren die langen und unflexiblen Arbeitszeiten, das Homeoffice-Verbot und eine Chefin, die mich noch nach 22 Uhr, am Wochenende und während des Urlaubs mit Mails, Anrufen und Meetings nervte. Das ging sogar so weit, dass ich phasenweise um 18 Uhr nach Hause fuhr, Nick ins Bett brachte und nach dem Gutenachtkuss wieder zum Arbeiten in die Kanzlei zurückkehrte. Manchmal nahm ich mir einfach ein Taxi: Darin konnte ich kurz schlafen und Abendbrot, bestehend aus Schoko- und Müsliriegeln, essen. Und selbst in der wenigen Zeit, die mir blieb, um mit Nick zu spielen, sorgte der Arbeitsdruck dafür, dass ich ständig eine mahnende Stimme hörte, die mich an meine beruflichen Pflichten erinnerte.

Wie wäre es wohl gewesen, wenn ich noch meinen alten Job

in der Rechtsabteilung von LOGO Logistics GmbH gehabt hätte? Schade, dass ich nicht bereits zum Ende der Elternzeit wieder schwanger gewesen war. Dann hätte ich bei der Übergabe der Kündigung verkünden können: »Den Wisch können Sie gleich wieder einpacken, ich bin schwanger!« Ich hätte meinen Mutterpass ausgepackt und auf den Konferenztisch geknallt. »Bitte schön, der guten Ordnung halber. Mutterpass sticht Kündigung, das muss ich Ihnen ja nicht erklären.«

Plötzlich reißt mich ein Kribbeln in der Nase aus meinen Gedanken. Ich muss niesen. »Hahaha-Hatschi!« Hoffentlich hat mich keiner gehört. Auf den Akten und Regalböden steht eine dicke Staubschicht, ein Anzeichen dafür, dass der Raum eher selten betreten wird. Dieser Umstand beruhigt mich, denn genau das habe ich gesucht – ein Versteck, in dem mich niemand findet. Hier bin ich sicher: vor meiner Chefin, vor meinen Kollegen und vor kollektiven Kanzleizwängen, denen man manchmal ausgeliefert ist. Und ganz akut vor dem gemeinsamen Mittagessen, an dem ich aus gutem Grund nicht teilnehmen möchte. Auch wenn sich ein nagendes Hungergefühl langsam in meiner Magengegend breitmacht, bin ich froh, dass ich mich vor dem Aufbruch in die Maultaschen-Manufaktur rechtzeitig in dem Archivraum versteckt habe: Deftig-dampfende Maultaschen mit Kartoffelsalat und Zwiebelschmelze – wenn ich an mein einst so geliebtes Leibgericht denke, wird mir sofort speiübel. Nicht auszudenken, was passieren würde, wenn ich in unserer Kanzlei-Stammkneipe plötzlich mit grünem Gesicht und Hand vor dem Mund zur Toilette rennen müsste. Spätestens dann werden sich alle mein bestgehütetes Geheimnis gegenseitig ins Ohr tuscheln: »Die ist bestimmt schwanger!«

Ich beschließe etwas gegen das Hungergefühl zu tun und

widme mich dem Glas Kirschen und der Dose Sprühsahne, die neben mir auf dem grauen Teppichboden stehen. Nicht umsonst habe ich mich still und heimlich mit Nahrungsmitteln unterm Arm in das enge und ungeheizte Aktenarchiv begeben – nur dort kann ich ungestört ein Mittagessen ganz nach meinem Geschmack zu mir nehmen: süßsauer eingekochte Schattenmorellen mit Sprühsahne. Ich klemme das Glas zwischen meine Knie, öffne es mit einem Plopp und beginne genüsslich, eine Kirsche nach der anderen mit dem Löffel aus dem Saft zu fischen, mit einem Tupfen Sahne zu verzieren und zu verspeisen.

Noch vor zwei Monaten hätte ich beim Einkaufen im Supermarkt weder die Regalreihe »Eingemachtes« aufgesucht noch Gläser mit diesem Inhalt in die Hand genommen und zur Kasse geschoben. Doch seit einigen Wochen stehen Sauerkirschen in jeglicher Form auf meinem Speiseplan, in unserem Kühlschrank und in mehreren Küchenschränken – ja sogar in meiner abschließbaren Büroschublade.

Nach zehn Minuten befindet sich nur noch Kirschsaft im Glas. Meine innere Uhr sagt mir, dass ich mein inzwischen liebgewonnenes Versteck verlassen und wieder an meinen Schreibtisch zurückkehren muss. Schnell stehe ich auf und zupfe den verrutschten Rocksaum zurecht. Dann verstecke ich die Sprühsahne hinter dem ersten Aktenordner, stopfe den Löffel in die seitliche Tasche meines Rockes und klemme das leere Schattenmorellen-Glas fest unter den linken Arm. Nachdem ich mich vergewissert habe, dass die Luft rein ist, schleiche ich auf Zehenspitzen über den Flur in die gegenüberliegende Kaffeeküche. Mit einem dumpfen Plumps werfe ich das leere Glas in den Mülleimer. Dabei überkommt mich wieder ein seltsames Gefühl, irgendwo zwischen Übelkeit, Hunger und Ekel. Schnell zerknülle ich einige Blätter Küchenrolle und bedecke damit das leere Glas. Nicht dass es noch meine Kollegen entdecken und auf die Idee kommen, unangenehme Fragen zu stellen.

Ohnehin habe ich das Gefühl, dass ich seit einiger Zeit unter Beobachtung stehe. Es war vielleicht doch zu offensichtlich, als ich letzte Woche das Glas Holundersekt bei der Geburtstagsfeier von Frau Dr. Schnietzel, meiner Chefin, dankend unter Hinweis auf eine spontan erfundene Heilfasten-Kur abgelehnt habe. Die Fragen häufen sich seitdem: »Na, wie sieht es mit einem zweiten Kind aus? Nick will doch bestimmt gerne ein Geschwisterchen.« Wie ich diese Einmischungen in die Familienplanung hasse. Ich frage ja auch nicht: »Na, wie sieht es mit einem Heiratsantrag aus? Deine Freundin will doch bestimmt gerne einen Ring am Fingerchen, oder?«

Ich schließe kurz die Augen, lege beide Hände sanft auf meinen Bauch, den ich noch unter Faltenröcken und luftigen Blusen verstecken kann. Dann gelobe ich meinem 20 Wochen alten Bauchzwerg: »Keine Angst, mein Kleiner, ich bin hier die Chefin. Zumindest was uns beide angeht. Wann ich hier jemandem etwas von dir und meinem zukünftigen Kugelbauch erzähle, entscheide ich. Schließlich ist es mein Bauch, dein zartes Leben und unser schönstes Geheimnis.«

Zurück am Schreibtisch stelle ich fest, dass der Aktenberg während meiner Abwesenheit um einige Zentimeter gewachsen ist. Dahinter kann nur eine Person stecken: Frau Dr. Schnietzel, die von ihren Mitarbeitern immer dann, wenn sie nicht anwesend ist, »Frau Schnitzel« genannt wird. Wahrscheinlich ist sie, wie immer akkurat in »Teuer und Bunt« gekleidet, durch die Büros marschiert und hat Akten verteilt.

Natürlich während alle beim Mittagessen waren. Und selbstverständlich Akten, die monatelang bei ihr im Büro lagen, dick und fett im Fristenkalender eingetragen waren und dann - huch, ganz plötzlich - kurz vor Fristablauf - sofort und schnell bearbeitet werden müssen.

Neulich habe ich ein Lineal aus meiner Schreibtischschublade genommen und abends nachgemessen: Sie hatte es an einem Tag tatsächlich geschafft, einen Aktenturm von 95 Zentimetern Höhe auf meinem Schreibtisch zu bauen. Das entspricht in etwa der Körpergröße von Nick, der bald seinen dritten Geburtstag feiert.

Nick, mein kleiner süßer Nick. Ein ungutes Gefühl steigt in mir auf, und ich frage mich, ob ich hier nicht völlig fehl am Platz bin. Ich denke kurz an das Bewerbungsgespräch mit Frau Schnitzel zurück. Klar und deutlich sehe ich, wie sie ihre Brille zurechtrückt, tief in meine Augen schaut und fragt: »Ich weiß, man darf das eigentlich nicht fragen, aber ist Ihr Kind denn rund um die Uhr betreut? Und was mich natürlich auch interessiert: Ist die Kinderplanung bei Ihnen abgeschlossen?« Zerrissen zwischen dem Ehrgeiz, den gutbezahlten Job in einer renommierten Anwaltskanzlei zu bekommen, und der Wut darüber, dass mir Nick und seine künftigen Geschwister rechtswidrig zum Vorwurf gemacht werden, antworte ich: »Natürlich ist der Kleine rundum versorgt, wir haben außerhalb der Kita ein wunderbares Netzwerk an Babysittern. Und ja, die Kinderplanung ist abgeschlossen.« Vielleicht hätte ich damals die letzte Frage doch ehrlich beantworten sollen. Dann wäre ich womöglich bei einem familienfreundlichen Arbeitgeber gelandet.

FRAGERECHT UND AUFKLÄRUNGSPFLICHTEN IM BEWERBUNGSVERFAHREN – BEZOGEN AUF SCHWANGERSCHAFT, BETREUUNGSSITUATION UND KINDERPLANUNG

Leider kommt es immer wieder vor, dass Eltern in Vorstellungsgesprächen ganz unverblümt zum Thema »Familie« befragt werden. Ob Schwangerschaft, Betreuungszeiten oder die Planung weiterer Kinder – solche Fragen sind unzulässig, da sie deine Privatsphäre betreffen. Außerdem können diese Fragen eine **Diskriminierung wegen des Geschlechts** (§§ 1, 7 des Allgemeinen Gleichbehandlungsgesetzes – AGG) sein, die Schadensersatzansprüche gegenüber dem Arbeitgeber nach sich ziehen.

Bitte nicht vergessen: Ansprüche im Zusammenhang mit der Verletzung des Diskriminierungsverbotes müssen innerhalb von **2 Monaten** gegenüber deinem Arbeitgeber geltend gemacht werden (§ 15 Abs. 4 AGG).

Gut zu wissen: Bei unzulässigen Fragen (»Sind Sie schwanger?«) hast du ein Recht zur Lüge.

Tipp: Am besten bereitest du vor einem Bewerbungsgespräch schon einige schlagfertige Antworten zum Thema Familie vor, damit du gewappnet bist, falls es zu unangenehmen Fragen kommen sollte.

Ich versuche den Aktenstapel auf meinem Schreibtisch zu ignorieren und rufe mein E-Mail-Postfach auf. Vielleicht ist es ja doch nicht so dramatisch. Fünf neue E-Mails sind in der Zwischenzeit in meinem Posteingang gelandet. Ich lese die fett markierten Absender und Betreffzeilen. Es ist doch dramatisch.

Dr. Cornelia Schnietzel **12:42**

WG – Eingang Schriftsatz in Sachen Kümmel./.NRE GmbH – bitte sofort vorlegen!

Dr. Cornelia Schnietzel **12:42**

Akte Kümmel./.NRE ist auf Ihrem Tisch.
Noch heute, bin jetzt weg. Fristablauf!!!

Loteria International **12:55**

RE: Glückwunsch, Ihr Gewinncode lautet 36w4492

Ping Wang **12:56**

Projekt/Geschäftsvorschlag – schnell antworten!

Shiva Yoga **13:03**

Deine Anmeldung zum Schwangerschafts-Yoga

Ich bin wütend. Tatsächlich habe ich wieder einmal einen Fristablauf zur Bearbeitung erhalten. Kümmel./.NRE GmbH, den verzwickten Fall kenne ich bereits. Geschätzte Arbeitszeit: sieben Stunden. Warum schreibt Frau Schnitzel immer wieder diese unverschämten E-Mails? Ohne Anrede und Fragezeichen, ohne »Bitte« – geschweige denn mit einem »Danke« –, stattdessen mit drei Ausrufezeichen. Und natürlich so, dass ich in der Betreffzeile vor vollendete Tatsachen gestellt werde. Bestimmt ist sie wieder im Fitnessstudio, um ihr nicht vorhandenes Fett zu verbrennen – während ich wie ihre Leibeigene bis in die Puppen arbeiten muss und von den Schattenmorellen mit Sprühsahne immer dicker werde, denke ich wütend.

Die Wut vermischt sich mit schlechtem Gewissen. Ich denke an Nick, der jetzt aneinandergereiht mit 14 anderen Kindern auf einer kleinen Matratze im Kindergarten schläft. Mit einem roten Feuerwehrhelm im Arm – seinem aktuellen Kuscheltierersatz. Noch denkt er, dass ich heute Abend nach dem Sandmännchen, spätestens mit dem verstreuten Traumsand, in der Tür stehe. Er wird sich darauf freuen, gemeinsam – wie versprochen – mit Papa UND Mama zu Abend zu essen. Wie es in Bilderbuchfamilien nun mal so üblich ist. Aber leider wird heute nichts aus dem Bilderbuchabend. Heute ist wieder einmal Rabenmutterabend.

Schlecht gelaunt lösche ich nacheinander die SPAM-Mails. Hoppla, Moment mal. Stand da nicht etwas von Shiva-Yoga? Ich fische die Mail wieder aus dem Gelöschte-Elemente-Ordner und lese:

> Liebe Sandra, es hat geklappt, du hast einen Platz im Schwangerschafts-Yoga-Kurs. Am 05.03. geht es los. Immer dienstags um 18 Uhr. Bitte bringe bequeme Kleidung, warme Wollsocken und eine Yoga-Matte mit. Alles Liebe und ein Lächeln, Namasté, Deine Selma

Immerhin, ein zarter Silberstreif am Rabenmutterabendhimmel ist erkennbar. Verknoten, Atmen und Meditieren mit Babybauch – ich werde das erste Mal in meinem Leben Yoga machen! Vor lauter Freude klatsche ich wild in die Hände –

denn ich habe das scheinbar Unmögliche geschafft: einen Platz im Schwangeren-Yoga-Kurs! Yoga für (werdende) Mütter ist, zumindest in Berlin, fast so heiß begehrt und umkämpft wie ein Krippenplatz. Und ich darf ab nächster Woche mitmachen. Nicht in irgendeinem Studio – sondern bei Shiva-Yoga! Und dazu noch mit Selma, der besten Yoga-Meisterin auf Erden – so nennen sie zumindest die Mütter auf den Berliner Spielplätzen. »Wenn du schwanger bist, Entspannung brauchst und dazu noch schnell gebären willst, muss du dich bei Selma anmelden. Und zwar sobald du einen positiven Schwangerschaftstest in der Hand hältst.« Wie gut, dass ich diese Sandkasten-Weisheit ernst genommen hatte.

Die Wut über den Fristablauf ist fast verflogen. Ich lese die Zeilen von Selma noch einmal, lächele zurück in Richtung geöffneter Mail und nehme, ganz entgegen meiner Gewohnheit ohne tiefen Seufzer, die Akte Kümmel./.NRE GmbH vom Aktenstapel.

§§§

Eine Woche später stehe ich mit einer zusammengerollten Yoga-Matte vor einer bröckeligen, graffitibesprühten Altbaufassade im Herzen von Berlin-Friedrichshain. 17.55 Uhr. Ich bin zu spät, Frau Schnitzel ist wieder einmal schuld. Sie hat mich heute mit einem komplexen Schriftsatz und stundenlangen Recherchearbeiten in Beschlag genommen.

Ich schlinge meinen Schal mehrmals um den Hals. Wieso muss in Berlin auch immer dieser sibirische Eiswind wehen? Es ist März, aber er kann es nicht lassen, meine Vorfreude auf den Frühling einzufrieren. Mein kalter Zeigefinger wandert hektisch die Klingelschilder-Reihen herauf und herab, bis ich einen Streifen lila Klebeband entdecke, der behelfsmäßig über den Namen des Vormieters geklebt ist. Dort steht in verwischten schwarzen Druckbuchstaben: »Yoga-Shiva (H-Hof)«. Ich denke mit einem Anflug von Wehmut an die Zeiten, als ich noch häufig abends aus war. Je behelfsmäßiger das Klingelschild, desto angesagter der Club oder die Bar, die dahintersteckte. Ob das auch für Yoga-Studios gilt?

Ich klingele, die summende Eingangstür öffnet sich. Im Eiltempo laufe ich durch einen dunklen Hauseingang in den Hinterhof. Es riecht nach Kohleofen. Was ich sehe, ist schon einmal vielversprechend. Wie eine kleine Großstadtoase eröffnet sich vor mir eine beleuchtete Remise aus roten Backsteinen. Mehrere bunte Lampions mit Kerzen, die in Blumentöpfen stecken, schmücken eine Terrasse, die mit Fahrrädern zugeparkt ist. Der Eingang wird von zwei großen Elefantenskulpturen, geschmückt mit buntem Kopfputz, bewacht. Auf der Eingangstreppe steht eine ausgeklappte Schiefertafel. Dort ist in schnörkeliger Schrift zu lesen:

»Schuhe aus?
Telefon aus?
Dann heißen wir dich
herzlich willkommen.
Namasté und viel Spaß!«

Na, das kann ja heiter werden. Eigentlich bin ich ja nicht so eine Esoterik-Tante. Ohhhhmmmm und Paragrafen passen ja nicht wirklich zusammen. Vielleicht sollte ich es lieber doch lassen? Andererseits: Ich muss etwas für Kopf und Körper tun – immerhin sind es noch gut fünf Monate bis zur Geburt. Bis dahin muss ich fit sein. Muss. Wie wäre es mit Hölzchen ziehen? Meine innere Anwältin ist gegen den Yoga-Kurs und sagt: »Ab an den Schreibtisch, dann wird es morgen nicht ganz so stressig.« Doch sie zieht das kürzere Hölzchen.

Ich trete also durch den offenen Eingang in den Umkleideflur und ziehe hüpfend meine Stiefel aus. Danach werfe ich – mit kurzem Trennungsschmerz – mein Telefon in einen an der Wand befestigten Bastkorb, in dem sich schon ein halbes Dutzend Telefone befindet. Aus dem angrenzenden Kursraum dringt lautes Geschnatter. Glück gehabt, der Kurs hat noch nicht angefangen. Ich stelle erleichtert fest, dass sich außer mir noch eine andere Yoga-Mama im Umkleideflur befindet.

»Gehst du auch zum Schwangeren-Yoga?«, frage ich überflüssigerweise. Die Frau, perfekt gekleidet im Yoga-Outfit, bestehend aus Wickeloberteil und Pluderhose, nickt. Sie klemmt sich einen pinken Haargummi zwischen die Zähne und zwirbelt ihre langen dunklen Haare zu einem Dutt zusammen. Nachdem sie ihre Haarfrisur mit einem Handspiegel geprüft hat, zieht sie ihren Lippenstift nach, selbstverständlich genauso pink wie das Haargummi. Ich staune wieder. Wozu braucht man vor einer Yoga-Stunde Lippenstift? Zum Yoga-Matte-Küssen? Dann verstaut sie hektisch ihre abgelegte Kleidung in einem edlen schwarzen Lederrucksack und verschwindet ohne ein weiteres Wort. Schade, ich hätte lieber gemeinsam mit ihr den Raum betreten. Ich ziehe mich schnell um und folge der Haargummi-Frau barfuß in den Kursraum.

Eine angenehme Duftwelle aus Gewürztee, Sesamöl und

Räucherstäbchen kommt mir entgegen. Das Licht ist gedämpft. Aus der Musikanlage erklingen leise sphärische Klänge, gespielt auf einem für mich nicht identifizierbaren Instrument. Selma, die Yoga-Meisterin, kniet im Schneidersitz mit gefalteten Händen am anderen Ende des Raumes. Um sie herum sitzen sieben erwartungsvolle Frauen auf bunten Yoga-Matten. Noch sind die Babybäuche kaum sichtbar. Eine Frau verteilt Decken und Meditationskissen. In der Mitte steht ein großes Silbertablett mit einer Thermoskanne und Teebechern.

»Namasté« begrüßt mich Selma, die Yoga-Chefin, und senkt kurz den Kopf, auf dem sie kunstvoll einen grünen Turban drapiert hat. Ihre Haut ist nahezu faltenfrei, ihre Figur so drahtig wie der Körper einer 20-jährigen Primaballerina – nur ihre Haare verraten, dass sie älter sein muss: graue Locken, die unter ihrem Turban hervorlugen. Ich antworte etwas verwirrt: *»Hallo, ähhh Namasté«*, und nicke kurz in ihre Richtung, während ich meine Matte auf dem letzten freien Platz – neben der Haargummi-Frau – ausbreite.

Selma erklärt den Ablauf der Yoga-Stunde und leitet die Vorstellungsrunde ein. »Bitte nennt kurz euren Namen, euren Entbindungstermin, wie viele Kinder ihr habt und womit ihr den größten Teil eurer Zeit verbringt.« Die Frauen stellen sich reihum vor. Ich merke mir nur, dass die Haargummi-Frau aus der Garderobe Hermine heißt. Mein Namensgedächtnis ist nicht gerade das beste und noch schlechter, seitdem ich schwanger bin. Nun bin ich an der Reihe, als Letzte. Ich räuspere mich mit einem »Äähähäem-ja« und nehme die Farbe von Nicks rotem Feuerwehrhelm an. Dann stelle ich mich kurz vor. Wie ich diese albernen Mama-Vorstellungsrunden hasse!

Dann sollen wir uns in den Schneidersitz setzen, die Hände auf die Oberschenkel legen und die Augen schließen. Selma erzählt mit ruhiger Stimme etwas von »erden«, »verbinden« und »loslassen«. Ich schlafe fast ein und überlege, ob es überhaupt eine gute Idee war hierherzukommen. Ich bin doch für diesen Yogi-Kram überhaupt nicht empfänglich.

Meine innere Anwältin meldet sich und erinnert mich an den Schriftsatz in Sachen Kümmel./.NRE GmbH, den ich noch fertigschreiben muss. »Tief durchatmen! Lasst euren Atem durch den Körper fließen«, höre ich Selma sagen. In Gedanken gehe ich durch, was ich in den Schriftsatz schreiben werde. Mein Rücken schmerzt. Die vielen Stunden am Schreibtisch, eine durchschnittliche Schlafdauer von sechs Stunden täglich, seit Monaten kein Sport – das alles tut meiner Wirbelsäule nicht gut. Wieder einmal wird mir bewusst, dass es Wahnsinn ist, was ich da gerade treibe – während einer der wichtigsten Phasen meines Lebens!

Ich denke an Cléo, meine Hebamme und Freundin, die mir schon häufig gesagt hat: »Schwangerschaftszeit bedeutet Wellnesszeit.« Sie hat recht. Stattdessen ist meine Schwangerschaftszeit gerade alles andere als Wellness. Ich sollte mehr schlafen, anständig essen – und vor allem mehr Zeit mit Nick verbringen. Und vor allem sollte ich diesen verdammten Job und Frau Schnitzel nicht mehr so ernst nehmen. Ich verdränge die Gedanken an den morgigen Arbeitstag und freue mich nun doch, dass ich tief einatmend im Schneidersitz auf der Yoga-Matte sitze: erden – verbinden und loslassen. Plötzlich denke ich an nichts mehr.

Selma weckt uns mit sanfter Stimme aus der Meditation. »So, ihr Lieben, wir machen jetzt weiter mit Surya Namaskar – dem Sonnengruß. Damit aktivieren wir Körper und

Geist und kurbeln euren Kreislauf an – und bewegen dabei alle wichtigen Muskeln.« Selma faltet ihre Hände und macht die Übung vor. Ich beobachte ihren grünen Turban und bin fasziniert, dass er keinen Zentimeter verrutscht, als sie elegant den Oberkörper nach unten senkt, eine Art Liegestütze macht und sich wieder kerzengerade erhebt. Konzentriert versuche ich mir die Abläufe einzuprägen und nachzumachen.

Haargummi-Hermine ist mit ihren Gedanken offensichtlich woanders. Ich höre, wie sie ihrer Matten-Nachbarin zuflüstert: »Und, wann hast du es gesagt?« Ihre Nachbarin, ein spindeldünnes elfenhaftes Wesen mit langen blonden Haaren, das mich irgendwie an eine Barbie-Puppe erinnert, zischt zurück: »Noch gar nicht. Ich bin zwar schon in der 16. Schwangerschaftswoche, aber das geht meinen Arbeitgeber doch nichts an. Ich warte ab, solange der Bauch noch nicht zu sehen ist. Sonst rücke ich auf Platz 1 der Abschussliste vor, die sind doch gerade dabei, Personal einzusparen.«

Hermine, die sich gerade in der Kniebeuge befindet, antwortet unter ihrem Arm hindurch: »Du musst dem Arbeitgeber schnell sagen, dass du schwanger bist, das ist Pflicht.«

Ab jetzt ist es wieder vorbei mit meiner Konzentration. Ich verspüre den Drang, mich in das Gespräch einzumischen. »Also … das stimmt … nicht so ganz«, flüstere ich kurzatmig im Vierfüßlerstand, »eine Pflicht … dass du deinem Arbeitgeber … von der Schwangerschaft erzählst … besteht nicht.« Hermine dreht sich erstaunt zu mir um und zieht skeptisch eine Augenbraue nach oben. Ich hole tief Luft: »In § 15 Abs. 1 S. 1 Mutterschutzgesetz steht zwar, dass du deine Schwangerschaft offenbaren sollst, sobald sie dir bekannt ist, das ist aber nur eine SOLL-Vorschrift, keine gesetzliche Pflicht. Nur dann, wenn von deinem Arbeitsplatz Gefahren für dich oder dein Kind ausgehen, solltest du deinem Arbeitgeber so früh wie möglich von deiner Schwangerschaft erzählen.«

»Ach, echt? Welche Gefahren sollen das denn sein?«, fragt Hermine mit gefalteten Händen und senkt ihren Kopf, damit Selma nichts von unserem Ausflug in das Mutterschutzgesetz bemerkt.

»Naja, wenn du schwanger bist und z. B. mit giftigen Chemikalien arbeitest, lässt dein Arbeitgeber dich damit natürlich so lange weiterarbeiten, bis du ihm von deiner Schwangerschaft erzählst. Er kann den Mutterschutz ja nicht umsetzen, wenn er nichts von deiner Schwangerschaft weiß.«

Hermine zischt leise – jetzt wieder im Vierfüßlerstand: »Stimmt, das macht Sinn – danke.« Danach gibt sie meine Informationen via stille Post an die Barbie-Puppe weiter, die mir danach – ebenfalls aus dem Vierfüßlerstand – lächelnd zunickt.

§

OFFENBARUNG DER SCHWANGERSCHAFT GEGENÜBER DEM ARBEITGEBER

Kein Mensch der Welt kann dich dazu zwingen, deine Schwangerschaft preiszugeben. Lass dich daher nicht von deinem Arbeitgeber oder anderen Personen, die sich einmischen, unter Druck setzen. Mach dir immer bewusst, dass § 15 Abs. 1 S. 1 MuSchG, der regelt, dass du deine Schwangerschaft deinem Arbeitgeber mitteilen sollst, sobald sie dir bekannt ist, nur eine **Empfehlung** ist. Gleichzeitig solltest du aber beachten, dass die Offenbarung auch in deinem Interesse sein kann, denn der Arbeitgeber kann seine **Schutzpflichten aus dem Mutterschutzgesetz** erst dann erfüllen, wenn er weiß, dass du schwanger bist.

Tipp: Am besten informierst du deinen Arbeitgeber **nach dem ersten Schwangerschaftsdrittel**. Dann hast du die kritische Zeit, in der Fehlgeburten statistisch am häufigsten vorkommen, überstanden. Spätestens zu Beginn des letzten Schwangerschaftsdrittels solltest du eine Schwangerschaft auf jeden Fall mitteilen. Der Arbeitgeber darf die Information, dass du schwanger bist, übrigens nicht unbefugt an Dritte weitergeben (§ 27 Abs. 1 S. 2 MuSchG).

Wichtig: Eine sofortige Offenbarung sollte erfolgen, wenn du den Schutz des Mutterschutzgesetzes brauchst, um Gefahren für dich oder dein Baby zu vermeiden.

Beispiel: Du benötigst aus gesundheitlichen Gründen ein Beschäftigungsverbot, weil du mit Röntgenstrahlen arbeitest oder wenn dein Arbeitsvertrag während der Schwangerschaft gekündigt wird und du den besonderen Kündigungsschutz aktivieren möchtest. (Weitere Details zum Beschäftigungsverbot findest du auf S. 66 ff., zur Kündigung auf S. 30, 72.)

Tipp: Die Mitteilung der Schwangerschaft und des mutmaßlichen Entbindungstermins kann zwar formlos erfolgen, aus Beweisgründen ist ein kurzes **Schreiben aber die sichere Variante** (→ Mustertext auf S. 340). Am besten fügst du dem Schreiben gleich ein Attest des

Arztes oder deiner Hebamme bei. Die Kosten dafür muss dein Arbeitgeber tragen. Den **Mutterpass** musst du übrigens nicht vorlegen, die darin befindlichen Informationen unterliegen dem Datenschutz und der ärztlichen Schweigepflicht.

Bitte nicht vergessen: Wenn sich der mutmaßliche Entbindungstermin im Laufe deiner Schwangerschaft verschiebt, bist du verpflichtet, deinem Arbeitgeber den geänderten Termin mitzuteilen.

Selma blickt schon länger vorwurfsvoll in meine Richtung, legt ihren Zeigefinger an den Mund und bemerkt: »Bevor wir jetzt zu den Atemübungen kommen, würde mich jetzt doch interessieren, worüber ihr euch da in der Ecke so angeregt unterhalten habt? War das von allgemeinem Interesse für unsere Yoga-Stunde? Hat euch etwas nicht gefallen?«

Schon wieder gleicht mein Kopf Nicks Feuerwehrhelm. Hermine ergreift das Wort: »Nein, nein, alles ist gut. Wir haben gerade über das Mutterschutzgesetz gesprochen – und ab wann man seinem Arbeitgeber eine Schwangerschaft mitteilen sollte.«

Selmas Gesichtsausdruck wechselt von enttäuscht zu verständnisvoll. »Also, ich verstehe eure Sorgen. Aber bitte versteht auch, dass dieser Kurs nur Sinn macht, wenn ihr euch auf die Übungen konzentriert. Wir sind hier keine Anwaltskanzlei, sondern ein Yoga-Studio.« Selma nickt mir kurz zu – glücklicherweise mit einem kurzen kleinen Lächeln. »Könnt ihr darüber bitte nach der Yoga-Stunde reden? Sonst ist der Yoga-Flow zu lange unterbrochen.«

Selma, die Yoga-Göttin, hat mit mir geschimpft. Gleich in der ersten Yoga-Stunde. Ich schäme mich ein bisschen und fühle mich wie ein Schulkind, das gerade einen Eintrag ins Klassenbuch erhalten hat. Dann erlege ich mir für die restliche Yoga-Stunde ein Schweigegelübde auf und konzentriere mich auf die Atemübungen, die nach einer kleinen Yogi-Tee-Pause folgen.

§§§

Nick schläft bereits, als ich nach Hause komme. Er hat seine Bettdecke weggestrampelt und liegt am oberen Rand unseres Bettes. Längs, auf beiden Kopfkissen. Ich lausche einige Minuten seinen Schnarchgeräuschen, lege mich zu ihm, drücke meine Wange an sein kleines weiches Bäckchen und beginne leise zu flüstern. »Ich habe dich den ganzen Tag vermisst, mein Hasenkind. Und morgen muss ich schon um 7.30 Uhr am Schreibtisch sitzen, sonst schaffe ich es nicht mit dem Schriftsatz. Du wirst noch schlafen, wenn ich das Haus verlasse. Und wenn ich Pech habe, komme ich auch erst wieder nach Hause, wenn du mit Sandmännchen-Traumsand in den Augen schlummerst.«

Mir fällt wieder ein, was Selma heute gesagt hat: erden, verbinden und loslassen. Und plötzlich wird mir bewusst, dass der Satz nicht nur irgendein esoterisches Yoga-Geschwätz war, sondern auch zu meiner Lebenssituation passt. Nick hat mich geerdet, wir sind eng miteinander verbunden – aber immer wieder muss ich ihn loslassen. Ich merke, dass sich meine müden Augen mit Tränen füllen. Gelänge mir das Loslassen doch auch mal in Bezug auf meinen Job. Es ist doch völlig paradox: Ich erzähle anderen Frauen etwas über den Mutterschutz und rate ihnen, das Schwangerschaftsgeheimnis zu offenbaren, wenn Nachteile für das Baby drohen – halte mich selbst aber nicht daran. Stattdessen arbeite ich bis zur Erschöpfung und verstecke mich in einem staubigen Aktenarchiv, um Schattenmorellen mit Sprühsahne zu essen. Wahrscheinlich getrieben von der Angst, dass ich wieder »entsorgt« werden könnte. Stopp!, ermahne ich mich. Du setzt doch gerade völlig falsche Prioritäten und gefährdest dazu noch die Gesundheit deines Bauchzwergs. Ich streiche Nick über den Kopf, stehe auf und drücke ihm einen Gutenachtkuss auf die Stirn.

Dann fasse ich einen Entschluss: Ich werde jetzt mein Schwangerschaftsgeheimnis lüften. Eigentlich wollte ich aus taktischen Gründen noch die anstehenden Gehaltsverhandlungen abwarten. Egal, morgen rede ich mit Frau Schnitzel. Und dann werde ich ihr auch mitteilen, dass ich nur noch so viel arbeiten werde, wie es gemäß § 4 Abs. 1 S. 1 MuSchG maximal erlaubt ist, nämlich *»8 ½ Stunden täglich oder 90 Stunden in der Doppelwoche«* – also während eines 14-Tages-Zeitraums.

Plötzlich wird mir wieder schlecht, oder ist es doch Hunger? Der Bauchzwerg macht sich bemerkbar. Ich muss dringend Schattenmorellen essen. Gemütlich auf der Couch und nie wieder im staubigen Aktenarchiv.

2

Wenn der Job zur Gefahr für Mutter und Baby wird: Beschäftigungsverbote und Mutterschutzgesetz-Weisheiten

Eine Woche später ist der Tag der Wahrheit gekommen. Frau Schnitzel soll heute erfahren, dass ich schwanger bin. Mit dem Klingeln des Weckers um 6.47 Uhr sitze ich kerzengerade im Bett. Entgegen meiner morgendlichen Gewohnheit bin ich sofort hellwach. Der Gedanke daran, dass meine Chefin das Mutterschutzgesetz ab heute in eigener Sache respektieren muss, sorgt für Adrenalin in meinem Blut.

Während ich unter der Dusche den Babybauch einseife, überlege ich, welche Mutterschutz-Paragrafen auf mich und den Bauchzwerg Anwendung finden:

§ 1 MuSchG
Anwendungsbereich

Eigentlich könnte ich den ersten Paragrafen schnell überspringen. Denn als Angestellte, die in einem Arbeitsverhältnis steht, werde ich selbstverständlich vom Anwendungsbereich des Mutterschutzgesetzes erfasst. Ich denke kurz an die Mütter, die aus dem Raster fallen und vom Schutzbereich des Mutterschutzgesetzes ausgeschlossen sind. Was macht es eigentlich für einen Unterschied, wenn das Baby im Bauch einer selbstständig tätigen Mutter, Geschäftsführerin oder

»Hausfrau« wächst? Hoffentlich wird sich das noch in Zukunft ändern.

Und was ist eigentlich mit den Vätern? Ich überlege kurz, wie ein »Vaterschutz-Gesetz« aussehen könnte. Klar, rein biologisch gäbe es gewisse Grenzen, Stillzeiten werden sie sicherlich nicht in Anspruch nehmen. Aber eine Vaterschutzfrist mit Kündigungsschutz und Vaterschaftsgeld, sechs Wochen vor und acht Wochen nach der Geburt, das wäre doch durchaus zu begrüßen.

GELTUNGSBEREICH DES MUTTERSCHUTZGESETZES

Du fällst immer dann unter den Schutzbereich des Mutterschutzgesetzes, wenn du in einem **Arbeitsverhältnis** stehst, also abhängig auf der Grundlage eines Arbeitsvertrages beschäftigt bist.

Gut zu wissen: Wenn dein Arbeitsvertrag endet oder befristet ist, endet auch der Anwendungsbereich des Mutterschutzgesetzes. Dein Anspruch auf Mutterschaftsgeld und -zuschuss kann jedoch erhalten bleiben (S. 64).

Zusatzinfo: Seit der Reform des Mutterschutzgesetzes gilt das Mutterschutzgesetz u.a. auch für:

- Schülerinnen, Studentinnen (jedoch ohne Kündigungsschutz und Mutterschaftsleistungen)
- Auszubildende
- Praktikantinnen
- Beschäftigte mit Behinderungen

– Selbstständige, die als »arbeitnehmerähnliche Personen« einzuordnen sind, also Dienstleistungen für nur einen Auftraggeber erbringen (ohne Anspruch auf Mutterschaftsleistungen).

§ 9, 10, 13, 14 MuSchG
Arbeitsbedingungen, Gefährdungsbeurteilung

Ich benötige unbedingt einen neuen Bürostuhl. Seit einiger Zeit funktioniert die Sitzhöheneinstellung nicht mehr. Das hat gestern dazu geführt, dass die Sitzfläche während eines Mandantentelefonats plötzlich bis zum Anschlag nach unten gekracht ist. Ein Bauchzwerg, der im vierten Monat Bungee-Jumping-ähnliche Bewegungen mitmachen muss? Das dürfte nicht im Sinne des Mutterschutzgesetzes sein.

§

MUTTERSCHUTZGERECHTER ARBEITSPLATZ, GEFÄHRDUNGSBEURTEILUNG

Der Arbeitgeber ist verpflichtet, werdenden und stillenden Müttern einen **mutterschutzgerechten Arbeitsplatz** auszugestalten. Dazu zählt z. B. die Bereitstellung einer (funktionstüchtigen) Sitzgelegenheit, trittsicherer Fußbodenbelag oder besondere Schutzkleidung. Damit das auch ordnungsgemäß umgesetzt wird, ist dein

Arbeitgeber bereits vor deiner Schwangerschaft verpflichtet, eine **allgemeine Gefährdungsbeurteilung** für jede Tätigkeit durchzuführen. Die Ergebnisse müssen **dokumentiert** und im Unternehmen **veröffentlicht** werden.

Tipp: Auch wenn das eigentlich Sache des Arbeitgebers ist: Zur Vorbeugung von Gefahren solltest du während der Schwangerschaft und Stillzeit regelmäßig deinen Arbeitsplatz inspizieren. Bei Mängeln solltest du deinen Arbeitgeber auffordern, diese zu beseitigen.

Gut zu wissen: Nach Mitteilung deiner Schwangerschaft muss dein Arbeitgeber konkrete **Schutzmaßnahmen** auf Grundlage der allgemeinen Gefährdungsbeurteilung festlegen und weitere Anpassungen mit dir besprechen. Ein Wechsel des Arbeitsplatzes kann dabei in Betracht kommen, sofern dieser möglich und für dich zumutbar ist. Wenn das alles nicht möglich ist und eine **unverantwortbare Gefährdung** besteht, muss der Arbeitgeber ein **betriebliches Beschäftigungsverbot** aussprechen (siehe S. 66ff.).

§§ 3, 19, 20 MuSchG
Mutterschutzfrist, absolutes Beschäftigungsverbot und (Zuschuss zum) Mutterschaftsgeld

Ich freue mich schon auf den Tag, an dem ich ruhigen Gewissens meine Arbeit niederlegen und die Beine hochlegen darf. Während der Mutterschutzfrist, die sechs Wochen vor der Entbindung beginnt und bis zu zwölf Wochen nach der Entbindung andauert, darf mich Frau Schnitzel nämlich nicht mehr beschäftigen. Selbst dann, wenn ich noch fit bin und meterhohe Aktenstapel bewältigen könnte.

MUTTERSCHUTZFRIST, ABSOLUTES BESCHÄFTIGUNGSVERBOT, MUTTERSCHAFTSGELD UND ZUSCHUSS ZUM MUTTERSCHAFTSGELD

1. Mutterschutzfrist, absolutes Beschäftigungsverbot

Für den Zeitraum der **»Mutterschutzfrist«** besteht ein **absolutes Beschäftigungsverbot**, d. h., dein Arbeitgeber darf dich nicht beschäftigen.

Die Mutterschutzfrist beginnt **6 Wochen vor deinem mutmaßlichen Entbindungstermin und endet 8 Wochen nach deinem tatsächlichen Entbindungstermin**. In besonderen Fällen verlängert sich die nachgeburtliche Schutzfrist von 8 auf **12 Wochen**: bei Mehrlingsgeburten, bei Frühgeburten (das Kind wiegt weniger als 2500 g), vor Ablauf von 8 Wochen nach der Geburt wird eine Behinderung des Kindes festgestellt.

Wichtig: Bei vorzeitigen Entbindungen und Frühgeburten verlängert sich die Frist zusätzlich um den Zeitraum der nicht in Anspruch genommenen Schutzfrist.

Beispiel: Wenn dein mutmaßlicher Entbindungstermin am 31.07.2018 ist und du am 25.07.2018 dein Baby zur Welt bringst, endet die nachgeburtliche Mutterschutzfrist am 25.09.2018 (8 Wochen + 6 Tage).

Falls du Zwillinge zur Welt bringen solltest, wäre es der 23.10.2018.

Gut zu wissen: Wenn du dich ausdrücklich dazu bereit erklärst, **darfst du während der vorgeburtlichen Mutterschutzfrist arbeiten**. Das gilt jedoch nicht während des nachgeburtlichen Mutterschutzzeitraumes, es sei denn, du bist Schülerin oder Studentin.

2. Mutterschaftsgeld

Während der Mutterschutzfrist und für den Tag der Geburt erhältst du **Mutterschaftsgeld** bis zu 13 Euro pro Tag von deiner Krankenkasse – vorausgesetzt, du bist gesetzlich mit Anspruch auf Krankengeld krankenversichert. Wenn du privat oder über deinen Partner familienversichert bist, erhältst du vom Bundesversicherungsamt einen einmaligen Betrag in Höhe von bis zu 210 Euro. Den Antrag kannst du online stellen (→ Linksammlung).

3. Zuschuss zum Mutterschaftsgeld

Der **Zuschuss zum Mutterschaftsgeld** ist eine Leistung deines Arbeitgebers, die das Mutterschaftsgeld so aufstockt, dass du dein volles Arbeitsentgelt erhältst. Dabei ist dein durchschnittliches Gehalt aus den letzten drei Kalendermonaten vor Beginn der Mutterschutzfrist maßgeblich.

Mehr-Geld-Tipp: Falls dein Arbeitsverhältnis während der Schwangerschaft oder Mutterschutzfrist durch rechtmäßige Kündigung des Arbeitgebers endet, hast du gegenüber deiner Krankenkasse bzw. dem Bundesversicherungsamt einen Anspruch auf Mutterschaftsgeld sowie Zuschuss zum Mutterschaftsgeld. Dies gilt auch, wenn dein Arbeitgeber wegen Insolvenz zahlungsunfähig ist. Endet der Arbeitsvertrag während der Mutterschutzfrist durch Befristung, erhältst du Mutterschaftsgeld: Wenn du gesetzlich versichert bist, in Höhe des Krankengeldes (S. 83), wenn du familien- oder privat versichert bist, in Höhe von 210 EUR.

Gut zu wissen: Wenn du selbstständig arbeitest und eine **private Krankentagegeldversicherung** abgeschlossen hast, erhältst du während der Mutterschutzfrist Krankentagegeld.

§§ 4-6, 9, 11, 18, 21, 28 MuSchG
Gesundheitsschutz, betriebliches Beschäftigungsverbot, unverantwortbare Gefährdung, Mutterschutzlohn

Schadstoffe lauern an meinem Arbeitsplatz ja nur wenige – mal abgesehen von dem Staub, den ich ab und zu von alten Rechtsakten puste. Aber: Die streng geregelten Mutterschutzgesetz-Arbeitszeiten werden Frau Schnitzel überhaupt nicht gefallen. Schließlich existiert in ihrem Kosmos keine Trennung von Arbeits- und Freizeit. Vielleicht versteht sie es, wenn ich werktags von 18 Uhr abends bis neun Uhr morgens, samstags, sonntags und feiertags eine mutterschutzgesetzkonforme E-Mail-Abwesenheitsnotiz aktiviere? Zum Beispiel mit folgender Formulierung:

Sehr geehrte Damen und Herren,
vielen Dank für Ihre E-Mail. Hiermit informiere ich Sie, dass ich schwanger bin. Das Mutterschutzgesetz sieht zum Schutz schwangerer Arbeitnehmerinnen in §§ 4–6 MuSchG vor, dass ich nicht mit Mehr- und Nachtarbeit sowie an Sonn- und Feiertagen beschäftigt werden darf. Während dieser Zeiten gilt ein generelles Beschäftigungsverbot. Ich bitte daher um Verständnis, dass Ihre E-Mail nur außerhalb des Beschäftigungsverbotes, d. h. während meiner regulären Arbeitszeiten, bearbeitet wird. In dringenden Fällen wenden Sie sich bitte direkt und vertrauensvoll an Frau Dr. Schnietzel.
Mit freundlichen Grüßen …

GESUNDHEITSSCHUTZ, BETRIEBLICHES BESCHÄFTIGUNGSVERBOT, UNVERANTWORTBARE GEFÄHRDUNG, MUTTERSCHUTZLOHN

Der Gesundheitsschutz während der Schwangerschaft und Stillzeit regelt bestimmte »Verbote« und Pflichten. Diese muss dein Arbeitgeber von sich aus beachten und einhalten:

1. Arbeitszeiten

- Du darfst nicht mehr als **8,5 Stunden pro Tag** beschäftigt werden (Pausen werden nicht mitgerechnet) bzw. nicht mehr als 90 Stunden pro »Doppelwoche« (= Stundenanzahl innerhalb von 14 Tagen inkl. Sonntage).

- **Mehrarbeit ist unzulässig**, die in deinem Arbeitsvertrag vereinbarte Arbeitszeit darf im monatlichen Durchschnitt nicht überschritten werden.
- Nach Beendigung der täglichen Arbeitszeit ist eine **Ruhezeit von 11 Stunden** einzuhalten.
- **Nachtarbeit**, d.h. Tätigkeiten zwischen 20 Uhr und 6 Uhr sowie **Sonn- und Feiertagsarbeit** sind grundsätzlich verboten.

Gut zu wissen: Der Arbeitgeber kann dich auch zwischen 20 Uhr und 22 Uhr beschäftigen. Voraussetzung dafür ist jedoch, dass du zustimmst, dass gemäß ärztlichem Zeugnis keine gesundheitlichen Bedenken bestehen und dass eine unverantwortbare Gefährdung durch Alleinarbeit ausgeschlossen ist. Deine Zustimmung kann jederzeit für die Zukunft widerrufen werden. Für das Verbot der Nacht-, Sonn- und Feiertagsarbeit können im besonderen Einzelfall ebenfalls Ausnahmegenehmigungen erteilt werden. Bei Fragen dazu kannst du dich an die zuständige Aufsichtsbehörde wenden (→ Linksammlung)

2. Arbeitsbedingungen

Der Arbeitgeber muss deinen Arbeitsplatz so gestalten, dass keine Gefahren für dich und das Kind bestehen – und zwar nach dem neuesten Stand der Technik und Wissenschaft. Das bedeutet konkret:

- Der Arbeitgeber muss aufgrund der **Gefährdungsbeurteilung** (vgl. S. 61) alle möglichen Maßnahmen für den Schutz deiner physischen und psychischen Gesundheit treffen.

- Du musst dich während der Pausen **ausruhen, hinsetzen oder hinlegen** können.
- Du musst deine Tätigkeit **unterbrechen** können, ohne dass dadurch Gefahren für dich oder Dritte entstehen können.

3. Betriebliches Beschäftigungsverbot

Bei einer **unverantwortbaren Gefährdung**, die weder durch eine Umgestaltung deines Arbeitsplatzes noch durch eine Versetzung beseitigt werden kann, besteht ein **betriebliches Beschäftigungsverbot**.

Eine unverantwortbare Gefährdung liegt dann vor, »wenn die Eintrittswahrscheinlichkeit einer Gesundheitsbeeinträchtigung angesichts der zu erwartenden Schwere des möglichen Gesundheitsschadens nicht hinnehmbar ist«.

Konkrete **Beispiele** für eine unverantwortbare Gefährdung sind:

- Du arbeitest mit **gefährlichen Stoffen** (z. B. Chemikalien, Röntgenstrahlen, Blei, Viren etc.).
- Du bist bei deiner Arbeit **physikalischen Einwirkungen** ausgesetzt (z. B. Strahlungen, Erschütterungen, Vibration, Lärm, Hitze, Kälte, Nässe).
- Du arbeitest in einer **belastendenden Arbeitsumgebung** (Räume mit Druck, wenig Sauerstoff, unter Tage).
- Du übst **körperlich belastende Tätigkeiten** aus oder bist **mechanischen Einwirkungen** ausgesetzt, z. B.:
- Du **hebst, bewegst oder beförderst regelmäßig**

Lasten von mehr als 5 kg, bzw. gelegentlich von mehr als 10 kg, ohne mechanische Hilfsmittel.

- Du arbeitest nach Ablauf des 5. Monats mehr als 4 Stunden täglich **im Stehen**.
- Bei deiner Arbeit musst du dich häufig **strecken, beugen, dauernd hocken oder dich gebückt halten**.
- Du arbeitest auf **Beförderungsmitteln**.
- Deine Tätigkeit ist mit **erhöhten Unfallgefahren** verbunden (z. B. Ausrutschen, Fallen oder Stürzen, Tätlichkeiten durch Dritte).
- Du musst mit einer **Schutzausrüstung** arbeiten, deren Tragen dich belastet.
- Deine Arbeit führt zu einer **Erhöhung des Druckes im Bauchraum** (z. B. durch besondere Fußbeanspruchung).
- Du arbeitest im **Akkord, am Fließband** oder getaktet bzw. mit vorgeschriebenem Arbeitstempo.

Gut zu wissen: Auch während der **Stillzeit** gibt es unzulässige Tätigkeiten und Arbeitsbedingungen (siehe S. 70)

4. Mutterschutzlohn

Wenn du dich außerhalb der Mutterschutzfrist in einem Beschäftigungsverbot befindest, hast du gegenüber deinem Arbeitgeber Anspruch auf **Mutterschutzlohn.** Die Höhe bemisst sich nach deinem durchschnittlichen Arbeitsentgelt, das du in den 3 Monaten vor Beginn der Schwangerschaft bezogen hast. Zeiten, in denen du mehr oder weniger verdient hast, bleiben unberücksichtigt.

§§ 7 Abs. 2, 12, 15, 23 Abs. 2 MuSchG
Still-Beschäftigungsverbot, Stillzeiten

Wahrscheinlich wäre ich die erste Anwältin überhaupt, die zwischen Gerichtsterminen, Meetings und Schriftsätzen ihre Robe und Bluse aufknöpft, um ihr durstiges Baby oder eine Milchpumpe an die Brüste anzudocken. Das Bild in meinem Kopf gefällt mir.

STILLEN IM JOB – BESCHÄFTIGUNGSVERBOT UND STILLPAUSEN

Wenn du dein Kind nach dem Wiedereinstieg weiter stillst, darfst du bestimmte gesundheitsgefährdende Tätigkeiten nicht ausüben.

Während der Stillzeit darfst du **keinen Gefahrstoffen** (z. B. besondere Biostoffe ohne Immunschutz und Blei) bzw. **unverantwortbaren Gefährdungen** ausgesetzt werden. Dazu zählen konkret:

- bestimmte Gefahrstoffe, Blei
- bestimmte Biostoffe, wenn dagegen kein Immunschutz besteht
- physikalische Einwirkungen wie z. B. bestimmte Strahlungen
- Tätigkeiten in Räumen mit Überdruck, unter Tage
- Akkordarbeit, Arbeiten, bei denen durch gesteigertes Arbeitstempo ein höheres Entgelt erzielt wird, Fließarbeit, getaktete Arbeit

Ein **Beschäftigungsverbot** kann dazu führen, dass du bis zum Ende der Stillzeit Mutterschaftsleistungen erhältst und somit gar keinen Anspruch auf Elterngeld hast (was für dich finanziell vorteilhaft sein kann, da der Mutterschutzlohn i.d.R. höher als das Elterngeld ist und dein Urlaubsanspruch erhalten bleibt). Der Nachteil ist allerdings, dass der Sonderkündigungsschutz 4 Monate nach der Geburt endet.

Wichtig: Während der ersten 12 Monate nach der Entbindung hast du gegenüber deinem Arbeitgeber einen Anspruch auf **bezahlte Freistellung von der Arbeit, um dein Kind zu stillen.** Die Stillzeiten kannst du individuell bestimmen. Sie hängen z. B. davon ab, ob du am Arbeitsplatz stillst oder zwischendurch zum Stillen nach Hause fährst, aber auch wie viel Zeit dein Baby zum Trinken braucht etc.

Gut zu wissen: Gesetzlich geregelt ist nur die Mindeststillzeit (§ 7 Abs. 2 MuSchG). Diese beträgt mindestens **zweimal täglich eine halbe oder einmal täglich eine Stunde,** unabhängig von der Dauer der Arbeitszeit. Wenn du länger als 8 Stunden zusammenhängend arbeitest (d. h. ohne Ruhepausen von mindestens 2 Stunden), hast du ein Wahlrecht: entweder 2 Stillzeiten von **mindestens 45 Minuten** oder, wenn in der Nähe der Arbeitsstätte keine Stillgelegenheit vorhanden ist, einmal eine Stillzeit von **mindestens 90 Minuten**.

Tipp: Du solltest den Arbeitgeber so früh wie möglich durch Vorlage einer **Stillbescheinigung** deines Arztes oder der Hebamme informieren, dass du stillst.

§ 17 MuSchG
Kündigungsschutz

Sollte Frau Schnitzel den Plan gefasst haben, sich in nächster Zeit von mir zu »trennen«, wird daraus nichts mehr – zumindest bis zum Ende des Sonderkündigungsschutzes. Sobald ich ihr vom Bauchzwerg erzählt habe, ist die Kündigung unzulässig und nur noch in ganz wenigen Ausnahmefällen gerechtfertigt.

§

MUTTERSCHUTZ-KÜNDIGUNGSSCHUTZ

Gemäß § 17 Abs. 1 MuSchG ist eine Kündigung des Arbeitsverhältnisses während der **gesamten Schwangerschaft** und bis zum Ende der Schutzfrist, mindestens aber bis **4 Monate nach der Entbindung** verboten – und zwar ab der Einnistung bzw. Einsetzung einer befruchteten Eizelle in der Gebärmutter. Im Falle einer Fehlgeburt nach der 12. Schwangerschaftswoche besteht das Kündigungsverbot danach ebenfalls 4 Monate lang.

Bitte nicht vergessen: Wenn du während der Schwangerschaft eine Kündigung erhältst, musst du **2 wichtige Fristen** beachten, sonst wird die Kündigung im Nachgang zulässig:

- Wenn du deinen Arbeitgeber noch nicht über deine Schwangerschaft informiert hast, musst du das innerhalb von **2 Wochen** nach Zugang der Kündigung nachholen.

- Wenn du nicht innerhalb von **3 Wochen** nach Zugang der Kündigung Kündigungsschutzklage beim Arbeitsgericht erhebst, wird die Kündigung wirksam.

Gut zu wissen: In Ausnahmefällen kann die für Arbeitsschutz zuständige oberste Landesbehörde (→ Linksammlung) eine Kündigung während der Schwangerschaft **für zulässig erklären** (das kommt aber nur sehr selten vor, z. B. wenn der Betrieb, in dem du arbeitest, stillgelegt wird). Gegen die Zustimmung der Behörde solltest du – parallel zu einer Kündigungsschutzklage – Widerspruch einlegen und ggf. klagen.

Wichtig: Unter besonderen Voraussetzungen kannst du die Information/Einreichung der Kündigungsschutzklage nachholen (unverschuldete Versäumnis).

§ 7 Abs. 1, § 23 Abs.1 MuSchG
Freistellung für Untersuchungen

Termine bei meinem Frauenarzt, mit der Hebamme oder im Krankenhaus - in dieser Zeit bin ich von der Arbeit freigestellt, inklusive Wege- und Wartezeiten.

Wenn ich keinen Termin außerhalb der Arbeitszeit bekomme, werde ich diesen - ganz entgegen meiner Gewohnheit - während der Arbeitszeit vereinbaren und dafür keinen Urlaub beantragen. Ach ja, und Schriftsatzentwürfe oder Fachliteratur werde ich sicher nicht mehr mit ins Wartezimmer nehmen. Ab jetzt lese ich dort nur noch Klatsch, Quatsch und Tratsch-Magazine.

FREISTELLUNG FÜR UNTERSUCHUNGEN WÄHREND UND NACH DER SCHWANGERSCHAFT

Für Untersuchungen, die gemäß dem Leistungskatalog der gesetzlichen Krankenversicherungen bei Schwangerschaft und Mutterschaft erforderlich sind, bist du von deiner **Arbeitspflicht freigestellt**. Das gilt auch, wenn du privat versichert bist. Für den Zeitraum der Freistellung muss dein Arbeitgeber weiter dein volles Gehalt zahlen.

Gut zu wissen: Die Arbeitszeit, während der du fehlst, muss **nicht vor- oder nachgearbeitet werden**, auch eine **Anrechnung auf deinen Urlaub** ist unzulässig.

§ 24 MuSchG
Erholungsurlaub

Falls es zum Arbeitsausfall aufgrund eines Beschäftigungsverbotes kommen sollte, blühen mir keine Nachteile, was den Urlaub angeht. Der Urlaubsanspruch entsteht wie gehabt – und den Resturlaub kann ich auch noch nach der Babypause nehmen, wenn wir die erste große Reise mit zwei Kindern antreten. Hallo Hawaii! Wir bleiben eine Woche länger.

URLAUBSANSPRUCH WÄHREND EINES BESCHÄFTIGUNGSVERBOTES UND DER MUTTERSCHUTZFRIST

Dein Urlaubsanspruch bleibt unabhängig von einem mutterschutzrechtlichen Beschäftigungsverbot erhalten. Das bedeutet, dass deine Urlaubstage in diesem Zeitraum **nicht gekürzt** werden dürfen (im Gegensatz zum Elternzeit-Urlaub – dazu mehr auf S. 194 und 195). Resturlaub, den du vor Beginn des Beschäftigungsverbotes nicht verbraucht hast, kannst du nach Ablauf des Beschäftigungsverbotes/der Elternzeit im laufenden oder im nächsten Urlaubsjahr beanspruchen (vgl. auch S. 195).

Tipp: Lass dir vor Beginn des Beschäftigungsverbotes bzw. vor Beginn der Elternzeit deine restlichen Urlaubstage vom Arbeitgeber schriftlich bestätigen.

§§§

Ich steige gut gelaunt aus der Dusche und wickle ein Handtuch um meinen Babybauch. Plötzlich sind die ganzen Strapazen, die mir Frau Schnitzel in der letzten Zeit aufgebürdet hat, Schnee von gestern. Das erste Mal seit Monaten habe ich wieder Lust, arbeiten zu gehen. Und ganz besonders freue ich mich auf den Gesprächstermin, den ich gestern in den Kalender meiner Chefin eingetragen habe, getarnt als »Dringende Besprechung in Sachen NRE./.Kümmel«.

Eine Stunde später sitze ich im Auto und fahre in Richtung Kita. Auch Nick ist gut gelaunt. Er sitzt »kitafein«, also satt, gewaschen und frisch gewickelt in seinem Kindersitz und bohrt in der Nase. Selbst die sonst so nervige Parkplatzsuche klappt – ich erwische den Premium-Platz direkt vor der Kita. Hallihallo, heute muss mein Glückstag sein!, denke ich.

Im Kita-Vorgarten kommt uns ein Papa entgegen – seltsamerweise mit Kind auf dem Arm. Er ist einer von den wenigen sympathischen und dazu noch gut aussehenden Papas in Nicks Kitagruppe. Ich überlege, ob ich mich heute überhaupt geschminkt habe, und werde ein bisschen rot. »Huch, habt ihr etwas vergessen?«, frage ich im Vorbeigehen. Der Papa grinst. »Ja, und zwar, dass heute Schließtag ist. Du auch, was?« Mir wird abwechselnd heiß und kalt. Verdammt. Die Kita ist immer dann geschlossen, wenn man es überhaupt nicht gebrauchen kann. Wie konnte ich das verpeilen? Vermutlich habe ich mal wieder den entsprechenden Aushang an der Gruppentür übersehen, weil ich Nick in der letzten Zeit direkt im Garten abgeholt habe.

»So eine verdammte Scheiße« – ich fange an zu fluchen. Und nun? Max ist in Frankfurt und kommt erst abends wieder, beide Omas leben über 600 Kilometer weit entfernt. Vielleicht unsere Babysitterin? Ach Mist, die geht ja um diese Zeit in die Schule.

Ich blicke Nick an. Ich schaue auf die Uhr. Ich blicke noch einmal Nick an. Er lächelt sein typisches Prince-charming-Lächeln und sagt verständnisvoll: »DAMMTE SCHEISSE MAMA.« Ich seufze. Was bleibt mir anderes übrig. Dann fasse ich einen Entschluss: »Hasenkind, du gehst heute nicht in die Kita. Wir gehen zusammen ins Büro.«

Während der Autofahrt entwickele ich einen Notfall-Plan. Nick braucht dringend Spielzeug. Gesetzestexte, Akten und Fachbücher haben leider kein Kleinkind-Entertainment-

Potenzial, es sei denn, ich erlaube ihm, dass er die Seiten bemalen oder herausreißen darf. Wir halten also beim nächsten Spätkauf, irgendwo im Wedding, einem dieser kioskartigen Läden, die in Berlin rund um die Uhr geöffnet haben und in denen man auch bereits um 7.45 Uhr fast alles Lebensnotwendige kaufen kann.

Nick darf sich (fast) alles aussuchen, was ihm gefällt. Auf dem Tresen landen folgende Gegenstände:

- ein blauer Lutscher
- eine Tüte Erdnussflips
- eine Kinderzeitschrift inklusive Flummi an einem Gummiband
- drei Tüten Star-Wars-Aufkleber
- eine Tüte Gummibärchen

Den Lutscher darf Nick schon während der Fahrt auspacken. Damit ist er geschätzt 25 Minuten beschäftigt – so lange, wie eine Fahrt nach Charlottenburg dauert.

Meine Kollegen staunen nicht schlecht, als ich in Begleitung eines fast dreijährigen Knirpses über den Flur laufe. Warum schauen mich eigentlich alle so komisch an? Wenn Pauline, die Rechtsanwaltsfachangestellte, ihren schielenden Zwergpinscher Lola mit ins Büro bringt, glotzt niemand. Mein Sohn ist doch kein Außerirdischer und sieht aus wie ein ganz normaler Mensch, mal abgesehen von der blauen Lutscher-Zunge.

Wir stecken unsere Köpfe kurz in jedes Zimmer und sagen höflich »Guten Morgen«. Der Stuhl in Frau Schnitzels Zimmer ist leer. Gott sei Dank ist sie noch nicht da, dann kann ich erst in Ruhe dafür sorgen, dass Nick beschäftigt ist.

Ich verteile die Spätkauf-Schätze auf dem Boden und lasse ihn dort spielen. Das klappt ca. eine Stunde. Nick klebt Darth Sidious auf meinen Mülleimer, lässt den Flummi gegen meine Beine hüpfen und nascht Erdnussflips aus der Tüte. Dann ist ihm langweilig. Wie gut, dass Oscar, der Referendar, kurz Zeit hat. Oscar hat spanische Wurzeln, plappert den ganzen Tag und ist so etwas wie der Kanzlei-Li-La-Laune-Bär. Ein Hansdampf in allen Gassen, der bei Dr. Schnietzel & Partner endlich mal etwas Aktenstaub aufwirbelt.

Oscar nimmt Nick an die Hand und macht mit ihm einen Büro-Ausflug. Er darf geheime Süßigkeitenvorräte aus der Teeküche vernaschen, seine Hand kopieren, Papierflugzeuge fliegen lassen und anschließend schreddern. Ich vergewissere mich kurz, dass alles in Ordnung ist. »Alles chico«, sagt Oscar, »arbeite ruhig weiter – ich warte immer noch auf eine Antwort aus London – vorher komme ich mit meiner Klageerwiderung sowieso nicht weiter.«

Dann spielen sie mit Paulines Schoßhündin Lola, die ihre weiße Plüschdecke verlassen hat, nachdem ihr Nick einen Erdnussflip unter die Schnauze gehalten hat. Das arme Tier, dessen Haupthaar mit einer neongrünen Schleife zu einer Assi-Palme drapiert wurde, erweckt immer Mitleid in mir.

Eine halbe Stunde später steht Oscar mit Nick und Lola in der Tür. »London calling!«, entschuldigt er sich und lässt mich mit Kind, Flummi und Hund alleine. Lola hat scheinbar etwas gewittert und trabt unter meinen Schreibtisch. Nick folgt ihr auf allen vieren. Plötzlich fängt er herzzerreißend an zu schreien: »WUÄHHH WUÄHHH.« Oh Gott, dieses überzüchtete Lola-Vieh hat ihn gebissen, denke ich und beuge mich schnell unter meinen Schreibtisch. Doch Nick weint nicht, weil er gebissen wurde – sondern weil sich Lola die Tüte mit den Erdnussflips geschnappt hat und nun einen Flip nach dem anderen verspeist. »FLIP HABEN«, schluchzt er und sieht mich mit seinen großen braunen Kulleraugen an. Ich beruhige Nick und gebe ihm ein Gummibärchen, das ich schnell aus meiner Handtasche fische. Dann ziehe ich Lola aus der leeren Erdnussflips-Tüte und scheuche sie aus meinem Büro auf ihr weißes Plüschkissen zurück. Mein Puls ist eindeutig zu hoch, mein Bauch wird hart. Diese Aufregungen bekommen mir nicht. Ich beschließe, einen kurzen Spaziergang mit Nick zu machen und ihm nach dem ganzen Süß- und Fettzeug etwas Gesundes zu essen zu besorgen. Wir schnappen frische Luft und essen ein belegtes Brötchen beim Bäcker. Auf dem Rückweg hält Nick ein Nickerchen im Buggy. Schade, dass ich mich nicht einfach dazulegen kann. Ich finde, auch Mütter sollten ab und zu von ihren Kindern im Buggy geschoben werden.

Als wir wiederkommen, ist Frau Schnitzel da. Sie staunt nicht schlecht, als sie Nick sieht: »D-d-d-das ist ja eine Überraschung. Schön, dass Sie es mitgebracht haben«, lügt sie. »Das ist kein ›Es‹, sondern Nick«, sage ich und frage mich, ob Frau Schnitzel mein Kind bewusst wie eine Horrorfigur aus der Feder von Stephen King nennt. »Ach so, ja. Hallo du – Nick!«, korrigiert sie sich verschämt. Ich erkläre ihr kurz, dass ich Nick mitnehmen musste, da die Kita geschlossen hat. »Macht nichts«, antwortet sie kurz, »Hauptsache, die Akten werden bearbeitet.« Dann rümpft sie die Nase und rückt sich die Brille zurecht. »Ich glaube, das Kind – äh Nick – muss gewindelt werden. Wir sehen uns gleich zu unserem Gespräch in meinem Büro.« Dann ist sie verschwunden. Plötzlich rieche ich es auch. Doch das ist nicht Nicks Duftmarke. Ich sehe mich um. Seltsam, woher in aller Welt kommt dieser kloakenhafte Gestank? In dieser Kanzlei riecht es doch sonst nur nach Kaffee und verstaubten Akten.

Zehn Minuten später sitze ich mit Nick, der sich konzentriert mit den übrig gebliebenen Star-Wars-Aufklebern beschäftigt, im Büro von Frau Schnitzel. Hier riecht es besser. Nach teurem Raumduft, der aus einer schwarzen Flasche über kleine Holzstäbe emporsteigt. »Patschouli-Kokosnuss« steht auf dem Etikett. Die Flasche ist akkurat auf der Fensterbank platziert, neben einer bronzenen Justitia, die in einem fließenden Gewand auf einem Marmorsockel steht. Nachdenklich betrachte ich kurz die verbundenen Augen und die schiefe Waage, die sie in der Hand hält. Vielleicht sollte ich Nicks Schnuller in eine Waagschale werfen, dann dürfte sie wieder im Gleichgewicht sein.

»Können wir dann loslegen?«, fragt Frau Schnitzel ungeduldig und runzelt die Stirn. Ich fühle mich ertappt und zucke zusammen. Dann denke ich ganz fest an die Justitia, Schnuller und Gerechtigkeit und nehme meinen Mut zusammen. »Ich bin schwanger«, eröffne ich ihr leise, in der Erwartung, dass sich ihre Gesichtszüge zu einem kleinen Lächeln entspannen. Stille. Kein Lächeln, kein Glückwunsch, keine Wärme. Stattdessen Eiszeit-Stimmung und erneutes Stirnrunzeln. Vermutlich erinnert sie sich gerade an unser Bewerbungsgespräch, in dem ich versichert hatte, dass die Familienplanung erst einmal abgeschlossen sei. »Gut, dass Sie mich informieren. Bis wann sind Sie noch da?«, sagt sie frostig.

»Meine Mutterschutzfrist beginnt am 25. Juli«, sage ich und frage mich, wie man so unemotional auf eine so schöne Nachricht reagieren kann. Nick hat indessen Meister Yoda auf meine Hand geklebt und fängt zu weinen an, nachdem ich den Aufkleber wieder abgezogen habe.

»Sie wissen schon, dass Anwältin und Muttersein langfristig nicht funktioniert, oder? Aber das ist Ihre Entscheidung.« Sie holt einen Tacker aus ihrer Schreibtischschublade und beginnt akkurat aufeinandergelegtes Papier zusammenzutackern. »Wir wollten doch eigentlich über den Schriftsatz in Sachen NRE./.Kümmel sprechen, oder?« Sie blickt vorwurfsvoll zu Nick, der sich nicht beruhigen lässt. »Dann schießen Sie mal los, ich habe nicht viel Zeit.«

Bevor ich mich noch weiter aufregen kann, klopft es plötzlich mehrmals hektisch an der Tür. Oscar ist aufgeregt. Das kommt selten vor. Er sieht mich bestürzt an. »Komm mal schnell, in deinem Büro ist ein Unglück passiert.« Ich renne mit Nick auf dem Arm, gefolgt von Frau Schnitzel, in mein Büro. Es stinkt bestialisch nach faulen Eiern. Pauline behandelt meinen Teppich mit Klopapier und Fensterreiniger. »Ich verstehe das einfach nicht. Lola hat sonst nie Durchfall. Nur dann, wenn sie Schokolade oder Erdnüsse gegessen hat.«

Lola hat – vermutlich während der Suche nach weiteren Erdnussflips – in mein Zimmer gekackt. Durchfall. Gleich an mehreren Stellen. Überall sind schleimige Hundekackwürste verstreut. Unter meinen Tisch, vor dem Aktenschrank, ja sogar auf meinem kaputten Bürostuhl. Verdammt, Lola hat bestimmt die halbe Tüte aufgefressen. Hätte ich doch bloß nicht dieses widerliche Zeug gekauft. Mir wird übel, ich habe das Gefühl, dass ich mich gleich übergeben muss.

Frau Schnitzel explodiert in Richtung Pauline. »RAUS! Ich will diesen Köter hier nie wieder sehen.« Dann dreht sie sich wütend zu mir um. Oha, jetzt gibt's eine Abreibung. »Und am besten auch keine Bälger mit stinkenden Windeln. Frau Runge, darüber müssen wir uns abschließend unterhalten!

Bitte gehen Sie jetzt, Ihr Arbeitsplatz ist jetzt sowieso nicht mehr benutzbar.«

Platzverweis, Büroverweis, Kinderverweis. Ich habe verstanden. Mir ist schwindelig, meine Beine fühlen sich wie Wackelpudding an. Mein Bauch wird wieder hart, und ein stechender Schmerz fährt mir durch die Leisten. Das ist doch nicht etwa eine Wehe? Ich bin beunruhigt und beschließe, sofort zu meiner Frauenärztin zu fahren.

Mein »Balg« heult wie eine Sirene, während ich meine Handtasche und meinen Mantel zusammensuche. Er versteht das ganze Durcheinander nicht. »NICK WILL WEG«, brüllt er und vergräbt seinen Kopf in meine Schulter. Mama auch, denke ich – und zwar nichts wie weg.

§§§

»Sie sollten sich schonen und entspannen«, sagt meine Frauenärztin mahnend und wertet das CTG aus. »An den Herztönen des Babys erkennt man, dass Sie gestresst sind.« Sie kratzt sich am Kinn und überlegt. »Ihr Gesamtzustand gefällt mir überhaupt nicht.« Sie blättert in meinem Mutterschutzpass und tippt etwas in ihren Computer ein. »Ich tendiere dazu, Ihnen ein individuelles Beschäftigungsverbot zu erteilen. Aus meiner Sicht sollten Sie jetzt einen kompletten Monat aussetzen und danach nur noch fünf Stunden am Tag arbeiten. Sind Sie damit einverstanden?« Ich überlege kurz und nicke zögerlich. Jetzt wird mich Frau Schnitzel erst recht hassen.

§

DAS ÄRZTLICHE BESCHÄFTIGUNGSVERBOT

Wenn für dich oder dein Kind Gefahren aufgrund deines ganz persönlichen Gesundheitszustandes bestehen können, kommt für dich ein **ärztliches Beschäftigungsverbot** in Betracht – z. B. bei psychischen Belastungen, Mobbing, Stress oder weil ein hohes Fehlgeburtsrisiko besteht. Die Erteilung kann durch jeden Arzt erfolgen. Dieser stellt dir dann ein Attest aus, aus dem hervorgeht, dass deine Gesundheit oder die deines Kindes bei Fortdauer der Beschäftigung gefährdet ist (§ 16 MuSchG).

Gut zu wissen: Der Arbeitgeber kann das Attest anzweifeln und weitere Auskünfte von deinem Arzt verlangen. Aufgrund der **ärztlichen Schweigepflicht** darf er deinem Arbeitgeber jedoch nicht den Befund nennen.

Wichtig: Das ärztliche Beschäftigungsverbot ist von der **krankheitsbedingten Arbeitsunfähigkeit (Krankschreibung)** zu unterscheiden. Was letztlich vorliegt, entscheidet dein Arzt, denn er darf nur dann ein Beschäftigungsverbot aussprechen, wenn die Fortsetzung der Arbeitstätigkeit die **alleinige Ursache** für die Gefährdung deiner Gesundheit oder die Gesundheit deines ungeborenen Babys ist. **Achtung:** Während des ärztlichen Beschäftigungsverbots bekommst du Mutterschutzlohn. Bei einer Krankschreibung wird dein normales Gehalt weitergezahlt. Damit ist nach sechs Wochen Schluss – dann gibt es nur noch **Krankengeld**, und das bedeutet ca. 30 Prozent weniger Gehalt.

Drei Tage später geht es mir schon wieder besser. Ich befolge brav den ärztlichen Rat und fahre abends zur Yoga-Stunde, um mich zu entspannen. Nach der üblichen Einstiegs-Meditation fahren wir auf dem Rücken Rad. Dann sollen wir uns gegenseitig mit einem Igelball massieren. Meine Massagepartnerin heißt Marlene. Sie macht das sehr gut. Mit ihren dünn gezupften Augenbrauen, dem seitlich geknoteten Haarband und der kunstvoll gerollten Haartolle über der Stirn – dazu rote Lippen, Rouge und porzellanfarbener Teint – erinnert sie mich an eine Burlesque-Tänzerin aus dem Bugsy Club. Es fehlt nur noch das Mini-Bandeau-Kleid mit Petticoat, denke ich – und ein Elvis-ähnlicher Typ mit glänzendem Schmalz im Haar, der sie nach dem Yoga-Kurs in einem Cadillac-Cabrio abholt. »Sag mal, wie schaffst du es, so akkurat deine Augenbrauen zu zupfen«, frage ich – nicht nur um etwas zu sagen, sondern aus ehrlichem Interesse. Marlene lächelt. »Das werde ich oft gefragt. Nun, ich nehme eine Pinzette, eine Schablone und ein Skalpell.« Dann erklärt sie mir detailliert, wie sie sich die Haare herauszupft und danach noch einmal mit einem Skalpell die feinen Haare entfernt – ohne dabei einen Blutstropfen zu verlieren.

»Du bist die Juristin, oder?«, wechselt sie irgendwann das Thema. Ich habe den Eindruck, dass sie mir etwas sagen möchte. »Ja«, brumme ich lustlos, »aber derzeit bin ich im Beschäftigungsverbot.« Meine innere Anwältin hebt den Zeigefinger und erinnert mich daran, dass ich jetzt nicht arbeiten darf. Auch nicht bei Shiva-Yoga.

Ich bin erleichtert, als Selma uns bittet, die Igelbälle wegzurollen. »So, meine Lieben, wir beginnen jetzt mit den Atemübungen. Ich mache euch das erst mal vor.« Sie schließt kurz die Augen. Dann gibt sie plötzlich orgiastische Laute von sich. Ich erschrecke kurz. »Aaaaaaa - Eeeeeee - Iiiiiii - Ooooooo - Uuuuuuu«, jault sie, was das Zeug hält. »Tönen«, nennt Selma das. »Damit könnt ihr während der Geburt eure Wehen veratmen.« Dann suchen wir uns der Reihe nach einen Vokal aus und tönen so lange, bis uns die Puste ausgeht, um dann mit einem neuen Buchstaben fortzufahren. Bald schon schwirren die A-E-I-O-Us im Kanon durch den Yoga-Raum. Ich fühle mich wie eine Schwangere, die sich in einem summenden Bienenstock verirrt hat. Wieder einmal denke ich: »Hilfe, ich bin eine Anwältin - holt mich hier raus.« Und wieder einmal merke ich, dass mir die Übung eigentlich doch guttut und ich mich endlich einmal locker machen sollte. Ich überlege, ob ich nicht gleich auch noch andere Buchstaben, Wörter, Sätze und ganze Sorgen vertonen darf - nach den Erlebnissen der vergangenen Tage hätte ich so einiges zu veratmen: »Lolaaaaaa - Schnieeetzel - Iiiiihhhhhh«, fällt mir spontan ein - lerne aber, dass nur einzelne Vokale für einen bestimmten Körperbereich stehen, daher halte ich mich zurück.

Nach der Yoga-Stunde startet Marlene einen zweiten Gesprächsversuch und setzt sich im Umkleideflur neben mich. Wir sind alleine, die anderen Mädels haben sich bereits verabschiedet. »Tja, also, ich glaube, ich brauche einen Tipp von dir«, sagt sie leise, während sie ihr Haarband zurechtzupft und noch ein Stück näher an mich heranrückt. Ich überlege, wie ich einem längeren Gespräch ausweichen kann. Mein Gott, kann ich denn nicht in Ruhe mein Beschäftigungsverbot genießen?

Plötzlich sehe ich da etwas Glitzerndes in Marlenes Gesicht. Es ist klar, flüssig und fließt aus ihrem Auge. Eine Träne. Ich zähme meine Gedanken und ziehe ein Taschentuch aus meiner Jackentasche. Marlene schnäuzt sich laut. Es wundert mich, dass ihre Nase nicht abgefallen ist. Sie zieht noch einmal geräuschvoll die Nase hoch und beginnt zu erzählen: »Weißt du, ich bin Zahnarzthelferin.« Aha, daher kommt das Augenbrauen-Skalpell, denke ich. »Eigentlich dürfte ich nicht mehr arbeiten. Schließlich habe ich ja ständig mit Blut und Körperflüssigkeiten zu tun«, schluchzt Marlene. »Ich rühre und reiche Amalgam an, das hochgiftiges Quecksilber enthält. Aber ich mache es trotzdem, obwohl ich in der zehnten Woche schwanger bin. Und nicht nur das: Ich sitze neben dem Arzt und nehme gebrauchte Spritzen entgegen oder Zahnkratzer, an denen Spucke und Zahnbelag hängt. Das ist das Ekligste überhaupt. Der Mund ist eine Bakterienhölle.« Sie blickt mich mit weit aufgerissenen Augen an. »Wusstest du, dass darin Milliarden von Pilzen, Amöben und Bakterien leben?« Ich schüttele angewidert den Kopf und schreibe schnell auf meine virtuelle Erledigungsliste: »Drei neue Zahnbürsten und antibakterielles Mundwasser kaufen.«

Marlene schnäuzt sich noch einmal. »Was ist, wenn ich mich zufällig mit einer Spritze in den Finger steche? Die Handschuhe schützen mich davor nicht. Was ist, wenn ich mich und den kleinen Schmetterling in meinem Bauch mit einer gefährlichen Krankheit anstecke?« Ich bin schockiert und überlege, ob Marlene nur naiv oder schon ein bisschen dumm ist. »Aber warum sagst du deinem Arbeitgeber nichts? Du musst doch sofort in ein Beschäftigungsverbot gehen. Das Mutterschutzgesetz ist voll von Beschäftigungsverboten, um dich und dein Kind zu schützen, wenn du gefährliche Tätigkeiten ausübst. In deinem Fall gilt sogar ein betriebliches Beschäftigungsverbot. Dafür musst du noch nicht einmal zum Arzt und dir ein Attest besorgen.« Ich spüre, dass mein Puls nach oben geht. »Dein Arbeitgeber muss sofort eine Gefährdungsbeurteilung machen und auch die Aufsichtsbehörden informieren. Wenn er das nicht tut und dich weiterbeschäftigt, kann er sogar in den Knast wandern.« Marlene wird rot und beginnt wieder zu flüstern. »Also, naja, das ist kompliziert mit meinem Chef. Ich weiß nicht, wie er reagiert, wenn ich ihm von meiner Schwangerschaft erzähle.« Jetzt bin ich wütend. »Waaas? Du hast ihm noch nichts von deiner Schwangerschaft erzählt? Bist du verrückt? Wovor hast du Angst? Der soll sich mal nicht so haben, schließlich ...« Marlene unterbricht mich: »Also, das Schlimme ist«, Marlene zieht noch einmal die Nase hoch, »er ist der Vater vom Schmetterling. Wir haben seit einigen Monaten eine Affäre.« Puhh. Jetzt verstehe ich. Marlene ist nicht dumm. Marlene ist in einer bescheuerten Situation.

Ich werfe einen Blick auf die Uhr und stelle fest, dass Nick schon ins Bett gebracht wird, ich muss mich also nicht mehr beeilen. »Sag mal, hast du jetzt noch etwas vor?« Marlene schüttelt ihren Kopf. »Dann lass uns doch noch eine Kleinigkeit beim Vietnamesen essen, hier um die Ecke ist ein nettes Restaurant.« Marlene wischt mit ihren Händen die letzten Tränen aus ihrem Gesicht und nickt.

§§§

Einige Minuten später sitzen wir beim Vietnamesen und löffeln beide eine Pho Bo. Ich rede Marlene ins Gewissen und versuche ihr klarzumachen, dass sie ihren Doc sofort über ihre Schwangerschaft informieren soll, damit sie in ein Beschäftigungsverbot gehen kann.

Marlene erzählt weiter: »Finanzielle Nachteile kann ich mir nicht erlauben. Ich bin alleinerziehend und habe noch eine große Tochter. Der Vater zahlt nur widerwillig und – wenn überhaupt – nur den nötigsten Unterhalt, das ist schon schwer genug. Ich fühle mich einfach so machtlos, und ich habe Angst. Wenn er erfährt, dass ich schwanger bin, wird er wissen, dass das Kind von ihm ist. Dann wird er die Affäre mit mir beenden. Das wäre schrecklich.« Sie fängt wieder an zu weinen und schnäuzt sich noch einmal kräftig die Nase. »Ich habe mich leider in ihn verliebt«, haucht sie leise.« O Gott, das macht die Sache noch komplizierter, denke ich. »Irgendwann musst du es ihm sagen, bald kannst du deinen Bauch nicht mehr unter deinem weißen Kittel verbergen.« – »Ich weiß, aber ich traue mich einfach nicht.« Marlenes Fall ist wirklich eine harte Nuss. Doch ich lasse nicht locker, meine innere Anwältin will doch wieder arbeiten, trotz Beschäftigungsverbots. »Du musst es sagen. Es geht nicht nur um dich, sondern auch um dein Kind. Außerdem bist du finanziell während deines Beschäftigungsverbotes abgesichert. Du erhältst Mutterschutzlohn und ab Beginn der Mutterschutzfrist Mutterschutzgeld plus Zuschüsse deines Arbeitgebers.« – »Aber vielleicht ist er sauer, macht Schluss und zahlt nichts. So etwas habe ich schon einmal mit meinem Exmann erlebt. Glaub mir, es ist furchtbar, wenn auf einmal dein Konto gesperrt wird und du nicht einmal mehr die Ausflüge in der Kita bezahlen kannst«, entgegnet Marlene.

Ich glaube ihr. Dann nehme ich ihre Hand. »Dann wird der Typ verklagt, so einfach ist das. Ich helfe dir, okay?« Marlene drückt meine Hand. Plötzlich ändert sich ihr Blick. Ganz tief in ihren traurigen Augen sehe ich ein kleines optimistisches Leuchten.

3

Von Hebammenglück und Hebammenleid

Es ist Samstag, Nick schläft, und Max ist beim Friseur. Endlich Ruhe im Haus. Naja, zumindest für circa eine Dreiviertelstunde. Bei Männern dauert das ja nicht so lange mit dem Haareschneiden. Ich stehe im Wochenend-Schlabberlook, bestehend aus Kapuzenpullover, Leggings und Wollsocken in der Küche, koche mir einen Kakao und höre Musik, die ich nur dann anstelle, wenn Max nicht da ist. Es geht doch nichts über meine Playlist »Gute-Laune-Mädchenmusik«. Ich wippe meine zunehmend runderen Hüften im Takt und überlege, ob die Lautstärke im oberen Drittel des Reglers eine gute Idee ist. Der arme Bauchzwerg – nicht dass er sich noch die Ohren zuhalten muss. Schnell reduziere ich die Musik auf Zimmerlautstärke und streichle meinen Bauch. Aus der kleinen Wölbung, die in den letzten Wochen nach zu viel gegessen oder Verdauungsbeschwerden aussah, ist jetzt eine pralle Honigmelone geworden. Der Bauchzwerg ist schnell gewachsen – jetzt weiß er, dass er sich endlich in der Öffentlichkeit zeigen darf.

Ich seufze tief. Endlich ist das Räuber-und-Gendarm-Spiel zu Ende: die Pausen im staubigen Aktenarchiv und das heimliche Entsorgen der Schattenmorellen-Gläser. Ich muss schmunzeln, irgendwie war das Schwangerschafts-Versteckspiel, das ich in den letzten Monaten gespielt habe, im Nachhinein auch ein bisschen witzig. Noch breiter schmunzeln muss ich, wenn ich an Frau Schnitzel denke. Eine Woche nach dem Lola-Eklat hat sie mich doch tatsächlich angerufen und sich für den Kanzlei-Rauswurf entschuldigt. Gleichzeitig berichtete sie feierlich, dass mein Büroraum gerade gereinigt, desinfiziert und renoviert werde. Und ein neuer ergonomischer Drehstuhl stünde jetzt auch in meinem Büro – selbstverständlich höhenverstellbar. Das Beste an dem Telefonat kam jedoch zum Schluss: »Und wenn Sie wieder fünf Stunden arbeiten dürfen, gehen wir gemeinsam im ›Chez Jacques‹ Mittag essen.«

Die Vorstellung, dass ich bald alleine mit Frau Schnitzel essen gehen werde, gefällt mir. Noch dazu beim In-Franzosen, in dem es mittags nur so von Anwaltskollegen und Mandanten wimmelt. Ich weiß, dass sie vor dieser Äußerung erst über ihren eigenen Schatten springen musste: Vermutlich war sie noch nie mit einer schwangeren Rechtsanwältin essen, die schon einen sichtbaren Babybauch vor sich herträgt. Mit Mitarbeitern, die äußerliche Merkmale eines Low Performers tragen, zeigt man sich eben nicht so gerne in der Öffentlichkeit.

Ich höre noch einmal »Tanz der Moleküle« von M.I.A. und hopse ein bisschen durch die Küche. Dann fällt mir ein, dass ich heute Vormittag noch Besuch bekomme und davor bei meiner Krankenkasse anrufen wollte. Ich muss dringend in Erfahrung bringen, ob sie die Kosten des Geburtsvorbereitungskurses für Max übernimmt.

DER KRANKENVERSICHERUNGS-STATUS VOR, WÄHREND UND NACH DER GEBURT

Damit du Schwangerschaft, Geburt und Mamasein rundum sorglos genießen kannst, ist ein **umfassender Krankenversicherungsschutz** für dich, deinen Partner und euer Kind essenziell. Diese Leistungen sind für dich besonders wichtig:

- Kostenerstattung bei künstlicher Befruchtung
- ärztliche Versorgung, Schwangerenvorsorge, zusätzliche Untersuchungen
- Leistungen rund um die Entbindung (stationäre, ambulante Entbindung, Geburt im Geburtshaus oder Hausgeburt)
- Arznei-, Verbands-, (alternative) Heilmittel
- Hebammenhilfe (Kosten für die Rufbereitschaft)
- häusliche Pflege und Haushaltshilfe (falls du während der Schwangerschaft bzw. Entbindung Unterstützung benötigst und keine Person hast, die in deinem Haushalt lebt und dir helfen kann)
- Mutterschaftsgeld
- Krankengeld (im Krankheitsfall, aber auch, wenn dein Kind erkrankt S. 272)

Gut zu wissen: Private Versicherungen zahlen **kein Mutterschaftsgeld**, außerdem musst du während der Mutterschutzfrist und Elternzeit den **privaten Krankenversicherungsbeitrag** zahlen, den sonst dein Arbeitgeber übernimmt.

Tipp: Zu Beginn deiner Schwangerschaft empfehle ich dir, euren **Familien-Krankenkassen-Status zu prüfen**.

Am besten überlegst du, welche Leistungen du benötigst und welche davon deine Krankenkasse trägt. Manchmal kann es von Vorteil sein, die Versicherung zu wechseln, um einen optimalen Versicherungsschutz zu erhalten. Außerdem solltest du schon vorab überlegen, **wie euer Kind künftig versichert werden soll**.

Die Dame am anderen Ende der 24-Stunden-365-Tage-Hotline ist mir sofort sympathisch: »Selbstverständlich erstatten wir auch die Kosten für den Geburtsvorbereitungskurs Ihres Mannes, er sollte ja schließlich auch wissen, was er während der Geburt zu tun hat, nicht wahr?« Ich antworte: »Ja, stimmt – zum Beispiel, wann der beste Zeitpunkt ist, Knoblauchpizza zu bestellen.« Kurze Pause. Die Krankenkasse-Dame stottert: »Ja-äh- ja- äh-hä? Haha!« Kein Wunder, dass sie mich nicht versteht, vermutlich gibt es kaum Frauen, deren Männer auf die Idee kommen, sich während der Geburt Knoblauchpizza in den Kreißsaal zu bestellen. Genau das hatte sich aber Max während der Geburt von Nick geleistet: Noch heute erinnere ich mich sehr genau daran, wie es während einer höllisch ziehenden Wehe plötzlich im Kreißsaal klingelte und er von einer Krankenschwester informiert wurde, dass der Pizzabote am Empfang auf ihn warte. Was mich erst maßlos ärgerte, war vielleicht doch nicht ganz so schlecht, vielleicht sogar ein ausgeklügelter Plan zwischen Max und der Hebamme: Von dem bestialischen Knoblauchgeruch, der sich langsam im Kreißsaal ausbreitete, wurde mir so schlecht, dass ich mich zehn Minuten später übergeben musste. Wie ich nachgeburtlich erfuhr, war dies nach Meinung der Hebamme »sehr gut«, da die Geburt nach einer »Entleerung« häufig »so richtig in Fahrt kommt«. Was auch tatsächlich so war.

Ich verdränge den Gedanken an Knoblauchpizza und wende mich wieder meinem Kakao zu. Während ich »Take on me« von A-ha höre und laut mitsinge, erhalte ich eine SMS von meiner Hebamme Cléo, die noch einmal schnell zur Blutabnahme und zu einer Bauchkontrolle vorbeikommen wollte:

»Bin unterwegs und in zehn Minuten da, komme gerade von einer Hausgeburt. Kuss.«

§§§

Ich denke zurück. Das Schicksal meinte es gut mit mir, als ich mit Nick schwanger war: Durch eine lustige Verkettung von Zufällen schickte es Cléo zu uns.

Ursprünglich hatten wir eine andere Hebamme, Tina. Leider brachte Tina zwei Probleme mit sich: 1. Sie machte nach dem Vorgespräch Max zur Schnecke, weil er sich nicht zu uns setzte, sondern nebenan in der Küche arbeitete (das führte dazu, dass von Anfang an keine gute Chemie zwischen den beiden bestand); 2. Tina wurde drei Monate vor meiner Entbindung selbst schwanger, sodass wir plötzlich ohne Hebamme dastanden. Das war natürlich erst einmal der SUPER-GAU. Es ist ja mittlerweile kaum noch möglich, eine Hebamme zu finden, selbst wenn man bereits VOR der Zeugung seines Kindes mit der Suche anfängt.

Trotzdem telefonierte ich mir die Finger wund und setzte alle erreichbaren Hebel in Bewegung. Ich klagte jedem, ja wirklich jedem, den ich traf, mein Leid - in der Hoffnung, dass derjenige jemanden kennt, der jemanden kennt, der eine Hebamme kennt, die Zeit für uns hat. Egal ob Freund, Feind, Bäcker, Taxifahrer, Späti-Verkäufer, Hund oder Zimmerpflanze. Jeder musste sich mein Hebammengejammer anhören. Vergeblich. Nach zwei Wochen wusste ich: In ganz Berlin war keine Hebamme verfügbar. Schon gar nicht, wenn die Entbindung in knapp drei Monaten sein sollte und der 4. Januar der voraussichtliche Geburtstermin war.

§

DIE HEBAMME

Deine Hebamme ist eine der wichtigsten Personen, die dich während Schwangerschaft, Geburt und Wochenbett begleitet. Es ist wirklich traurig, wie sehr sich die Rahmenbedingungen für diesen Beruf in den letzten Jahren verschlechtert haben. Schlechte Bezahlung, hohe Haftpflichtbeiträge – kein Wunder, dass kaum noch jemand Hebamme werden möchte.

Tipp: Mach dich sofort nach einem positiven Schwangerschaftstest auf die **Suche nach einer Hebamme**. Viele Frauen warten zu lange, weil sie denken, dass man eine ärztliche Bestätigung der Schwangerschaft benötigt, um mit der Hebammensuche zu starten. Bei der Auswahl solltest du beachten, ob deine Hebamme die **besonderen Leistungen**, die du in Anspruch nehmen möchtest, auch anbietet (z. B. Akupunktur, Begleitung bei einer

Hausgeburt). Hebammen und Tipps für die Hebammensuche findest du z. B. auf den Webseiten der **Hebammenverbände** (→ Linksammlung) und Geburtskliniken sowie über deinen Frauenarzt.

Wichtig: Wenn du etwas gegen das Hebammensterben tun möchtest, findest du z. B. unter **www.unsere-hebammen.de** weiterführende Infos und Aktionen, an denen man sich beteiligen kann.

Doch dann erhielt ich eine E-Mail von Max' Kumpel Kurt, seines Zeichens liebenswerter und partybesessener Großstadtneurotiker. Kurt ist so ziemlich der letzte Mensch, von dem ich gedacht hätte, dass er uns eine Hebamme vermitteln könnte. Er führte damals ein hedonistisches Leben in einer durchgestylten Dachwohnung im Herzen von Berlin-Mitte, und Kinder passten nicht in sein Weltbild, besser gesagt, zu den Frauen, mit denen er sich umgab. Ich traute ihm ernsthaft zu, dass er Hebammen für geheimnisvolle hexenartige Wesen hält, die irgendwo im Wald hausen. Deshalb war ich sehr erstaunt, als ich las:

Hi Sandy,
ihr habt doch ein Hebammenproblem, oder? Hat mir Max jedenfalls beim Pokern erzählt. Und jetzt rate mal! Ich habe letzten Samstag im Rodeo eine Hebamme an der Bar kennengelernt. Erst dachte ich, dass die spießig ist, sie wollte sich von mir nämlich keinen Gin Tonic ausgeben lassen. Dann hat sie mir aber bei ner Coke an der Theke

erzählt, dass sie Hebamme ist und keinen Alkohol trinkt. Vielleicht wäre das was für euch? Sie ist ganz cool und sieht auch ziemlich gut aus ;-). Leider hat sie ihre Telefonnummer nicht rausgerückt, als ich ihr von euch erzählt habe (wahrscheinlich dachte sie, dass ich sie anmachen will, was natürlich auch einer meiner Hintergedanken war). Aber immerhin habe ich mir ihren Namen gemerkt und ihre Webseite gegoogelt. Guck mal: www.hebamme-cleo.de.

Tschö mit Ö, Kurt

PS: Halt mich mal auf dem Laufenden, falls es klappen sollte. Dann würde ich gerne mal vorbeikommen und sie noch mal »zufällig« treffen. Vielleicht gibt's dann doch ein Date, wenn sie merkt, dass das mit der Telefonnummer doch keine Anmache war, hehehe.

Rodeo, Theke, cool, gut aussehend? Erst war ich skeptisch, ob das ein gutes Omen für eine gute Hebammenbetreuung ist. Ich will doch keine Hebamme, die in Clubs mit Typen wie Kurt rumhängt, und sie soll auch nicht gut aussehen, sondern sich verdammt noch mal einfach nur um meinen Bauch kümmern und dafür sorgen, dass mein Kind wohlbehalten ans Tageslicht kommt, dachte ich gereizt. Und schrieb ihr einige Tage später aus Verzweiflung doch eine Mail, die zu meiner großen Verwunderung auch postwendend und ohne Absage beantwortet wurde. Eine Woche später war es dann so weit, Cléo stand abgehetzt mit ihrem Hebammenkoffer vor unserer Tür. Mit verrutschter Wollmütze, kältegeröteten Wangen und einem flotten Begrüßungsspruch: »Gibt's hier keinen Aufzug? Also ihr werdet noch fluchen, wenn ihr mit dem Baby diese 1000 Treppen hoch und runter laufen müsst.« Dann lächelte sie herzallerliebst, reichte uns ihre warme Hebammenhand und sagte resolut, aber durchaus herzlich: »Hallo, ich bin Cléo, schön, euch kennenzulernen.« Ich hatte sie sofort in mein Herz geschlossen. Und auch Max überwand nach dem Vorgespräch seine Hebammenskepsis, sodass wir ein gutes Team für das anstehende Projekt Geburt wurden.

Dazu gehörte unter anderem, dass Cléo zunächst unsere Wohnung, die angeschaffte Säuglingsausstattung, den Kühlschrank und unser bisheriges Bild von Geburtshilfe und Schulmedizin gehörig auf den Kopf stellte. Noch heute muss ich schmunzeln, wenn ich daran denke, wie sie Max vor der Geburt und während des Wochenbetts fast täglich in die gegenüberliegende Apotheke schickte. Die Apothekerin rieb sich vermutlich jedes Mal die Hände unter dem Tresen, wenn er die Apotheke betrat. Ich bin mir sicher, dass dort in den kommenden sechs Monaten Rekordumsätze im Bereich Homöopathie und Naturheilkunde erzielt wurden. Aber das Wichtigste war: Nick entwickelte sich prächtig in meinem Bauch, und ich fühlte mich – abgesehen von kleinen Zipperleins, die ich mithilfe von Cléo schnell in den Griff bekam, rundum wohl mit meiner Murmel. Ich wollte plötzlich niemand anderen mehr an meinen Bauch lassen – außer Cléo. Ich staunte nicht schlecht, als sie mir einmal erzählte, auf welche Hebammenleistungen man als werdende Mutter Anspruch hat. »Und diese Untersuchungen finden übrigens alle zu Hause bei der Mutter statt«, ergänzte sie ihre Aufzählung. »Ich verstehe überhaupt nicht, warum die Mütter so oft zum Frauenarzt gehen. Außer den Ultraschalluntersuchungen können Hebammen die gesamte Vorsorge durchführen.

Klar, die Frauenärzte sind davon nicht immer begeistert, aber alle werdenden Mütter haben ein Recht darauf.«

Na so was, wieso hat mir das bisher noch niemand erzählt, dachte ich damals und beschloss, alle Vorsorgeuntersuchungen, die sie übernehmen konnte, von ihr durchführen zu lassen. Zu Hause, in kuschliger Atmosphäre. Mit Kakao, Mädchenmusik und ohne Wartezimmer-Wartezeit. Mehr Luxus in Schwangerschaft und Wochenbett geht doch gar nicht.

HEBAMMENLEISTUNGEN, DIE VON DEN GESETZLICHEN KRANKENKASSEN ERSTATTET WERDEN

1. Vor der Geburt: Mutterschaftsvorsorge und Schwangerenbetreuung

- individuelles Vorgespräch
- Beratungen während der Schwangerschaft
- Vorsorgeuntersuchungen (z. B. Blutdruckmessung, Urin- und Gewichtskontrolle, Kontrolle der kindlichen Herztöne, Feststellung der Lage, Stellung und Haltung des Kindes)
- Hilfe bei Schwangerschaftsbeschwerden oder Wehen
- CTG (Kardiotokografie, Wehenschreiber)
- Geburtsvorbereitungskurs in der Gruppe, im Ausnahmefall auch einzeln

2. Während der Geburt

- Geburtshilfe in einem Krankenhaus, Beleggeburt

- Geburtshilfe in einem Geburtshaus oder in einer Hebammenpraxis
- Hilfe bei einer Hausgeburt
- Hilfe bei einer Fehlgeburt

3. Wochenbett

- Wochenbettbetreuung von Mutter und Kind in der Klinik, im Geburtshaus, durch Hausbesuch oder telefonisch (z. B. Kontrolle der Rückbildung, Behandlung von Geburtsverletzungen, Unterstützung bei traumatischen Erfahrungen, Untersuchung, Pflege und Ernährung des Kindes, Hilfe bei Stillproblemen)
- Vorsorgeuntersuchung (U1) des Babys, auch Blutabnahme für das Neugeborenen-Screening

4. Rückbildung und Stillzeit

- Rückbildungsgymnastik in der Gruppe, im Ausnahmefall auch einzeln
- Beratungen bei Stillschwierigkeiten und Ernährungsfragen (z. B. Beikost)

Gut zu wissen: Jede Frau hat einen Anspruch auf Hebammenhilfe, der notfalls auch gegenüber der Krankenkasse eingeklagt werden kann. Geregelt ist der Anspruch in den §§ 24 c Nr. 1, 24 d SGB V.

Tipp: Wenn du gesetzlich versichert bist, hast du Anspruch auf die oben aufgeführten Leistungen. Einige Versicherungen bieten auch **Zusatzleistungen** an. So gibt es inzwischen Kassen, die die Rufbereitschaftspauschale für Hebammen und Geburtsvorbereitungskurs-Kosten für den Partner übernehmen. **Achtung:** Wenn du privat krankenversichert bist, kann es sein, dass Hebammenleistungen teilweise oder komplett ausgeschlossen sind. Inzwischen gibt es auch Anbieter, die Hebammenberatungen per Telefon oder online anbieten (→ Linksammlung). Die Kosten dafür musst du aber selbst tragen.

Zusatzinfo: Die aktuellen Leistungen beruhen auf § 134a Abs. 1 SGB V i.V.m. mit dem jeweils aktuellen Hebammenhilfevertrag.

Jedenfalls sorgte Cléo dafür, dass Nick wohlbehalten am Neujahrstag das Licht der Welt erblickte. Ihr habe ich es auch zu verdanken, dass ich nach der schlimm-schönsten Grenzerfahrung meines Lebens entschied, noch ein weiteres Kind zu bekommen.

§§§

Heute ist Cléo nicht so fröhlich wie sonst. Bei den Vorsorgeuntersuchungen gibt es eigentlich erst einen kurzen Kaffeklatsch, bevor sie die Bauch-Untersuchungen vornimmt. Dafür hatte ich zwei extragroße Stücke Milchreistorte besorgt.

Stattdessen kommt Cléo schnell zur Sache, zapft mir Blut ab, ohne dass ich etwas bemerke, und legt das blutgefüllte Röhrchen, verpackt in einen Plastikbeutel, in den Kühlschrank, bis es vom Labordienst abgeholt wird. Anschließend misst sie meinen Bauchumfang mit einem Zentimetermaß und hört mit einem trompetenähnlichen Hörrohr in meinen Bauch. »Der Herzschlag ist tippi-toppi.« Sie befühlt den Bauchzwerg mit gekonnten Griffen, legt ihre Hände ruhig neben meinen Bauchnabel und hält kurz inne. Dann runzelt sie die Stirn. Das habe ich bei ihr noch nie gesehen. Cléo wirkt besorgt. »Stimmt etwas nicht?«, frage ich, mit Unruhe in der Stimme. »Alles bestens, der Kleine ist in der Zwischenzeit schön gewachsen, er ist jetzt so ca. 35 Zentimeter groß, passt genau zur 26. Schwangerschaftswoche, alles schick.« Sie verteilt duftendes Öl in der Hand und fängt an, meinen Bauch zu massieren. Die Falten auf der Stirn sind immer noch da. Sie stoppt die Massage und blickt auf. »Merkt man mir etwa an, dass ich Sorgen habe?« »Ja«, bestätige ich. »Es kann sein, dass ich bald meinen Job aufgeben muss«, platzt es aus ihr heraus. Ich verstehe nichts. »So ein Quatsch, jeder, der ein Kind auf die Welt bringt, braucht doch eine Hebamme, und davon gibt es doch viel zu wenige, gerade hier in Berlin«, bemerke ich. »Das Problem ist, dass ich es mir finanziell einfach nicht mehr leisten kann, Hebamme zu sein.« Ich überlege, ob Cléo vielleicht Fieber hat, übermüdet ist oder gerade ein bisschen spinnt? »Also, es ist so: Ich verdiene als freiberufliche Hebamme wirklich wenig. Nur mal so ein Beispiel: Für einen Wochenbettbesuch, der mit Fahrtzeiten häufig bis zu 2,5 Stunden dauert, bekomme ich pauschal zwischen 30 und 70 Euro brutto.« Ich staune. »Ich will ja gar nicht jammern. Ich komme gut über die Runden, aber auch nur deswegen, weil ich Hausgeburten mache – und Beleggeburten in Kliniken anbiete. Anders kann ich die hohe Haftpflichtversicherung nicht mehr zahlen, es dauert nicht mehr lange, dann klettert sie über 7000 Euro im Jahr – das muss ich erst einmal netto verdienen. Und ohne Haftpflichtversicherung darf ich nicht arbeiten. Es ist echt zum Heulen, dass die ganzen Kosten auf uns abgewälzt werden – obwohl sich die Anzahl der Schadensfälle nicht erhöht hat.« Ich merke, wie Cléo mit den Tränen kämpft. »Weißt du, in den Achtzigerjahren wurden wir noch für umgerechnet 30 Euro im Jahr versichert«, sagt sie und tippt sich dreimal an die Stirn. Dann massiert sie meinen Bauch weiter. »Ich wollte seit meiner Kindheit Hebamme werden. Und Hebamme zu sein bedeutet für mich, bei der Geburt dabei zu sein und Kinder auf die Welt zu bringen und die Familien, besonders natürlich die Mütter, zu Hause kennenzulernen und zu betreuen. Ich kann und möchte nichts anderes machen. Sonst hätte ich den Job doch schon längst hingeschmissen. Mit zwei eigenen Kindern Tag und Nacht im Einsatz ist ein Hebammenjob ja eigentlich auch verrückt. Gott sei Dank macht mein Mann das noch mit. Für mich ist es eben kein Beruf, sondern eine Berufung. Wenn ich Babys nicht mehr zur Welt bringen darf, gehe ich ein wie eine Primel.«

Ich überlege, wie ich Cléo helfen kann, und denke, dass jetzt der optimale Zeitpunkt für die Milchreistorte gekommen ist. Mir fällt ein, dass ich ihr noch gar nicht das neu eingerichtete Gurkenfass in unserem Garten gezeigt habe, und schlage vor, dass wir kurz an die frische Luft gehen und die Milchreistorte dort verspeisen.

Ich versuche erst einmal das Thema zu wechseln und erzähle ihr von meinem Gurkenfass. Davon, dass es mein magischer Lieblingsort ist, der abends, wenn Nick schläft, nur mir gehört. Das riesige Holzgurkenfass mit einem Durchmesser von etwa 2,50 Meter hatte Max kurz nach unserem Umzug einem Bauern im Spreewald abgekauft, um es mir zum Geburtstag zu schenken. Mithilfe meines Vaters hat er es bei unserem Nachbarn Micha heimlich und liebevoll von den letzten Dillresten und Senfkörnern befreit, Fenster hineingesägt, ein Dach, eine passende Bank und einen Tisch zimmern lassen und es so zu einem zauberhaften Gartenhäuschen umfunktioniert. Und da meine Mutter der Meinung war, dass da noch etwas »Mädchenkram« fehlt, nähte sie in der Nacht vor meinem Geburtstag rot karierte Vorhänge mit Spitzenborten und passenden Kissen dazu, stellte eine Vase mit einem kleinen Strauß aus Rosen und weißen Margariten auf den Tisch, sodass es richtig gemütlich im Fass wurde. An meinem Geburtstag hämmerte Max noch ein Hufeisen über die Tür. Seinen feierlichen Blick sehe ich noch jetzt vor mir: »Ein Rückzugsort für dich, wenn du mal die Nase voll von uns hast.«

Letztes Wochenende hatten wir das Gurkenfass winterfest gemacht. Mit Schaffellen, Kerzen, einer kleinen Heizung und Lichterketten.

Gemeinsam stapfen wir durch den Garten. Cléo scheint es auch zu gefallen: »Das wäre doch der perfekte Ort, um dein Kind zur Welt zur bringen«, sagt sie grinsend und startet wieder den Versuch, mich zu überreden, doch eine Hausgeburt mit ihr zu machen, »ein Baby, das in einem gemütlichen Gurkenfass zur Welt kommt – das wäre doch genial«. Dann setzen wir uns auf die Bank, nehmen eine dicke Decke und machen es uns gemütlich. Milchreistorte mit Zimt kann tatsächlich Wunder in vermeintlich ausweglosen Situationen wirken. Wir diskutieren und überlegen, was wir tun können: Demos, Flyer, Klagen, Petitionen, Vereine, Briefe an Gesundheits- und Familienminister – vielleicht sogar an die Kanzlerin oder an den Papst? Wir schreiben gemeinsam eine lange Liste und überlegen, wie wir sie weiterverbreiten können.

Cléo wirkt langsam wieder etwas fröhlicher und packt, nachdem sie den letzten Milchreiskrümel mit der Gabel aufgespießt und gegessen hat, sorgfältig ihre Instrumente in den Hebammenkoffer. »Weißt du, ich vertraue darauf, dass sich die Eltern und der Hebammenverband gegen das Hebammensterben wehren werden. Vor allem die Eltern könnten so einflussreich sein, wenn sie sich enger zusammentun würden. Es ist ein Jammer, dass Eltern und Kinder eine so schlechte Lobby haben.« Dann erledigt sie kurz ihren Schreibkram und drückt mir noch einen Rosenblüten-Frauenmantel-Tee mit dem wohlklingenden Namen »Guter Hoffnung« in die Hand. Nebenbei tippt sie eine SMS in ihr Telefon. »Und jetzt muss ich schnell los, bei einer Mutter, die kurz vor der Entbindung steht, ist gerade die Fruchtblase geplatzt.«

4

Trotzanfälle, Kinderarzt-Termine und wie man das Kind beim Namen nennt

Einige Wochen später sitze ich wieder in meinem Büro bei Dr. Schnietzel & Partner und versuche die Vorzüge des teilweisen Beschäftigungsverbotes zu genießen. Die Betonung liegt auf »versuche«. Denn leider schützt mich die neue 25-Stunden-Woche nicht vor spontanen Stressattacken meiner Chefin.

Frau Schnitzel hatte mir vorgestern eröffnet, dass ich heute um neun Uhr einen Termin vor dem Arbeitsgericht wahrnehmen muss. Das ist an sich ja nichts Verwerfliches, ganz im Gegenteil - ich streite mich sehr gerne für unsere Mandanten vor Gericht. Allerdings gibt es heute noch einen weiteren Termin »in Sachen Familie«, der bereits seit drei Monaten rotgerahmt in meinem Outlook-Kalender steht: *»8.00 – Kinderarzt – U7a Untersuchung Nick.«* Ich hatte extra einen Termin vereinbart, der außerhalb der betriebsüblichen Arbeitszeiten liegt, und jetzt soll ich plötzlich früher arbeiten. Mist. »Ach, das schaffen Sie schon«, entgegnete Frau Schnitzel auf meinen Hinweis, dass der Gerichtstermin mit dem Kinderarzttermin kollidieren könnte. »Oder Sie sagen die Untersuchung ab, das Kind ist ja nicht akut krank.«

»Das geht nicht, ich habe den Termin bei der Kinderärztin bereits vor drei Monaten ausgemacht, und danach muss ich ja noch mein Kind in die Kita bringen«, erwiderte ich und schüttelte sauer den Kopf. Scheinbar weiß sie nicht, dass man beim Kinderarzt Termine mit einer Vorlaufzeit von bis zu sechs Monaten ausmachen muss. Nach einer kurzen Diskussion hatte ich die Nase voll.

»Gut, ich nehme den Gerichtstermin wahr. Dann wird es eben etwas hektisch, aber ich werde pünktlich beim Arbeitsgericht sein«, versicherte ich irgendwann - pflichtbewusst und zähneknirschend.

§

ANSPRUCH AUF FREISTELLUNG VON DER ARBEIT – ARZTTERMINE MIT DEM KIND

Termine beim Kinderarzt, die nur während der Arbeitszeit wahrgenommen werden können, sorgen leider oft für Vereinbarkeitsstress. Dem kannst du am besten vorbeugen, wenn du deinen Arbeitgeber **rechtzeitig informierst** und dich kooperativ zeigst.

Gut zu wissen: Ein wichtiger Arzttermin mit deinem Kind bedeutet nicht automatisch, dass du ein Recht darauf hast, von deiner Arbeitspflicht befreit zu werden. Grundsätzlich bist du verpflichtet, **Routine-Arzttermine**, wie z. B. die U-Untersuchungen, außerhalb der Arbeitszeit wahrzunehmen. Wenn das nicht möglich ist, weil der Kinderarzt nur während deiner Arbeitszeit geöffnet hat oder dein Kind akut erkrankt ist, hast du einen **Anspruch auf Freistellung** von der Arbeit. Bei »rechtmäßigen« Arztbesuchen wird deine Vergütung i.d.R. fortgezahlt (mehr Details dazu findest du auf S. 271).

Tipp: Bei jedem Arztbesuch während deiner Arbeitszeit solltest du dir eine **Bestätigung bzw. Krankschreibung** deines Kindes ausstellen lassen und deinem Arbeitgeber vorlegen – damit es keine Missverständnisse gibt. Ein unentschuldigtes Fernbleiben von der Arbeit stellt immer ein Verstoß gegen deine arbeitsvertraglichen Pflichten dar und kann zu einer **Abmahnung**, äußerstenfalls sogar zu einer **Kündigung** führen.

§§§

Am besagten Tag stehe ich früh auf. Sehr früh. Denn: Der Kollision aus mütterlichen und anwaltlichen Pflichten kann ich nur dann ausweichen, wenn ich spätestens um 7.30 Uhr – zusammen mit einem angezogenen, gewaschenen, satten und hoffentlich gut gelaunten Nick – das Haus verlasse. Um PUNKT acht Uhr, besser noch früher, MUSS ich bei der Kinderärztin erscheinen, damit Nick als Erster untersucht wird. Sonst wird es eng. In Kinderarzt-Praxen gilt nach meinen bisherigen Erfahrungen nämlich leider das Gesetz: »Wer zuerst kommt, wird zuerst untersucht.« Entscheidend ist nicht unbedingt die vereinbarte Uhrzeit, sondern wer zuerst die Kinderarztpraxis-Türklinke herunterdrückt, zum Empfang stürmt – notfalls unter Einsatz der Ellenbogen –, die Hand auf den Tresen legt und laut und deutlich den Namen seines Kindes oder »Notfall« sagt.

Nick hat den Zeitpunkt des Wachwerdens und Aufstehens optimal gewählt: Ich stehe gerade mit einer Schaumkrone auf dem Kopf unter der Dusche und wasche mir die

Haare. Plötzlich zeigt irgendwo in Berlin ein winziger Zeigefinger auf eine duschende Mama, und es schallt im Befehlston: »MA-MA DUSCHE RAUS. MÜ-RÜ-RÜT.« Übersetzt in »freundlich« und Erwachsenensprache heißt das: »Liebe Mama, kannst du bitte die Dusche verlassen und mein Frühstück zubereiten?«

Nachdem ich dem Befehl nicht sofort Folge leiste, fängt Nick an, sirenenartig zu heulen und sich auf dem Duschvorleger zu wälzen. Ein sicheres Zeichen dafür, dass heute ein »Nick-Trotz-Tag« ist. Auch das noch.

An Nick-Trotz-Tagen hilft ein freundlich-flehendes »Bitte«, untermauert mit kindgerechten Erklärungen, nicht weiter. Daher fange ich erst gar nicht an zu betteln, dass er mich doch bitte noch zu Ende duschen lassen möge, da ansonsten die Haut zu jucken anfängt, wenn der Schaum nicht abgespült wird, und die Mama sonst weinen müsse. Nein, ich leiste dem Befehl meines Gebieters sofortigen Gehorsam. Ohne Knurren und Murren drehe ich den Wasserhahn zu, steige mit Schaumresten aus der Dusche, trockne mich flüchtig ab und nehme Nick auf den Arm, bis er sich wieder beruhigt hat. Das kostet Zeit. Durch den Duschdampf hindurch erscheint mir plötzlich eine Art weiblicher Flaschengeist. Es ist Frau Schnitzel, die ihr Gesicht zu einer Fratze verzogen hat und mit ihrem rot lackierten Zeigefingernagel hektisch auf ihre goldene Armbanduhr tippt. Ich öffne schnell das Fenster, damit der Duschdampf entweicht.

Dann versuche ich mich anzuziehen. Das ist schwierig – insbesondere, wenn sich Nick wie ein Koala-Bär an meinem 29-Wochen-Babybauch festklammert.

Nach einer weiteren Streichel- und Schmuseeinheit bessert sich die Laune. Endlich lässt sich Nick wickeln und anziehen. Das dauert heute allerdings länger, denn an einem Nick-Trotz-Tag wechselt meistens urplötzlich der Kleidergeschmack. Nein, die Fledermaus-Strumpfhose ist plötzlich nicht mehr en vogue. Es muss die mit dem Bagger her. Wo ist sie bloß? Ach ja, im Keller, in einer Kiste mit den am Wochenende aussortierten Kleidungsstücken – natürlich ganz oben im Regal. Nach der Bewältigung von gefühlt 100 Treppenstufen merke ich, dass ich dringend einen Kaffee brauche. Die Uhr tickt weiter, es ist bereits 7.10 Uhr.

»Na, gut geschlafen, Schatz?«, strahlt mich Max an, der inzwischen adrett und gut gelaunt in der Küche steht. Nick läuft zur Hochform auf und kommentiert unsere Frühstückszubereitung konstant mit einem »NICK-NEI«. »NICK-NEI«, das ist ein starkes »Nein«, das niemals zu einem »Jein«, geschweige denn zu einem »Ja« werden kann.

»NICK-NEI« zur Müslischale mit dem lachenden Frosch – es muss die mit dem gelben Hasen sein.

»NICK-NEI« zum blauen Plastiklöffel – es muss der grüne sein.

»NICK-NEI« zum Kindermüsli – heute muss es Toastbrot sein.

»NICK-NEI« zur Marmelade – es darf nur noch Butter auf das Toastbrot gestrichen werden.

»NICK-NEI« zum Butterstreichen – das möchte er selbst in die Hand nehmen.

An einem Nick-Trotz-Tag sende ich viele Wünsche an das Universum. Manchmal bete ich auch. »Lieber Gott, bitte mach, dass mein Kind ab jetzt nur noch JA sagen kann und das macht, was ich will.« Doch das bringt meistens nichts.

Eine durchschwitzte Bluse später habe ich es tatsächlich geschafft. Wir sind beide ausgehfertig und stehen gestiefelt und – zumindest was mich betrifft und leider gerade niemanden interessiert – gestresst in der Tür. Es ist 7.40 Uhr und verdammt knapp, bei einer Fahrtzeit von 15 Minuten. »Ciao Schatz«, sagt Max und drückt mir einen Kuss auf den Mund. »Du schaffst das noch!« Dann tätschelt er kurz meine rechte Schulter. Ich lächele gequält und hetze los.

§§§

Wie befürchtet, sind wir fünf Minuten zu spät im Ärztehaus – die angespannte Parkplatzsituation hat uns endgültig einen Strich durch die Rechnung gemacht. Als wir bereits im Aufzug stehen, kommt plötzlich eine Frau, die ihr Gesicht mit einem lila-schwarzen Lippenstift und einem schlecht gepiksten schwarzen Augenbrauen-Tattoo verunstaltet hat, um die Ecke. Wohlgemerkt NACH uns. Sie quetscht sich mit ihrem kleinen Sohn in letzter Sekunde zu uns in den Aufzug – und wird dafür auch noch mit der Pole-Position vor der Aufzugstür belohnt.

Als wir in der dritten Etage ankommen, stürzt sie unverschämterweise als Erste aus der Tür. Ich gebe nicht auf und setze auf der langen Geraden zur Kinderarztpraxis-Türklinke zu einem Überholmanöver an. Vielleicht schaffe ich es ja noch, wenigstens eine Konkurrentin auszustechen. Plötzlich bemerke ich: Verdammt, Nick ist mir nicht gefolgt!

Ich drehe mich um. Er steht immer noch im Aufzug und drückt gerade mehrmals auf den gelben Alarmknopf, der auch sogleich ein unangenehmes Surren von sich gibt. Schnell hebe ich Nick hoch, da schallt plötzlich eine kratzige Männerstimme aus dem Lautsprecher, der unter der perforierten Aufzugswand versteckt ist: »Hallo, hallo?« Ich antworte etwas verwundert: »Hallo?« Die kratzige Männerstimme fragt weiter: »Stecken Sie im Aufzug fest, oder sind Sie wieder eine von diesen Müttern, die ihr Kind nicht im Griff hat?« Ich schöpfe aus meinem Berliner Wortschatz und fauche nicht sehr ladylike: »Schnauze!« Der Mann antwortet: »Also entschuldigen Sie bitte, wie wären Sie denn drauf, wenn alle fünf Minuten Fehlalarm im Aufzug ausgelöst wird?« Ich schnappe kurz nach Luft und verkneife mir Nick zuliebe eine Antwort. Zornig schicke ich den leeren Aufzug in den Keller.

Kopfschüttelnd betrete ich mit Nick die gut besuchte Kinderarztpraxis. Verfluchter Mist. Insgesamt haben sich bereits drei Kinder vor uns angemeldet, einschließlich der unverschämten Mutter aus dem Aufzug. Verdammt, das wird doch eng mit dem Gerichtstermin. Es schnupft, niest und hustet aus gefühlt allen Winkeln.

Nach der Anmeldung verkrieche ich mich mit Nick in der hintersten Wartezimmer-Nische, in der Hoffnung, dass er die Praxis nicht kränker verlässt, als er sie betreten hat. Es riecht nach einem Potpourri aus Desinfektionsmitteln, Pups und Erbrochenem. Mir wird übel. Wieder sehe ich Frau Schnitzel vor mir. Diesmal hebt sie mahnend den Zeigefinger in die Luft und senkt ihn langsam – bis er wie eine Waffe auf mich gerichtet ist. Schnell öffne ich das nächstgelegene Fenster, damit die bösen Gerüche und Geister entweichen können.

Ich beobachte die lilalippige Drängel-Mutter, die gerade an ihren Fingernägeln herumkaut. Ihr Kind hat es besonders schlimm erwischt. Der kleine Junge, der uns freundlich aus der gegenüberliegenden Ecke anlächelt, hat glühende Wangen und glasige Augen. Ich schätze, 40 Grad Fieber. Gelber klebriger Schleim läuft ihm wie ein Rinnsal aus der Nase. Die Mutter macht keine Anstalten, ihm die Nase zu putzen. Das Fieber-Kind will nun ausgerechnet mit Nick spielen, läuft auf ihn zu und reicht ihm ein abgewetztes Märchenbuch. Nick strahlt und signalisiert Interesse an dem kleinen Jungen. Ich versuche das zu unterbinden und setze ihn auf meinen Schoß. Nick gefällt das überhaupt nicht. Er fängt an zu zappeln und streckt seine Arme nach dem Fieber-Jungen aus. Die lilalippige Drängel-Mutter macht weder Anstalten, ihren kranken Sohn von uns fernzuhalten, noch ihm die Nase zu putzen geschweige denn mit ihm zu spielen. Sie tippt lieber Nachrichten in ihr Smartphone.

Ich weiß mir nicht anders zu helfen, ziehe den Joker aus meiner Handtasche und wedele mit meinem Handy vor Nicks Nase. Das wirkt wie immer Wunder. Nick interessiert sich nicht mehr für den Fieber-Jungen, sondern nur noch für die Fotos, die er mit seinem Zeigefinger hin und her wischt. Glücklicherweise habe ich Tausende davon im Speicher.

Plötzlich öffnet ein mir bekannter Blondschopf mit schwarzem Schlapphut die Wartezimmer-Tür: Es ist Jette aus dem Yoga-Kurs, zusammen mit ihrer zweijährigen Tochter Betty-Lou. So ein Zufall.

Während der letzten Yoga-Stunde haben wir beim Zusammenrollen der Matten, Decken und Meditationskissen ein wenig geplaudert. Jette hat lange als Auslandskorrespondentin für mehrere Fernsehsender gearbeitet. In Panama hat sie Betty-Lous Vater kennengelernt, der dort immer noch lebt. Sie wohnt jetzt mit ihrem neuen Freund, einem französischen Comic-Autor namens »Cosmo Comic«, in einer Neuköllner Künstler-WG.

»Betty-Lou hat drei Mamas und fünf Papas – immer ist jemand für die Kleine da«, erzählte sie mir stolz. »Sonst könnte ich auch nicht mehr als freie Journalistin arbeiten, ich muss ja immer schnell vor Ort sein, wenn etwas Spannendes in der Stadt passiert. Und ich kann schnell wieder einsteigen, wenn das Baby da ist. Als freie Mitarbeiterin kann ich ja nicht so lange aussetzen, sonst ist mein Job futsch. Genialerweise ist meine Mitbewohnerin auch schwanger. Sie hat sich sogar bereit erklärt, mein Baby zu stillen, wenn ich unterwegs bin. Praktisch, oder? Weißt du, alle sagen, es bedarf eines Dorfes, um ein Kind großzuziehen. Ich finde, es bedarf eigentlich nur einer netten WG.«

Interessantes Lebensmodell, dachte ich. Mehrere Mamas und Papas, Stillbrüste verschiedener Mütter und mehrere Milchsorten zur Auswahl, ganz ohne Vereinbarkeits-Stress. Ein bisschen zu hippiemäßig für meinen Geschmack, aber bestimmt eine große Entlastung für die Mutter. Ich mochte Jette auf Anhieb und hoffte, dass ich während der nächsten Yoga-Stunden noch mehr über ihr buntes Leben erfahren würde.

»So eine Überraschung!«, sagt sie mit Sonnenschein in der Stimme und winkt kokett mit ihrer rechten Hand in unsere Richtung. »Ist ja witzig, dass wir bei der gleichen Kinderärztin sind und auch noch gleichzeitig einen Termin haben, haha!« – »Nun ja, mein Termin war vor einer halben Stunde«, bemerke ich mit Schlechtwetter-Unterton. Nach einem prüfenden Blick sehe ich, dass Betty-Lou gesund aussieht. Auch sie soll zu einer U-Untersuchung. Dann mache ich zwei Plätze neben uns frei, indem ich den aus meiner Hand- und der Wickeltasche gebauten Anti-Viren-Wall über meine Stuhllehne hänge. Jette drapiert sich einen bunt gemusterten Poncho um den Babybauch und reicht Betty-Lou ein kleines Bilderbuch. Mit ihrer Tiefenentspanntheit verteilt sie sofort positives Karma im Wartezimmer. Das kommt mir an diesem Tag sehr gelegen. Dann erzählt sie mir von einem bekannten Schauspieler, den sie heute Nachmittag interviewt.

Nachdem die Sprechstundenhilfe ein Kind mit dem Namen »Nova« aufruft, wechselt sie das Thema. »Nova - ein schöner Name, oder? Wir überlegen auch schon die ganze Zeit, wie wir den Kleinen nennen. Ganz hoch im Kurs steht gerade ›Charlie‹.«

Die Sprechstundenhilfe betritt erneut das Wartezimmer, blickt in Richtung lilalippige Drängel-Mutter und sagt laut: »So, der Kenneth-Uwe kann jetzt mal mitkommen.«

Ich bin mir nicht sicher, ob mir meine Ohren soeben einen Streich gespielt haben. Wie bitte? Habe ich richtig gehört? KENNETH-UWE? Ich beiße mir mit den Schneidezähnen auf die Lippen, bis es wehtut, und unterdrücke einen Lachanfall. Dann blicke ich zu Jette. Sie versteckt sich hinter Betty-Lou, ich sehe, dass ihre Schultern vom Lachen zucken. Eine Mutter, die mir gegenübersitzt, verzieht keine Miene. Vermutlich heißt ihre Tochter Cheyenne-Silke.

Ein anderer Vater hingegen schnappt sich schnell ein überdimensionales Wimmelbuch und tut so, als ob er über die Zeichnungen lachen muss. Die lilalippige-Drängel-Mutter bemerkt davon nichts, tippt die letzte Nachricht fertig und zerrt den armen Kenneth-Uwe an einem Arm aus dem Wartezimmer. Er tut mir leid. Schließlich kann er nichts dafür, dass man ihm einen so furchtbaren Namen gegeben hat. Eigentlich ist er ja ganz süß, bis auf die Rotznase. Aber dafür kann er ja auch nichts.

Jette bringt es auf den Punkt: »Eltern, die einem Kind solche Namen geben, gehören doch in den Knast, oder? Stellen die sich eigentlich nicht vor, wie das so auf dem Schulhof, im Job oder bei der Hochzeit des Kindes rüberkommt?« Die Mutter, die ihre Miene nicht verzogen hat, blickt entsetzt in unsere Richtung. Doch Jette lässt sich davon nicht beirren:

»Sagen die Gerichte da nichts?«, fragt sie und zieht dabei eine Augenbraue hoch.

»Naja, Kenneth-Uwe ist ja noch harmlos.« – »Stimmt«, mischt sich der Wimmel-Papa ungefragt ein und legt das Wimmel-Buch zur Seite. »Mir hat mal ein Kollege erzählt, dass er einen Nachbarn hat, der mit Nachnamen Thaler heißt. Die haben ihren Sohn doch tatsächlich ›Neander‹ genannt.« Ein Teil des Wartezimmers kichert vor sich hin. Jette hebt plötzlich die Arme und blickt feierlich an die Wartezimmer-Decke: »Und hiermit erkläre ich euch zu Mann und Frau. So Neander Thaler, du darfst jetzt die Braut küssen.« Ich unterdrücke einen neuen Lachanfall. »Das arme Kind, das wird doch sein Leben lang gemobbt«, mischt sich eine andere Mutter ein.

Meine innere Anwältin ergreift das Wort: »Bei der Namenswahl gilt eigentlich erst mal das Wild-West-Prinzip. Es gibt keine Vorschriften über die Wahl und die Führung von Vornamen. Die Eltern sind in der Namenswahl frei – müssen dabei aber dem Kindeswohl Rechnung tragen.«

§

VORNAME DES KINDES

Der Staat übt im Zusammenhang mit der Vornamens-Wahl nur ein »Wächteramt« aus, das heißt, die Eltern können **frei entscheiden**, welchen Namen das Baby tragen soll. Die Grundlagen dafür sind im Bürgerlichen

Gesetzbuch (BGB), im Personenstandsgesetz (PstG), im Namensänderungsgesetz (NamÄndG) und in den dazugehörigen Verwaltungsvorschriften geregelt. Daraus und in Verbindung mit verschiedenen Gerichtsurteilen zum Thema ergeben sich einige Kriterien, die du beachten solltest:

- Der Name muss dem Wesen nach ein **Vorname** sein, darf also **kein Orts- oder Familienname** sein.
- Der Name muss dem **Kindeswohl** entsprechen, das bedeutet, dass euer Kind durch den Namen nicht verunglimpft werden darf.
- Das **Geschlecht muss erkennbar** sein.
- Es dürfen **nicht mehr als 5 Vornamen** sein.

Wichtig: Der Vorname des Kindes muss spätestens innerhalb von **4 Wochen nach der Geburt** dem Standesamt gemeldet werden. Wenn das Standesamt die Eintragung eines Vornamens verweigert, können die Eltern dagegen gerichtlich vorgehen.

(Anekdote: Eine Mutter wollte ihrem Sohn 12 Vornamen geben: Chenekwahow, Tecumseh, Migiskau, Kioma, Ernesto, Inti, Prithibi, Pathar, Chajara, Majim, Henriko und Alessandro. Nachdem der Standesbeamte die Eintragung verweigerte, ergriff die Mutter Rechtsmittel bis hin zu einer Verfassungsbeschwerde, die jedoch zurückgewiesen wurde, weil die vielen Vornamen »belästigenden Charakter« haben und das Kindeswohl gefährden – Beschluss vom 28. Januar 2004, Az. 1 BvR 994/98).

Tipp: Das Risiko einer verweigerten Namenseintragung bei ausgefallenen Vornamen kannst du vermindern, indem ihr ein **Gutachten zur Eintragungsfähigkeit**

eines Vornamens erstellen lasst, z. B. bei der Namensberatungsstelle der Universität Leipzig (→ Linksammlung).

Wichtig: Überlegt euch gut, für welchen Namen ihr euch entscheidet. Eine **Namensänderung** ist nur dann möglich, wenn schwerwiegende Gründe vorliegen, die dem Kindeswohl schaden. Aber: Ab dem 1.11.2018 kann die Reihenfolge mehrerer Vornamen dagegen durch einfache Anzeige gegenüber dem Standesamt geändert werden.

Ich denke kurz an den Namen, den wir uns für den Bauchzwerg überlegt haben. Nach längeren Diskussionen haben wir »Mika« zu unserem Favoriten erklärt. Bei der Namensrecherche fand ich vor einigen Wochen – passend zur Wartezimmer-Diskussion – heraus, dass der Name bereits Gegenstand mehrerer Gerichtsurteile war, da sowohl Jungen als auch Mädchen »Mika« genannt werden können. Einige Gerichte hatten Mika als alleinstehenden Namen erlaubt, ein anderes hatte noch einen Zusatznamen verlangt. Aber dieses Beispiel gebe ich jetzt im Wartezimmer der Arztpraxis nicht zum Besten. Der Bauchzwerg-Name ist ein großes Geheimnis und kein Thema für die Öffentlichkeit geschweige denn für irgendwelche Eltern, die im Wartezimmer herumwimmeln.

Glücklicherweise habe ich noch einige andere Namen auf Lager. »Wisst ihr, es gibt da so ein paar Beispiele aus der Rechtsprechung: ›Emelie-Extra‹, ›Domino-Carina‹ oder ›Fanta‹ sind Mädchennamen, die Gerichte erlaubt haben. ›Venus‹ oder

›Waldmeister‹ für einen Jungen, ›Pfefferminze‹, ›Borussia‹ oder ›Stone‹ für ein Mädchen wurden dagegen nicht erlaubt.«

Jette und der Wimmel-Papa schütteln ihre Köpfe. Der Wimmel-Papa bemerkt: »Diese Kinder werden den Richtern ein Leben lang dankbar sein.« Jette scheint sich noch intensiver für das Namensrecht zu interessieren und fängt wieder an, etwas leiser zu sprechen: »Sag mal, weißt du eigentlich, wie das mit dem Nachnamen ist, mir fällt gerade auf, dass ich mir noch gar keine Gedanken darüber gemacht habe, welchen Nachnamen mein Baby haben wird.« Sie seufzt. »Mein Freund hat einen wunderschönen französischen Namen. Meinst du, da gibt es eine Möglichkeit? Ich wollte doch immer einen französischen Nachnamen haben. Vielleicht kann ich wenigstens meinem Sohn einen französischen Nachnamen schenken.« Jette hebt wieder theatralisch die Hände und verkündet feierlich mit Sprechpausen: »Char-lie Cher-ri-er.« Die Buchstaben zergehen wie Pralinen auf ihrer Zunge. »Das klingt doch nach Musik, Kunst und Klasse – und tausend Mal besser als Charlie Lehmann, oder?«

Ich weiß nicht so recht, was ich sagen soll, und beschließe, sachlich zu bleiben. »Also ein Baby-Nachnamen-Wunschkonzert gibt es nicht, das ist im Gesetz ganz genau geregelt. Dabei kommt es immer darauf an, wer das Sorgerecht hat, wie der Familienstand ist, und natürlich, welche Nachnamen die Eltern tragen. Wir können das ja mal für dich durchspielen«, schlage ich vor. Jette nickt.

»Wenn ihr nicht verheiratet seid und du allein sorgeberechtigt bist, bekommt dein Baby nach der Geburt deinen Nachnamen, also Charlie Lehmann. Durch Erklärung gegenüber dem Standesamt kannst du Charlie aber auch den Nachnamen des Vaters geben, wenn dieser einwilligt. Vielleicht übernimmt er ja auch ganz offiziell das Sorgerecht, dann ist die Rechtslage wieder anders: Wenn dein Freund noch vor der Geburt eine Sorgerechtserklärung für Charlie abgibt, kann sofort der Name Charlie Cherrier eingetragen werden.«

NACHNAME DES KINDES – BEI NICHT MITEINANDER VERHEIRATETEN ELTERN

Wenn du nicht mit deinem Partner verheiratet bist, gilt für den Nachnamen deines Kindes Folgendes:

- Solltest du **alleinige Inhaberin des Sorgerechts** sein, erhält das Kind gemäß § 1617a Abs. 1 BGB automatisch deinen Nachnamen. Du kannst aber auch den Nachnamen des nicht sorgeberechtigten Vaters wählen. Voraussetzung dafür ist, dass du gegenüber dem Standesbeamten erklärst, dass dein Kind den Nachnamen des Vaters erhalten soll und dass der Vater zustimmt (§ 1617a Abs. 2 BGB).
- Falls der Vater während deiner Schwangerschaft eine **Sorgerechtserklärung** abgegeben hat, kann euer Baby von Geburt an den Nachnamen des Vaters tragen – vorausgesetzt, ihr erklärt das gemeinsam vor dem Standesbeamten (§ 1617 Abs. 1 S. 1 BGB).

Bitte nicht vergessen: Wenn ihr euch bei gemeinsamer Sorge nicht **innerhalb eines Monats** nach der Geburt auf einen Nachnamen einigen könnt, überträgt das Familiengericht das Namens-Bestimmungsrecht einem Elternteil (§ 1617 Abs. 2 BGB).

Gut zu wissen: Der Vater kann die Sorgerechtserklärung auch nach der Geburt abgeben. In diesem Fall kann der Nachname des Kindes innerhalb von 3 Monaten nach Begründung der gemeinsamen Sorge neu bestimmt werden. Ab dem 5. Lebensjahr muss das Kind dem neuen Nachnamen **zustimmen** (§ 1617b Abs. 1 S. 3 BGB).

(Weitere Infos zum Sorgerecht und zur Sorgerechtserklärung findest du auf S. 128.)

Jettes Miene hellt sich auf. Dann sieht sie mit verklärtem Blick aus dem Wartezimmer-Fenster und fragt leise: »Was wäre, wenn wir eines Tages heiraten würden?« Ich erkläre ihr die nächste Variante: »Wenn ihr heiratet und einen gemeinsamen Familiennamen habt, dann ist das auch der Nachname eures Kindes. Für den Fall, dass ihr Cherrier als gemeinsamen Familiennamen wählen solltet, würde Charlie also Charlie Cherrier heißen. Und du hättest dann auch einen französischen Nachnamen.« – »Oh ja, das wäre großartig!«, jubelt sie mit leuchtenden Augen, gedanklich schon ein Brautkleid aussuchend. »Und was ist, wenn wir unsere Familiennamen nach der Hochzeit behalten sollten?« – »Dann müsst ihr euch auf einen Namen einigen«, erkläre ich.

NACHNAME DES KINDES – BEI MITEINANDER VERHEIRATETEN ELTERN

Wenn du verheiratet bist, ist immer entscheidend, ob ihr einen **gemeinsamen** oder einen **unterschiedlichen** Nachnamen tragt. Falls ihr einen gemeinsamen Namen habt, erhält das Kind bei Geburt automatisch den gemeinsamen Namen (§ 1616 BGB). Bei unterschiedlichen Nachnamen müsst ihr euch entscheiden, wessen Nachnamen das Kind tragen soll. Das gilt auch, falls einer von euch oder ihr beide einen Doppelnamen habt, da euer Kind grundsätzlich nur einen Familiennamen tragen darf.

Wichtig: Könnt ihr euch innerhalb eines Monats nach der Geburt nicht auf einen gemeinsamen Namen einigen, **überträgt das Familiengericht** entweder dir oder deinem Partner das Recht, den Namen zu bestimmen (§ 1617 Abs. 1, 2 BGB).

Gut zu wissen: Wenn du erst nach der Geburt heiratest und das Kind bereits deinen Nachnamen trägt, ist ein **Namenswechsel innerhalb von 3 Monaten** nach der Eheschließung möglich, wenn erst durch die Heirat die gemeinsame Sorge begründet wird (§ 1617b S. 1 BGB). Bestimmt ihr einen gemeinsamen Ehenamen erst nach Vollendung des 5. Lebensjahres eures Kindes, muss es dazu seine **Zustimmung** erteilen (§ 1617c BGB).

Mein Blick fällt auf Betty-Lou, die gerade eine Seite aus dem Bilderbuch gerissen hat. Die Arme, berechtigterweise lenkt sie die Aufmerksamkeit auf sich. »Betty-Lou kann theoretisch übrigens auch Cherrier als Nachnamen tragen und gemäß § 1618 BGB ›einbenannt‹ werden, allerdings muss dann ihr Vater zustimmen, falls er das Sorgerecht hat oder falls Betty-Lou seinen Nachnamen trägt«, ergänze ich.

Jette schimpft kurz mit Betty-Lou und versteckt die ausgerissene Seite unter einem Stapel Frauenzeitschriften. Ihr Blick verfinstert sich: »Das wird er niemals tun. Er interessiert sich überhaupt nicht für Betty-Lou, und wenn ich etwas von ihm möchte, kennt er nur eine Antwort, nämlich Nein.«

»Wenn er sich weigert, kannst du gerichtlich dagegen vorgehen. Das Gericht entscheidet dann nach Kindeswohl«, antworte ich. »Wenn Betty-Lou schon älter als fünf wäre, müsste sie auch zustimmen.« Jette lenkt ab, scheinbar hat sie keine große Lust, weiter über ihren Ex nachzudenken. »Und welche Variante gibt es noch?«, fragt sie. Ich merke, dass mir langsam Lehmann-Cherrier-Charlie-schwindelig wird. Meine innere Anwältin schaltet trotzdem die Worst-Case-Denkmaschine ein. »Dann gibt es da noch eine Variante – der Vollständigkeit halber: Falls ihr euch scheiden lassen solltet, hat das erst einmal keine Auswirkung auf Charlies Namen. Charlie heißt übrigens auch dann weiter Cherrier, wenn du nach der Scheidung erneut heiraten und wieder einen neuen Namen annehmen solltest. Er kann unter bestimmten Voraussetzungen aber einbenannt werden und den Namen deines neuen Partners erhalten, wenn ...«

»Ahhhh, Stopp«, unterbricht mich Jette, »ich glaube, jetzt weiß ich eindeutig zu viel über Nachnamen.«

Wieder geht die Wartezimmertür auf. Jetzt sind wir an der

Reihe. Wir folgen der Sprechstunden-Dame in das Behandlungszimmer. Dort treffe ich glücklicherweise keinen weiblichen Flaschengeist an, sondern eine gut gelaunte Kinderärztin. Ich werfe einen Blick auf die Wanduhr, die über ihrem Schreibtisch befestigt ist: 8.20 Uhr. Noch ist der Gerichtstermin pünktlich zu schaffen.

Die Ärztin ist guter Laune, was mich angesichts der Drängel-Mutter, die vor uns im Behandlungszimmer saß, wundert. Sie beginnt Nick zu wiegen und zu messen, das findet er noch ganz witzig. Dann schaut sie in seinen Mund und leuchtet kurz in seine Ohren. Das findet Nick nicht mehr witzig. Er schüttelt den Kopf und dreht sich von der Ärztin weg. Sie runzelt die Stirn und legt den oberen Teil des Ohrleuchters in eine Metallschale. »Die Gehörgänge sind sehr eng und mit Flüssigkeit gefüllt. Das sollten wir unbedingt beobachten. Wenn er in nächster Zeit Infekte mit Ohrenschmerzen haben sollte, rate ich Ihnen zu einer Paukenröhrchen-OP. Dabei werden bei einer Vollnarkose kleine Röhrchen in das Ohr eingesetzt, die dafür sorgen, dass die Flüssigkeit abfließt und keine Infekte mehr verursacht.« Ich sehe die Ärztin geschockt an. »Keine Angst«, beruhigt sie mich, »das ist ein harmloser Routineeingriff. Wir können darüber noch einmal reden, wenn es akut werden sollte.«

Dann soll Nick einen Hörtest machen. Das findet er nun richtig blöd. Er fängt an zu brüllen, als ihm die Ärztin einen Kopfhörer aufsetzt. Drei weitere Versuche scheitern. »Ihr Kind hört doch normal?«, fragt mich die Ärztin pro forma, um den vorgeschriebenen Punkt im Untersuchungsheft abzuhaken. »Ähh, also er hört eigentlich fast nie, aber naja, so, wie Sie meinen – ja, denke ich.« Die Ärztin sieht mich an, als ob ich nicht alle Kekse in der Dose hätte.

»Wie heißt du?«, fragt sie. Nick antwortet brav: »Nick.« Und wie heißen deine Eltern? »NICK-MAMA« und »NICK-PAPA«. Die Ärztin schmunzelt. Ich auch. Es gefällt mir, dass mein Sohn kreative Wortschöpfungen auf Lager hat. Dann schlägt sie ein Bilderbuch auf, deutet auf einen Apfel und fragt mit säuselnder Stimme: Weißt du auch schon, was das ist? Nick sagt: »WURM.« Die Ärztin nickt und will Nick eine Brücke bauen: »Du meinst einen Apfel, in dem ein Wurm wohnt, oder?« »NEI-WURM«, sagt Nick trotzig. Die Ärztin lenkt ab und deutet auf einen Hasen: »Was ist das?« Nick sagt: »WAU-WAU.« Ich lächle gequält, mein Stress-Pegel steigt an. Die Ärztin runzelt die Stirn. Sie zeigt auf einen Hund. »KACKAWURST«, sagt Nick laut. »Nick, das sagt man nicht«, ermahne ich ihn entsetzt. Das Wort habe ich noch nie aus seinem Mund gehört, vermutlich hat er das von einem Kita-Kind, das ältere Geschwister hat. Gleichzeitig bin ich erleichtert, dass es zwischen Hund und »KACKAWURST« durchaus eine Verbindung gibt.

»Nun ja«, bemerkt sie leicht genervt, »in diesem Alter sind die Kinder in einer ganz speziellen Phase. Das ist ganz normal. Ich schlage vor, dass wir es dabei belassen.« Dann kritzelt sie noch etwas in das Untersuchungsheft, drückt Nick zwei Salzstangen in die Hand und entlässt uns.

Auch wenn die Untersuchung nicht ganz optimal gelaufen ist – ich bin beruhigt, dass mein Kind wieder scheckheftgepflegt ist. Bevor ich fluchtartig die Praxis verlasse, verabschiede ich mich schnell winkend von Jette und Betty-Lou. »Bis nächsten Dienstag, wie immer Matte an Matte«, sagt Jette grinsend.

Auf dem Weg nach draußen blicke ich auf mein Telefon: 8.37 Uhr. Der Gerichtstermin ist also noch locker zu schaffen, ich kann Nick entspannt in den Kindergarten bringen. Glück gehabt. Mein Stresspegel sinkt auf Normalmaß. Auch die Flaschengeister sind zurück in die Flasche geflogen.

Fünf Minuten später stehen wir wieder im Aufzug. Mein Blick fällt auf die Aufzugs-Knöpfe. Mein mütterlicher Stolz ist immer noch ein wenig von der ungehobelten Männerstimme angekratzt. Da ist noch eine Rechnung offen, denke ich. Im Bewusstsein, dass ich jetzt die inkonsequenteste Mutter auf Erden bin, deute ich auf den gelben Alarmknopf und ermutige Nick: »Den darfst du jetzt noch mal ausnahmsweise drücken. Gaaaanz lang.« Nick sieht mich erstaunt an, drückt dann aber freudig den gelben Knopf. Es summt, und die kratzige Männerstimme ertönt wieder aus dem perforierten Aufzugswand-Lautsprecher: »Hallo, hallo? Sind Sie in einer Notsituation oder ist da wieder so ein Rotzlöffel, der die ganze Zeit den Alarmknopf drückt?«. Scheinbar hatte er einen sehr arbeitsreichen Start in den Tag. Dann zaubere ich Trick 17 aus meinem Mutter-Zauberkasten hervor und flüstere Nick leise ins Ohr, dass er jetzt auf KEINEN Fall laut »DU KACKAWURST« zu dem Mann sagen darf. Ich reibe mir schadenfroh die Hände. Der Anti-Handlungs-Trick funktioniert – wie fast immer an einem Nick-Trotz-Tag. »DU KACKAWURST«, schreit Nick mit schriller Stimme in den Lautsprecher, als wir schon fast im Erdgeschoss angekommen sind. Dann grinst er mich triumphierend an. Ich warte noch, bis sich die Aufzugstür wieder öffnet. Der Mann ist verstummt. Dann schnappe ich Nicks Hand und verlasse schnell mit ihm den Aufzug. Gemeinsam traben wir zum Auto. Entspannt und laut lachend – über Kackawürste, Stress-Trotz-Tage und verflogene Flaschengeister.

5

Teebeutel-Weisheiten und Sorgen um das Sorgerecht

Ich sitze verheult im Büro und trinke einen Yogi-Tee namens »Frauen Balance«. Ich habe mich mit Max am Telefon gestritten – wegen Nicks Ohren.

Es kam nämlich, wie es kommen musste: Nick wurde nach der U7a-Untersuchung krank. Vermutlich hatte ihn das Fieber-Kind der lilalippigen Drängel-Mutter angesteckt. Der Anti-Viren-Wall war doch nicht stark genug gewesen, um Nick vor fiesen Viren und Bakterien zu schützen. Jedenfalls saß ich drei Tage später wieder im Kinderarzt-Wartezimmer – diesmal jedoch um kurz vor acht Uhr – als allererste Patientin. »Ein fieberhafter Infekt mit einer Mittelohrentzündung«, attestierte die Kinderärztin, nachdem sie Nick unter lautstarkem Protest untersucht hatte. »Also, ich würde mir das mit der Paukenröhrchen-OP unbedingt überlegen«, riet sie. Dann reichte sie mir einen Zettel, auf dem der Name eines Krankenhauses notiert war. »Dort sollten Sie so schnell wie möglich einen Termin ausmachen, die Wartezeiten sind sehr lang.«

Seitdem diskutiere ich fast täglich mit Max, ob und wann Nick operiert werden sollte. Für ihn gibt es in der Paukenröhrchen-Frage kein »Ob« – er will den Rat der Kinderärztin unbedingt befolgen. Ich bin dagegen. Eine Vollnarkose und Operation, nur weil mein Kind mehrere Infekte nacheinander hatte? Das steht doch überhaupt nicht im Verhältnis zu den Risiken. Mit Schaudern denke ich an die Einverständniserklärung, die wir vor der OP nach der Aufklärung über alle »Auswirkungen und Risiken« unterzeichnen müssen. Nachblutungen, eine veränderte Stimme, bleibende Löcher im Trommelfell? Nein, da mache ich nicht mit.

Vor zehn Minuten rief Max an und eröffnete mir, dass er gerade mit dem Krankenhaus telefoniert habe und drei OP-Termine zur Auswahl stünden. Erneut entfachte sich eine Diskussion zum Reizthema »Paukenröhrchen«. »Wenn ein Arzt das empfiehlt, wird er schon seine Gründe haben«, sagte er. »Ich möchte jedenfalls nicht, dass er ständig krank wird und wieder Ohrenschmerzen hat. Oder ist dir das etwa egal?«

»Nein, das ist mir nicht egal – aber weißt du, was wir vor einer Narkose alles unterschreiben müssen und was da passieren kann? Ich bin dafür, noch zu warten, er ist doch gerade gesund. Außerdem erinnere ich dich daran, dass wir die letzten Ohrenschmerzen erfolgreich mit Teebeuteln behandelt haben. Das hat sogar besser geholfen als das Antibiotikum.« (Cléo hatte mir den Tipp gegeben, nachts im Tiefschlaf warme Kamillenteebeutel auf Nicks Ohren zu legen und ihm eine Mütze überzustülpen.)

Die Diskussion wurde zunehmend unsachlicher und emotionaler. Irgendwann fiel der Satz: »Als Mutter solltest du nicht immer alles dramatisieren und ärztliche Kompetenz mit deinen Teebeutel-Methoden infrage stellen, sondern dich lieber ernsthaft fragen, was das Beste für dein Kind ist.« Ich sagte nichts mehr, brach in Tränen aus und beendete das Gespräch.

Während ich mit einem Taschentuch die verwischte Schminke unter den Augen entferne und mich immer noch wie eine schlechte Mutter fühle, kommt mir plötzlich ein furchtbarer Gedanke: Was passiert eigentlich, wenn wir uns nicht einig werden sollten? Welcher Elternteil ist denn nun der »Bestimmer« in der Paukenröhrchen-Frage? Mir fällt ein, dass ich vor einigen Monaten zum Thema Elternsorgerecht recherchiert und eine Mandanteninfo verfasst hatte. Vielleicht hilft mir das weiter? Ich überlege kurz, ob dafür noch genügend Zeit ist, denn gleich muss ich zur Yoga-Stunde aufbrechen. Ach, was soll's, zur Not komme ich eben ein paar Minuten später, beschließe ich. Ich überlege kurz und tippe mehrere Suchbegriffe in meinen Rechner ein.

Da ist sie, die gesuchte Datei: »Mandanteninfo_Sorgerecht_Zusammenfassung«. Ich fange an zu lesen:

§

ELTERN-SORGERECHT

1. Die »elterliche Fürsorge« umfasst alle Pflichten und Rechte, die mit der Pflege und Erziehung des Kindes verbunden sind:
   - **Personensorge** (Erziehung, Beaufsichtigung des Kindes)
   - **Vermögenssorge** (Verwaltung des Eigentums des Kindes)
   - **gesetzliche Vertretung** (Vertragsabschlüsse für das Kind)

Gut zu wissen: Das Sorgerecht beinhaltet auch die »Bestimmungsbefugnisse« der Eltern, z. B. wo sich das Kind aufhalten soll (§ 1631 Abs. 1 BGB – **Aufenthaltsbestimmungsrecht**) und wer Umgang mit dem Kind haben darf (§ 1632 Abs. 2 BGB – **Umgangsrecht**).

2. Eltern, die bei der Geburt ihres gemeinsamen Kindes verheiratet sind oder nach der Geburt heiraten, üben immer ein **gemeinsames Sorgerecht** aus (§ 1626 BGB).

3. Eltern, die nicht miteinander verheiratet sind, können die gemeinsame Sorge dann ausüben, wenn sie persönlich eine **Sorgeerklärung** beim Jugendamt oder Notar abgeben. Darin erklären sie, dass sie die elterliche Sorge gemeinsam ausüben möchten. Außerdem muss der Vater die Vaterschaft anerkennen, was ebenfalls vor dem Jugendamt oder Notar erfolgt. Dazu muss die Mutter zustimmen. Andernfalls hat immer die **Mutter** das Sorgerecht.

Wichtig: Die Sorgeerklärung kann bereits vor der Geburt abgegeben werden und wird erst dann wirksam, wenn auch die **Vaterschaft anerkannt** wurde. Darüber hinaus kann das gemeinsame Sorgerecht auch aufgrund einer **Übertragung durch das Familiengericht** erfolgen.

4. Wenn das Sorgerecht beiden Eltern gemeinsam zusteht, müssen sie zum Wohl des Kindes **zusammenwirken** und **gemeinsame Erklärungen** abgeben – auch wenn die Eltern getrennt oder geschieden sind. Oft wird ein Elternteil von dem anderen ermächtigt zu handeln, was sich aus dem Verhalten erschließen kann.

Gut zu wissen: Bei **Gefahr im Verzug** kann ein Elternteil alleine handeln, der andere ist sofort zu informieren (§ 1629 Abs. 1 S. 3 BGB).

5. Wenn die Eltern **dauerhaft getrennt leben** und die gemeinsame Sorge ausüben, gelten gemäß § 1687 BGB besondere Regelungen:

- **Angelegenheiten des täglichen Lebens** können von dem Elternteil entschieden werden, bei dem sich das Kind aufhält. Dabei handelt es sich um alltägliche Situationen, die häufig vorkommen und keine tiefgreifenden Auswirkungen auf die Entwicklung des Kindes haben (Taschengeldhöhe, Freizeitgestaltung, Kontakt zu anderen Kindern).
- **Angelegenheiten von erheblicher Bedeutung** müssen die Eltern dagegen einvernehmlich regeln (Auswahl der Kita oder Schule, Einwilligung in Operationen, Umzug, Auslandsaufenthalt, Geldanlagen).

6. Sind beide Elternteile verschiedener Meinung bei der Ausübung des gemeinsamen Sorgerechts, dann müssen sie das Gespräch suchen bzw. das **Jugendamt** einschalten. Notfalls entscheidet das **Familiengericht**.

Ich seufze und kaue nervös an meinem Zeigefinger. Sieht ganz danach aus, als ob wir uns als gemeinsam Sorgeberechtigte irgendwie einig werden müssen, sonst könnte das Reizthema »Paukenröhrchen« äußerstenfalls vor dem Familiengericht landen. Eine furchtbare und gleichzeitig skurrile Vorstellung – wir beide im Gerichtssaal, über Sinn und Unsinn einer Paukenröhrchen-Operation streitend.

Mein Blick fällt auf das Teebeutel-Schildchen, das an meiner Tasse baumelt: »Gehe nur Wege mit Herz« steht da. Ich seufze und beschließe die Arbeit für heute zu beenden.

§§§

Eine Dreiviertelstunde später sitze ich im Yoga-Kurs. Selbstverständlich im Fersensitz, der so heißt, weil man sich dazu mit dem Po auf die Unterschenkel und auch auf die Fersen setzt. Ich genieße die kurze Trinkpause, die Selma meistens nach den Atemübungen einlegt. In der Hand halte ich eine Tasse Yogi-Tee, der intensiv nach Lakritze, Zimt und Kardamom duftet. Trotz meiner anfänglichen Skepsis sind die Yoga-Stunden inzwischen mein wöchentlicher Fels in der verrückten Alltagsbrandung geworden. Kind, Schwangerschaft, Mann, Job, Haushalt - manchmal habe ich das Gefühl, dass mich die damit verbundenen Erwartungen und Herausforderungen tsunamiartig überrollen. Ganz besonders an so einem Tag wie heute. Noch immer sitzt mir der Streit mit meinem Mann in den Knochen. Ich nehme mir vor, heute Abend noch einmal ganz in Ruhe mit ihm zu sprechen. Vielleicht lässt sich ja doch noch ein Kompromiss erzielen?

»Mädels, legt bitte eure Tassen zur Seite, wir machen jetzt weiter mit dem ›herabschauenden Hund‹«, beendet Selma die Trinkpause. »Diese wunderbare Yoga-Übung stärkt euer Selbstbewusstsein, löst Verspannungen und sorgt dafür, dass eure Arme, Schultern und der Rücken gestärkt werden.«

Ich blicke kurz zu Jette, die links von mir auf der Yoga-Matte sitzt und ihre Füße kreisen lässt. Sie lächelt mir kurz zu und flüstert: »Ich sage nur Charlie Cherrier, er ist einverstanden und gibt die Sorgeerklärung ab.« Mir fällt es schwer, Begeisterung zu zeigen, obwohl ich mich natürlich für Jette freue. Ich flüstere leise: »Juhuuuu.« Dann sagt sie kurz: »Obwohl - vielleicht nenne ich ihn statt Charlie doch Kenneth-Uwe oder Neander.« Jetzt muss ich doch kichern. Selma blickt mahnend in unsere Richtung. Die fahlgesichtige Barbie, deren Namen - Pippa - ich mir nun auch endlich gemerkt habe, blickt ebenfalls in unsere Richtung, schüttelt den Kopf und verdreht die Augen. »Du blöde Tussi«, denke ich, »und dann noch die Yoga-Streberin mimen.«

Selma räuspert sich, blickt ernst in die Runde und bringt ihren Turban, diesmal schwarz-weiß gestreift, in Form. »Nicht nur das Tragen und Stillen eurer Babys kann anstrengend für die Muskeln sein, auch die Erwartungen und die Verantwortung, die ein Kind mit sich bringt, können dazu führen, dass sich euer Rücken und der Schultergürtel verspannen.« Marlene, die neben mir fersensitzt, nickt zustimmend und murmelt leise: »Das kann man wohl sagen.« Sie scheint nicht sehr gut gelaunt zu sein. Als sie heute den Kursraum mit 15 Minuten Verspätung betrat, sah sie alles andere als glücklich aus: blass, traurig, die Mundwinkel nach unten gezogen. Selbst ihre Augenbrauen sind heute nicht ganz so akkurat gezupft. Vielleicht hat der Doc einen Rückzieher gemacht und ihr mitgeteilt, dass er für den kleinen Schmetterling doch keine Verantwortung übernehmen möchte?

Ich versuche mich wieder auf die Yoga-Stunde zu konzentrieren. Selma geht auf die Knie in den »Vierfüßlerstand« und atmet betont ein und aus. Mit einer kleinen Bewegung hebt sie plötzlich die Knie vom Boden und drückt die Arme und Knie durch. Langsam streckt sie ihren Po in die Höhe und schiebt den Oberkörper ein wenig zurück. Ihre Fersen und gespreizten Finger – in der letzten Stunde habe ich gelernt, dass man dazu »Seesternchen-Hände« sagt – kleben auf dem Boden. Unbeweglich verharrt sie mehrere Atemzüge in dieser Position.

Ich frage mich, wer auf die bescheuerte Idee gekommen ist, eine Yoga-Übung »herabschauender Hund« zu nennen, und überlege, ob ich jemals in meinem Leben einen Hund gesehen habe, der seinen Po in die Luft streckt, den Kopf senkt und auf den Boden schaut. Vielleicht dann, wenn auf dem Boden ein altes Wurstbrot oder die Hinterlassenschaft eines anderen Hundes liegen. Übelkeit steigt in mir hoch, ich lösche die Bilder, die ich vor Augen habe, und konzentriere mich auf Selma, die immer noch laut ein- und ausatmet. Jetzt sind wir an der Reihe. Ich warte einen Moment und beobachte Pippa, die Yoga-Streberin. Ihr Körper ist fast so drahtig wie der von Selma. Ich warte, bis sie anfängt und den »herabschauenden Hund« macht. Immer dann, wenn ich nicht mitkomme, schiele ich heimlich zu ihr, da sie im Gegensatz zu mir in der Lage ist, die Übungen sofort perfekt umzusetzen.

Dann knie ich mich auf meine Matte und schwinge meinen Po in die Lüfte – natürlich nicht ganz so drahtig und elegant wie Selma und Pippa. Immerhin klebt an meinem Bauch fast die größte Kugel des Kurses. Seit gestern bin ich in der 31. Woche schwanger. In meinen Armen und Waden zieht es. Mein neues Körperkonstrukt wackelt bedrohlich, bevor es ein Gleichgewicht gefunden hat. Der herabschauende Hund ist angenehmer als gedacht, und ich merke, wie sich meine Wirbelsäule entspannt. Als ich schon fast beginne, die Übung zu genießen, höre ich neben mir in der Stille ein »Plopp«, das mich an einen tropfenden Wasserhahn erinnert. Ich drehe meinen Kopf nach rechts und schaue zu Marlene, die ihren Kopf zwischen den Armen vergraben hat. Plötzlich macht es noch einmal »Plopp«. Mein Blick wandert auf Marlenes Yoga-Matte – das Geräusch kommt von dort. Und wieder macht es »Plopp«. Der Hund, der neben mir herabschaut, hat eine Pfütze gemacht. Keine Pipi-Pfütze, sondern eine winzige, kaum erkennbare Tränen-Pfütze.

»Marlene, was ist los?«, frage ich flüsternd. Keine Reaktion. Ich frage etwas lauter: »Alles okay?« Immer noch keine Reaktion – weder ein Jaulen, Bellen, Knurren oder Winseln. Ganz plötzlich steht Marlene wieder aufrecht im Zweifüßlerstand und verlässt flink wie ein Windhund den Raum. »Ich muss mal, bin gleich wieder da«, lügt sie im Vorbeigehen. Bestimmt sucht sie einen Ort, an dem sie ungestört traurig sein kann. Arme Marlene, ich mache mir Sorgen. Schon wieder Tränen. Nachdem ich noch einmal den herabschauenden Hund gemacht habe, verlasse ich den Kursraum und suche Marlene dort, wo Mädels klassischerweise Zuflucht suchen, wenn sie unbemerkt heulen müssen: auf der nächstgelegenen Damentoilette.

Ich rufe sie. Keine Antwort. Toilettenstille. Dann boxe ich an die verschlossene Tür. Marlene reagiert nicht. Das Einzige, was ich höre, ist ein leises Schluchzen. »Marlene, was ist los? Bitte mach doch die Tür auf.« Nicht dass sie sich gerade etwas antut. Ich höre ein hoffnungsvolles Geräusch: Marlene drückt die Klospülung. Dann öffnet sich die Tür. Das sonst so glamouröse Burlesque-Model hat sich in einen Zombie verwandelt. Haarsträhnen kleben an ihrem Gesicht, ihre Augen sind verquollen und rotgeweint, die Nase geschwollen vom Schnäuzen. Sie hält eine Klopapierrolle in der Hand. Ich kann nicht anders und nehme sie in die Arme. Sie wehrt sich nicht. »Er will mir mein Kind wegnehmen«, stammelt sie und bricht erneut in Tränen aus. »Mein Ex Rudi möchte auf einmal auch das Sorgerecht für meine sechsjährige Tochter Ella. Dieser Idiot. Ella hat ihn doch noch nie interessiert. Jetzt plötzlich sagt er, ich sei keine gute Mutter.« Ich streichele Marlene über den Rücken und versuche, sie irgendwie zu beruhigen.

»Weißt du, ich habe gestern Post vom Familiengericht bekommen. Darin steht, dass er das gemeinsame Sorgerecht beantragt. Das geht nicht. Dieser Mann ist verrückt. Er hat einen schlechten Einfluss auf Ella. Weißt du, was es zu essen gibt, wenn sie bei ihm zu Besuch ist? Schnitzel aus dem Toaster. Dazu Bitter Lemon. Jedes Mal. Und zum Nachtisch Butterkekse mit Sprühsahne und bunten Zuckerstreuseln obendrauf. Wäh, widerlich. Ich will ihn nicht sehen, auch nicht vor Gericht. Er hält sich an keine Absprache, zahlt keinen Unterhalt und stellt mich dann noch so hin, als ob ich eine schlechte Mutter sei. Neben dem Kindergeld erhalte ich nur den Unterhaltsvorschuss, lächerliche 201 Euro pro Monat. Alles andere bezahle ich von meinem mageren Gehalt.«

Marlene befreit sich aus meiner Umarmung, schnäuzt ihre Nase in ein Knäuel Klopapier, das sie wütend abgerissen hat. Sie blickt mich mit weit aufgerissenen Augen an und ballt ihre rechte Faust. »Weißt du was? Am liebsten würde ich ihn umbringen.« Dann stellt sie sich an das Waschbecken und lässt sich kaltes Wasser über die Hände laufen, um damit ihr verquollenes Gesicht zu benetzen. Ich muss kurz an Max und den Paukenröhrchen-Streit denken und schäme mich ein wenig. Nach dem, was mir Marlene gerade erzählt hat, erscheint er mir nicht mehr ganz so dramatisch. Ich überlege, wie ich ihr helfen kann.

»Jetzt beruhige dich doch erst mal. Mord ist jedenfalls keine Lösung. Sonst landest du noch schwanger und lebenslänglich im Gefängnis und Ella bei einer Pflegefamilie oder ihrem Vater. Außerdem kann man sich gegen den Antrag auf Übertragung des Sorgerechts wehren. Es ist nur wichtig, dass du dich jetzt zusammenreißt und nicht ausflippst. Davon wird es auch nicht besser.« Marlene schaut herab auf den Damenklo-Boden. Ich sehe, wie ihre Ader am Hals pulsiert. »Bitte geh schon mal zurück in den Yoga-Kurs – ich komme gleich nach. Lass mich einfach noch ein paar Minuten alleine. Ich bin einfach nur fix und fertig.« – »Sicher?« – »Ja.«

Selma sieht mich mit fragenden Augen an, als ich wieder den Kursraum betrete. Ich gebe ihr mit einer beschwichtigenden Geste zu verstehen, dass alles in Ordnung ist. Dann stelle ich mich wieder auf meine Yoga-Matte. Die »herabschauenden Hunde« sind inzwischen zu Bäumen erstarrt. Ein-Aus. Ein-Aus, Ein-Aus. Atmen. Ich hebe mein rechtes Bein und positioniere die Ferse an den linken Oberschenkel, hebe meine Arme in die Höhe, bis sich meine Hände berühren. Und zack – bin ich ein Baum. Wir haben den Baum schon häufig geübt. Die Figur zählt zu meinen Lieblingsübungen, obwohl mein Baum immer Gleichgewichtsstörungen hat: Nach kurzer Zeit wiegen sich die Wipfel im Wind, immer stärker, bis auch der Stamm ins Wanken gerät und umkippt – als ob er von einer Motorsäge angeschnitten worden wäre. Doch diesmal behalte ich meine Körperspannung und bleibe standfest. Einige Minuten später steht Marlene neben mir. Sie sieht wieder etwas aufgeräumter aus und hat ihre Haare gekämmt. Nur ihre rotgeränderten Augen, die blasse Gesichtsfarbe und der stumpfe Blick verraten, dass sie Kummer hat. Sie versucht, in die Position des Baumes zu gelangen, kippt dabei jedoch immer wieder um. Marlene flucht leise, Selma ermahnt sie zur Geduld. Endlich steht sie da – kerzengerade wie eine Birke und schaut sogar nach oben an die Decke. Ich sehe, wie sich ihre rot lackierten Zehennägel in ihre Innenschenkel graben. Doch dann beginnen Marlenes Wipfel zu wackeln. Plötzlich fällt sie mit einem dumpfen Plumps um und liegt wie ein Häuflein Elend auf der Yoga-Matte. Sie vergräbt ihren Kopf zwischen den Armen und versucht den Weinkrampf, von dem sie geschüttelt wird, zu verstecken.

Ich nehme sie wieder in den Arm und tröste sie. Selma erkundigt sich, was mit ihr los ist und ob sie Schmerzen hat. Die anderen Yoga-Mädels, die teils noch in der Baum-Pose verharren, blicken entsetzt zu Marlene. Pippa, die Yoga-Streberin, holt eine Tasse Wasser. Scheinbar kann sie doch nett sein. »Kümmerst du dich um sie?«, fragt Selma. »In diesem Zustand kann sie nicht alleine nach Hause gehen.« Ich nicke. Selma holt ein Döschen Tigerbalsam aus ihrer Handtasche und massiert Marlenes Schläfen. »Er wird mir mein Kind nicht wegnehmen«, stammelt Marlene. Ich sehe, dass ihre Hände zittern.

15 Minuten später sitze ich mit Marlene im Auto. Bevor wir losfahren, drückt sie mir wortlos einen zerfetzten grauen Briefumschlag in die Hand, dem man ansieht, dass er nicht mit einem Brieföffner, sondern hastig mit dem Zeigefinger geöffnet wurde. Darin ist ein Schreiben des Familiengerichts. Ich lese laut:

Sehr geehrte Frau Meyer,
in der Kindschaftssache betreffend die elterliche Sorge für Ella Meyer, geboren 27.07.2012, erhalten Sie in der Anlage den Antrag des Vaters auf Übertragung der elterlichen Sorge auf Sie beide gemeinsam.
Das Familiengericht hat gemäß § 1626a BGB aufgrund dieses Antrages die elterliche Sorge auf Sie beide zu übertragen, wenn Sie keine Gründe vortragen, die der Übertragung entgegenstehen.
Insoweit erhalten Sie Gelegenheit zur Stellungnahme innerhalb von vier Wochen.
Rübezahl, Richter am Amtsgericht

Ich lege das Schreiben auf meinen Schoß und nehme Marlenes zitternde Hand. »Was hältst du davon, wenn wir zu mir fahren und gemeinsam die Stellungnahme an das Gericht verfassen?«

Marlene zieht lautstark die Nase hoch und nickt. »Gute Idee, dann kann ich noch einmal tief durchatmen. Ich möchte sowieso nicht, dass mich Ella in diesem Zustand sieht.« Sie überlegt kurz. »Ich muss nur schnell meine Nachbarin anrufen und fragen, ob Ella länger bei ihr bleiben kann.«

»Ja, mach das. Solche Briefe sollte man so schnell wie möglich abschicken. Du darfst auf keinen Fall die Frist verpassen, wenn du dem Antrag widersprechen möchtest.«

Marlene bringt ihre zitternden Hände unter Kontrolle und ballt die Faust. »Und ob ich widersprechen werde. Ich werde dem Gericht alles, aber wirklich alles mitteilen, was sich in der Vergangenheit ereignet hat.«

§

GERICHTLICHE ANORDNUNG DES GEMEINSAMEN SORGERECHTS BEI NICHT MITEINANDER VERHEIRATETEN ELTERN

Wenn ein Elternteil das alleinige Sorgerecht hat, kann der andere Elternteil **ohne Zustimmung** gerichtlich anordnen lassen, dass das Sorgerecht gemeinsam ausgeübt wird – vorausgesetzt, es entspricht nach Ansicht des Gerichts dem Wohl des Kindes.

Gut zu wissen: Der Antragsteller muss einen **Antrag** beim Familiengericht auf Übertragung des gemeinsamen Sorgerechts stellen. Nach Eingang des Antrags fordert das Gericht den Antragsgegner (also den, der das alleinige Sorgerecht hat) mit einer **Frist zur Stellungnahme** auf. Diese Frist darf frühestens sechs Wochen nach der Geburt des Kindes enden.

Wichtig: Wenn der Antragsgegner nicht darauf reagiert, wird das Gericht dem Antrag stattgeben – **ohne persönliche Anhörung und ohne Einbeziehung des Jugendamtes**. Daher sollte man dem Antrag durch schriftliche Stellungnahme innerhalb der vom Gericht gesetzten Frist widersprechen, wenn der Inhaber der alleinigen Sorge nicht mit dem Antrag einverstanden ist.

Im Falle eines **Widerspruchs** überprüft das Gericht, ob das gemeinsame Sorgerecht dem Kindeswohl entspricht, und beraumt einen mündlichen Verhandlungstermin an. Parallel kann das Jugendamt als Beistand hinzugezogen werden. Gegen die Entscheidung können Rechtsmittel eingelegt werden.

§§§

Max staunt nicht schlecht, als ich mit Marlene in der Tür stehe. Er sieht traurig aus. Der Paukenröhrchen-Streit ist auch an ihm nicht spurlos vorbeigegangen. Ich lasse den Begrüßungskuss aus und frage gleich nach Nick. Er schläft schon.

Schnell gehe ich ins Schlafzimmer und drücke ihm mit schlechtem Gewissen einen Kuss auf die Wange. Ich denke an die Paukenröhrchen, an Kamillenteebeutel, an das Sorgerecht und decke vorsichtig seine nackten Käsefüßchen, die unter der verdrehten Bettdecke hervorschauen, zu. Dann laufe ich wieder die Treppe hinunter zu Marlene, die mit meinem Max ein paar Worte wechselt. Wir bestellen uns Pizza und laufen in den Garten zum Gurkenfass. Geräuschvoll atme ich die milde Mailuft ein, die süßlich nach Flieder riecht.

Im Gurkenfass wird Marlene etwas ruhiger. Ihre Gesichtsfarbe ist wieder rosig. »Wie kann es verflucht noch mal sein, dass ein Vater plötzlich aus der Versenkung erscheint und einfach so das gemeinsame Sorgerecht beantragen kann?«

Ich erkläre Marlene, dass die Rechtsstellung des Vaters in den letzten Jahren gestärkt wurde. Der Europäische Gerichtshof und das Bundesverfassungsgericht haben entschieden, dass es mit den Menschenrechten und dem Kindeswohl nicht vereinbar ist, wenn ein Vater, der mit der Mutter nicht verheiratet ist, keine Chance hat, das Sorgerecht zu erhalten.

»Ihm geht es doch nur um Macht und überhaupt nicht um Ella.« Marlene schüttelt den Kopf. Ihre Augen füllen sich wieder mit Tränen. »Ich bin doch die Mutter, ich weiß am besten, wann es meinem Kind gut geht. Dem Kindeswohl entspricht es jedenfalls nicht, wenn es jeden Tag Ketchup mit Reis gibt und er vergisst, unserer Tochter Medikamente zu verabreichen.«

Es klopft. Max bringt uns zwei Pizzakartons. »Ich esse meine Pizza vor dem Fernseher«, sagt er. Das imaginäre »Zutritt für Männer verboten«-Schild, das ich von außen an das Gurkenfass genagelt habe, hat er bemerkt.

»So, wir verfassen jetzt gemeinsam ein Schreiben an das Familiengericht«, beschließe ich, nachdem wir die Pizza verschlungen haben. Wir besprechen kurz, was aus Marlenes

Sicht gegen ein gemeinsames Sorgerecht spricht. Dann hole ich meinen Laptop aus der Tasche. Ich formuliere, Marlene tippt und nimmt dabei noch einige persönliche Ergänzungen vor:

Aktenzeichen 746F 37588/17 SO

Sehr geehrte Damen und Herren,
ich beantrage, den Antrag des Herrn Blöd vom 17.01.2017 zurückzuweisen.
Ein gemeinsames Sorgerecht mit Herrn Blöd widerspricht dem Wohl meines Kindes Ella. Trotz mehrjähriger Familienberatung besteht zwischen uns kein tragfähiges Vertrauensverhältnis.
1. Die Kommunikation mit Herrn Blöd ist gestört.
Herr Blöd hat mich in der Vergangenheit verbal vor Ella und per Mail beleidigt. Vergangene Woche sagte er beispielsweise, dass ich »dumm wie Brot« sei. In einer E-Mail drohte er mir, dass er jeden Rechtsstreit gegen mich gewinnen werde, da er im Gegensatz zu mir über die nötige Intelligenz und Ausdauer verfüge. Außerdem hat er mehrfach behauptet, ich führe einen liederlichen Lebenswandel mit häufig wechselnden Männerbekanntschaften. Die Kommunikation bezieht sich ausschließlich auf formale Dinge, jedoch nie auf das Wohl und die Entwicklung von Ella.
2. Herr Blöd führt keine emotionale Beziehung zu Ella. Ihm fehlt die erforderliche Empathie gegenüber Kindern.
Herr Blöd hat nur eine krampfhafte Beziehung zu seiner Tochter aufgebaut. Ella kam häufig verstört von den Besuchen nach Hause und äußert mir gegenüber, dass sie nicht mehr Herrn Blöd besuchen möchte. Meine Tochter hat mir nach dem Urlaub auf Mallorca mitgeteilt, dass er sie mehrfach angeschrien hat, als sie ihr Essen nicht aufessen wollte.

3. Herr Blöd hat keinerlei pädagogische Fähigkeiten und versorgt Ella während der Besuchszeiten nicht angemessen.
Herr Blöd hat keine Erfahrung mit Kindern. In seinem sozialen Umfeld existieren keine Freunde und enge Familienangehörige mit Kindern, da er ein isoliertes Leben führt. Aufgrund dieser Lebensweise fehlen ihm pädagogische Kenntnisse, Anregungen und der Austausch, wie er die Entwicklung seiner Tochter sinnvoll unterstützen kann. Andere gleichaltrige Spielkameraden kann er Ella nicht anbieten, was sie schon oft traurig gemacht hat.
4. Das von Herrn Blöd zubereitete Essen ist nicht ausgewogen.
Er setzt unserer Tochter entweder Reis oder Nudeln mit Ketchup oder Schnitzel aus dem Toaster vor, als Getränke Bitter Lemon und Coca-Cola. Er nimmt sich nie die Zeit, um mit Ella zu frühstücken. Ab und zu erhält sie einen Schokoriegel auf dem Weg zur Schule. Eine Abwechslung ist nicht erkennbar.
Obwohl dies bereits mehrfach Thema in der Erziehungsberatungsstelle war, ist keine Besserung eingetreten. Im Übrigen ist es vorgekommen, dass bei einer Mittelohrentzündung Medikamente nicht ordnungsgemäß verabreicht wurden.
Ella wächst auch ohne Sorgerecht des Vaters in einem liebevollen Umfeld auf, in dem sie allseitig gefördert wird. Ihre Entwicklung sollte nicht durch Sorgerechtsinterventionen des Vaters behindert werden.
Besonders schwer wiegt, dass Herr Blöd in Ellas ersten Lebensmonaten keinen Unterhalt gezahlt hat. Außerdem hat er an einem Umgang mit ihr keinerlei Interesse gezeigt.
Deshalb beantrage ich, den Antrag von Herrn Blöd auf Ausübung eines gemeinsamen Sorgerechts für Ella zurückzuweisen.

Hochachtungsvoll
Marlene Meyer

Marlene ist zufrieden. »Glaubst du, dass wir damit durchkommen?« – »Ich denke schon, aber garantieren kann ich für nichts«, antworte ich. »In einem ähnlichen Fall, der mir einmal untergekommen ist, hat es aber geklappt, und der Antrag des Vaters wurde abgelehnt, weil die Richter der Ansicht waren, dass ein gemeinsames Sorgerecht dem Kindeswohl widerspricht.« Marlene packt hektisch ihre Sachen und nippt noch einmal an ihrem Yogi-Tee. »Ich möchte jetzt schnell zu Ella und sie fest in den Arm nehmen – und nie wieder loslassen.«

Ich begleite Marlene noch ein Stück zur Tramstation. »Und vergiss nicht, den Herrn Blöd in Rudis richtigen Nachnamen abzuändern, bevor du den Brief abschickst – und gib es als Einschreiben mit Rückschein auf«, rufe ich ihr noch hinterher, als sie schon fast in der Tram verschwunden ist.

Zu Hause trinke ich erst mal eine Tasse Yogi-Tee. Max schaltet den Fernseher aus und setzt sich zu mir. Ich beschließe, ihn kurz und sachlich über die Paukenröhrchen-Rechtslage zu informieren. Vielleicht ist er nachgiebiger, wenn ich meine Emotionen zurückhalte? Er fährt sich durch die Haare und lächelt mich liebevoll an. Ich merke, dass er ein schlechtes Gewissen hat. »Du darfst jetzt nicht weich werden und nachgeben«, ermahnt mich meine innere Anwältin. Ich verkneife mir das Zurücklächeln und überlege, wie ich das Gespräch am besten anfange. Doch er kommt mir zuvor. »Es tut mir leid. War doof von mir, so etwas zu sagen. Ich habe übrigens keinen Termin im Krankenhaus, dafür aber bei einem Hals-Nasen-Ohren-Arzt ausgemacht.« Er lächelt schon wieder. Ich staune. »Wie wäre es, wenn wir uns eine zweite Meinung einholen und dann entscheiden?« Ich staune noch einmal und überlege kurz. Mit dem von ihm vorgeschlagenen Kompromiss kann ich vorerst leben. Mein Blick fällt auf meine Yogi-Tee-Tasse und die Teebeutel-Weisheit, die ich vor lauter Aufregung noch gar nicht gelesen hatte: »Nichts ist so überzeugend wie ein Lächeln«, steht da. »Einverstanden«, sage ich und spare mir die Erklärungen zum gemeinsamen Sorgerecht, Einwilligung und Familiengericht. Meine innere Anwältin ist verstummt. Vermutlich ist sie nach einem Tag voller Sorgen und Sorgerecht viel zu müde für juristische Erläuterungen. Sie ist ja auch nur ein Mensch. Dann sehen wir uns lange in die Augen. Und irgendwann lächele ich zurück.

6

Von Schlössern und Sandburgen: Wissenswertes rund um die Unterhaltsansprüche

Heute ist die Kita geschlossen, die Erzieher haben eine Teamfortbildung. Diesmal ist mir der Schließtag glücklicherweise nicht entgangen. Ich war auf Zack und habe den Tag sofort knallrot in sämtlichen Taschen-, Wand- und Computer-Kalendern markiert.

Anfangs gab es vor Kita-Schließtagen fast immer eine Diskussion zwischen Max und mir. Kein Wunder, bekanntermaßen birgt die Frage »Wer kümmert sich am Kita-Schließtag um das Kind« eine erhebliche Portion an Vereinbarkeits-Sprengstoff. Glücklicherweise hat sich aus den Diskussionen inzwischen ein mehr oder weniger konstruktives Frage-und-Antwort-Spiel entwickelt, das uns hilft, denjenigen zu bestimmen, der auf Nick aufpasst oder eben arbeiten wird.

Vor einigen Wochen haben wir also zusammen den »Kita-Schließtag-Entscheidungsfinder« zurate gezogen. Ich passte einen entspannten Moment ab: Sonntagabend nach dem Tatort, auf dem Sofa Eis löffelnd (ich) und Chips kauend (Max).

Der Kita-Schließtag-Entscheidungsfinder

1. Gibt es Verwandte oder Freunde, die in der Nähe wohnen und Zeit haben, um Nick zu betreuen?

Die Antwort lautete – nach einer kurzen Grübelrunde – wie fast immer »NEIN«.

2. Besteht eine außergewöhnliche berufliche Verpflichtung während des Schließtages?

Natürlich hatten wir beide eine außergewöhnliche berufliche Verpflichtung: Auf Max' Agenda stand ein Strategie-Meeting mit seinem größten Auftraggeber, auf meiner Agenda stand unser langweiliges, aber wichtiges Kanzlei-Monats-Meeting, bei dem alle Anwälte anwesend waren und von ihren aktuellen Fällen berichteten. Für eine schwangere Teilzeit-Anwältin im Beschäftigungsverbot, die nach und nach von wichtigen Fällen und Transaktionen isoliert und abgezogen wird, eine wichtige Informationsquelle. Die Antwort lautete daher für uns beide »Ja«. Entscheidend war daher die nächste Frage:

3. Betreuung durch Mama oder Papa, oder: Was können wir uns »finanziell« leisten?

Wie immer fing ich bei dieser Frage an, mit den Zähnen zu knirschen. Die Finanzfrage provoziert leider immer eine Totschlag-Antwort: Wenn Mama zu Hause bleibt, tut es finanziell weniger weh, da sie bezahlten Urlaub nehmen kann. Wenn Papa als Selbstständiger nicht arbeitet, kommt kein Geld rein.

Das Ergebnis des Entscheidungsfinders zum heutigen Schließtag war daher nicht überraschend. Es lautete, wie an den vier vergangenen Schließtagen: Mama kümmert sich um Nick, Papa arbeitet. Allerdings handelte ich noch aus, dass Max eine Stunde früher nach Hause kommt und mit Nick in die Badewanne geht – damit ich wenigstens entspannt zum Yoga-Kurs fahren kann.

Natürlich ärgert es mich, dass das liebe Geld einer gleichberechtigten Aufteilung von Arbeit und Kinderbetreuung im Wege steht. Aber was soll ich tun? Im Moment lässt sich das leider nicht ändern; eine Gehaltserhöhung, die alle finanziellen Unterschiede wettmacht, werde ich als Schwangere kurz vor dem Mutterschutz sowieso nicht mehr erhalten. Also habe ich vorletzte Woche brav bei Frau Schnitzel Urlaub eingereicht. Und, oh Wunder, sie hat den Antrag anstandslos unterschrieben und nicht weiter nachgefragt.

§

ANSPRUCH AUF FREISTELLUNG GEGENÜBER DEM ARBEITGEBER – KITA-SCHLIESSTAGE

Wenn du bereits ein älteres Kind hast, weißt du bestimmt, wie schwierig es im Job-Alltag sein kann, wenn die Kita geschlossen ist. Viele Eltern befinden sich in einer unangenehmen Situation und müssen zwischen der Aufsichtspflicht und Arbeitspflicht jonglieren. Dabei ist es wichtig zu wissen, welche Rechte man gegenüber seinem Arbeitgeber hat. Entscheidend dabei ist, ob die Kita-Schließzeit kurzfristig erfolgt oder länger vorhersehbar ist.

Bei sehr **kurzfristigen Kitaschließungen,** z. B. Erkrankung der Erzieher, Ausbruch einer Masernepidemie, unangekündigten Streiks, bist du von der Erbringung deiner Arbeitspflicht freigestellt (i.d.R. unter Fortzahlung der Vergütung) – vorausgesetzt, du findest trotz entsprechender Bemühungen keine Person, die sich um dein Kind kümmert. Die Aufsichtspflicht, die du gegenüber deinem Kind wahrnehmen musst, geht der Arbeitspflicht vor.

Bei **länger vorhersehbaren Kita-Schließtagen** besteht allerdings kein Anspruch auf bezahlte Freistellung gegenüber deinem Arbeitgeber. In diesem Fall musst du rechtzeitig Urlaub einreichen oder eine andere Lösung finden.

Tipp: Leider ist es häufig so, dass die Anzahl der jährlichen Schließtage nicht der Anzahl deiner jährlichen Urlaubstage entspricht. Wenn deine Urlaubstage nicht ausreichen, um die Kita-Schließzeiten abzudecken, solltest du mit deinem Arbeitgeber offen darüber sprechen und ihm Lösungsvorschläge unterbreiten: z. B. die Vereinbarung zusätzlicher Urlaubstage, Abgeltung von Überstunden, Homeoffice, Erstattung der Babysitterkosten oder Mitnahme des Kindes zur Arbeit.

Wichtig: Um Missverständnisse und schlimmstenfalls eine **Abmahnung** wegen unentschuldigten Fehlens zu vermeiden, solltest du deinen Arbeitgeber sofort informieren, wenn du kurzfristig wegen einer geschlossenen Kita fehlst.

Zusatzinfo: Die beschriebenen Szenarien gelten natürlich entsprechend, wenn dein Kind von einer **Tagesmutter** betreut wird und diese abwesend oder krank ist.

§§§

Bis zum Schließtag hat sich meine Laune merklich gebessert. Und – Hand aufs Herz – ich freue mich auf den »Nick-Mama-Tag«: Schwangerschaftsjeans statt unbequemem Bleistiftrock, Baustellen-Bilderbücher statt verstaubter Rechtsakten, Versteckenspielen statt langweiliger Telefonkonferenzen, Nudeln mit Tomatensoße statt Müsli auf dem Schreibtisch. Ein Tag Nick-Vollzeitbetreuung unter der Woche ist in gewisser Hinsicht doch ein gewisses »Geschenk«.

Bei einer Vollzeit-Arbeitswoche von mehr als 40 Stunden. Zum Kita-Schließtag und Nick-Mama-Tag habe ich die Gelegenheit beim Schopf gepackt und ein Treffen mit Nicks Freundin Mathilde ausgemacht. Zu Mutter-Kind-Verabredungen am Nachmittag kommt man bei einem anstrengenden Job ja überhaupt nicht mehr. Nick ist, so glaube ich, ein bisschen verschossen in Mathilde – sofern man das von einem fast dreijährigen Knirps behaupten kann. Jedenfalls ist sie das erste Kind, das er morgens in der Kita mit einer stürmischen Umarmung begrüßt. Das sieht lustig aus, denn Mathilde ist 1,5 Jahre älter und 1,5 Köpfe größer als er.

Mathilde ist so ein richtiges »Mädchen«. Sie hat immer eine fantasievolle Frisur: Pferdeschwanz, Pippi-Langstrumpf-Zöpfe, Flechtkränze, am liebsten dekoriert mit unterschiedlichem Haarschmuck. Hosen finden sich in Mathildes Kleiderschrank nicht. Eine »Oberfee« – so nennt sie sich selbst gerne – trägt ja schließlich nur Kleider und Röcke. Selbst im tiefsten Winter wird das Blümchenkleid über den Wollpullover und über die Thermoleggings, ja sogar über die Schneehose angezogen. Ihre Lieblings-Accessoires sind eine Einhorn-Handtasche und ein Zauberstab, mit dem sie Feenstaub auf alle Leute verteilt, die sie nett findet. Der Feenstab kann zaubern, Wünsche erfüllen, aber auch schnell zu einer gefährlichen Waffe mutieren – immer dann, wenn eine Person nicht das tut, was sich Mathilde gerade in den Kopf gesetzt hat. »Ich bin nicht mehr deine Freundin« oder »Du bist nicht mehr auf meine Geburtstagsparty eingeladen«, hörte ich sie neulich in der Kita-Garderobe fauchen, während sie mit ihrem Feenstab vor Marla, ihrer besten Freundin, herumfuchtelte.

Am Nick-Mama-Nachmittag stehen wir also vor der Tür eines schicken Reihenhauses in Berlin-Pankow. Ich trage Nicks Rucksack, in den er eine Handvoll Playmobil-Ritter und einen großen giftgrünen Troll eingepackt hat. Die Figuren sind bis an die Zähne bewaffnet, mit Schwertern, Armbrüsten und Streitäxten, die furchtbare Schmerzen verursachen, wenn man in der Nacht barfuß auf sie tritt.

Olga, Mathildes Mutter, öffnet die Tür. Wenn Schneewittchen tatsächlich leben würde, würde sie wahrscheinlich genauso wie Olga aussehen: lange dunkle Haare, die offen über ihre Schultern fallen, eine makellose porzellanweiße Haut und stets knallrote Lippen. Olga trägt ein Babyfon, an dem ein Stoffband befestigt ist, um den Hals. Steht ihr irgendwie gut. Auf dem Arm trägt sie Mathildes neun Monate alten Bruder Theo.

»Also, ich verstehe das nicht. Er will schon wieder nicht einschlafen. Der Arme, wahrscheinlich hat er Verdauungsbeschwerden. Er pupst seit heute Morgen wie ein Pferd und hat jetzt auch noch Durchfall in der Windel«, lautet ihre Begrüßung. Statt »Hallo« sage ich »Hast du es mal mit einem Kirschkernkissen und Kümmeltee versucht? Das hat bei Nick immer geholfen.«

So ist das eben manchmal, wenn sich zwei Mamis verabreden. Man spart sich die Floskeln und spricht sofort über die wirklich wichtigen Dinge des Lebens.

Dann betreten wir das blitzeblank geputzte Reihenhaus. Nachdem wir unsere Jacken und Schuhe abgelegt haben, folgen wir Olga und ihrer süßlichen Parfümfahne.

Mathilde, die gerade auf einem Bein die Treppe heruntergehüpft ist, hält eine kitschige pinke Fee, die auf einem Einhorn sitzt, in der Hand. »Komm, wir spielen mit meinem Feenschloss.« Nick holt seinen Ritter aus dem Rucksack. »HOHOHO«, sagt er bedrohlich in tiefster Tonlage und streckt ihr einen Ritter entgegen, der eine Streitaxt in der Hand hält. Feen gegen Ritter - na, wenn das mal gut geht, denke ich noch. Ich höre auf, mir Sorgen zu machen, die Kinder spielen zusammen, keiner heult - das heißt so viel wie: alles schick, Zeit zum Plaudern. Dann laufe ich in die Küche und setze mich an den krümelfreien Küchentisch.

»Juhu, er musste noch einmal ordentlich pupsen, dann ist er eingeschlafen«, sagt Olga stolz, als sie wenig später die Küche betritt. Dann holt sie etwas aus dem Kühlschrank. Es gibt Obstsalat und frisch gepressten grünen Saft, in dem schleimige schwarze Körnchen schwimmen. Ich nehme skeptisch einen Schluck - der Saft schmeckt überraschend gut. Nachdem mir Olga erzählt, dass es sich dabei um irgendwelche Zaubersamen aus Mexiko handelt, fragt sie plötzlich: »Sag mal, hast du schon einmal mit dem Gedanken gespielt, dich von deinem Ehemann zu trennen?«

Ich habe das Gefühl, dass der schleimige grüne Saft wieder aus meinem Magen heraus möchte. Den Würgereflex unterdrückend, schüttele ich energisch den Kopf. Ich überlege, ob sie etwas weiß, was ich nicht weiß. Offensichtlich nicht, denn sie beginnt sofort von ihrem Mann Rainer zu erzählen: »Also ich denke oft an eine Trennung.« »Was ist passiert?«, frage ich erstaunt. »Naja, dass wir oft streiten und uns gegenseitig auf die Nerven gehen, seitdem die Kinder da sind, ist ja kein Geheimnis. Ich finde, dass er sich nicht genug um die Kinder kümmert. Und wenn, dann tobt er nur mit ihnen herum, wenn sie ins Bett gehen sollen. Was natürlich wieder an mir hängen bleibt und dann doppelt so lange dauert, weil sie erst wieder zur Ruhe kommen müssen. Wir hatten uns eigentlich darauf geeinigt, dass unsere Kinder ›Tagesschau-Kinder‹ werden sollen.«

Ich ziehe erstaunt die Augenbrauen nach oben. Was zum Kuckuck ist ein »Tagesschau-Kind«?

»Wir wollten die Kinder immer so ins Bett bringen, dass sie bis 20 Uhr schlafen – damit wir auch noch gemeinsame Zeit für uns haben. Aber das funktioniert ja nicht, wenn er mit seinem blöden ›WAHWAHWAH, ich bin der Drache und fresse alle Feen‹-Gehabe anfängt.« Olga macht dazu eine lustige Grimasse und fletscht dabei ihre perlweißen Zähne. Dann seufzt sie und rauft sich mit beiden Händen die Haare. »Es gibt seit Weihnachten aber ein neues Problem. Weißt du, Rainer hat einfach keine Lust mehr auf körperliche Nähe. Das ist schlimm, denn auf dieser Ebene haben wir uns immer blendend verstanden. Du weißt ja, wie das mit Kindern ist: Unter der Woche zu müde – aber am Wochenende, da findet sich doch immer ein kurzes Zeitfenster. Sonntags zum Beispiel, wenn Theo nach dem Stillen wieder einschläft und Mathilde alleine mit ihrem Feenschloss spielt, da könnten wir schnell und ohne großen Vor- und Abspann übereinander herfallen. Leider hat sie uns neulich erwischt. ›Du sollst nicht so laut wackeln, Papa‹, beschwerte sie sich. ›Meine Einhörner schlafen noch.‹

Wir haben gelacht und fanden das noch ganz witzig. Beim Abendbrot sagte sie dann plötzlich: ›Papa, ich warne dich, wenn du noch einmal laut wackelst, verwandele ich dich in einen Wurm.‹ Da haben wir noch mal gelacht und am nächsten Wochenende weitergemacht. Aber dann stand sie wieder in der Tür – obwohl sie eigentlich ›Die Eiskönigin‹ im Wohnzimmer schauen sollte. ›Ich habe doch schon einmal gesagt, dass du nicht so laut wackeln sollst, Papa. Das ist echt fies. Die Einhörner haben sich schon beschwert.‹ Dann hat sie ihren Feenstab aus dem Kinderzimmer geholt und Rainer in einen Wurm verwandelt. Seitdem hat er keine Lust mehr. ›Jetzt nicht, Schatz‹, sagt er zu mir, ›nicht dass Mathilde ... du weißt schon.‹ So geht das seit Wochen. Ich habe schon überlegt, naja, ... vielleicht hat Mathilde nur einen bestimmten Teil seines Körpers in einen Wurm verwandelt?«

Plötzlich kann ich mich nicht mehr zurückhalten, ich fange schallend an zu lachen. Olga ist entrüstet. »Jetzt mal im Ernst, lange mache ich das nicht mehr mit. Wir streiten uns ständig, er hilft mir nicht mit den Kindern, und dann weist er mich auch noch zurück – als ob ich wie eine alte hässliche Hexe aussehe. Ich habe schon überlegt, mich von ihm zu trennen, vielleicht sogar die Scheidung einzureichen. Hallo, ich bin noch nicht einmal 40, frustriert und habe schon Spinnweben zwischen den Beinen. Das geht gar nicht.«

Ich versuche einen weiteren Lachanfall zu unterdrücken. »Außerdem schickt ihm so eine komische Tante namens Grit Nacktfotos. Habe ich letztens entdeckt, als ich heimlich sein Handy gefilzt habe.« Olga seufzt. »Wenn ich doch nur nicht in Elternzeit wäre, dann wäre ich finanziell unabhängiger – und könnte mir dazu noch einen jungen Kerl leisten. Vielleicht einen Studenten?« Dann kratzt sie – nicht sehr schneewittchenmäßig – geräuschvoll ihre Obstsalat-Schüssel aus und sagt mit vollem Mund: »Sag mal, wie ist das eigentlich mit dem Unterhalt, wenn man sich vom Vater trennt? Was steht mir überhaupt während einer Trennung und schlimmstenfalls nach einer Scheidung zu? Ich zerbreche mir darüber schon seit Tagen den Kopf, kannst du mir das mal kurz erklären? Aber bitte so, dass ich es verstehe, habe ja keine Ahnung von diesem komplizierten Jura-Kram. Kannst du die Paragrafen vielleicht in eine lustige Geschichte packen oder so? Dann kann ich es mir besser merken.«

Ach, darauf wollte Olga also hinaus. Meine innere Anwältin sträubt sich und will viel lieber über Pupse und Kirschkernkissen sprechen oder im Kinderzimmer nachsehen, ob die Ritter schon das Feenschloss erobert haben. Ich überlege, wie ich das doch sehr komplexe Thema kurz und anschaulich erkläre, und suche in der Küche nach einer Inspirationsquelle. »Ist da auch eine männliche Hello-Kitty drin?«, sage ich und deute auf ein kleines zusammenklappbares Hello-Kitty-Schloss, das auf einem Küchenregal steht. Olga sagt verwundert: »Ich glaube ja, ich hatte es erst gestern in der Hand, um es vor Theo in Sicherheit zu bringen.« Sie stellt sich auf einen Hocker, holt das Schloss aus dem Regal und baut es auf dem Küchentisch auf. Tatsächlich finde ich eine Hello-Kitty-Figur mit blauem und eine mit rotem Oberteil und dazu zwei Hello-Kitty-Kinder. Dann überlege ich kurz und fange an, eine Geschichte zu erzählen.

Kapitel 1: Friede, Freude, Eierkuchen im Hello-Kitty-Schloss

»Es war einmal ein glückliches Hello-Kitty-Ehepaar. Die beiden lernten sich beim Mäusefangen kennen, verliebten sich sofort ineinander und heirateten noch im gleichen Jahr. Nach den Flitterwochen kauften sie sich ein schickes Schlösschen mit Garten und Schwimmbad und hatten sich jeden Tag lieb. Bald schon kam das erste, kurz darauf das zweite Hello-Kitty-Baby zur Welt. Während die Mama zu Hause in Elternzeit blieb und sich um die Hello-Kitty-Kinder kümmerte, ging der Papa Geld verdienen. Nach der Elternzeit wollte Hello-Kitty-Mama eigentlich wieder arbeiten gehen.«

Während ich die Geschichte erzähle, lege ich Hello-Kitty-Mama und Hello-Kitty-Papa in das Himmelbett. Die beiden kleinen Hello-Kitty-Kinder setze ich in das Wohnzimmer vor einen Fernseher. Dann erkläre ich:

»Solange sich die beiden liebhaben und harmonisch miteinander im Hello-Kitty-Schloss leben, sind beide verpflichtet, die Familie angemessen gemäß § 1360 BGB zu unterhalten. In der Elternzeit erbringt Hello-Kitty-Mama durch die Betreuung der Kinder und die Führung des Haushaltes ›Naturalunterhalt‹. Hello-Kitty-Papa, der für das nötige Kleingeld sorgt, erbringt dagegen ›Barunterhalt‹. Jeder erbringt einen angemessenen Unterhalt, indem die erforderlichen Kosten gedeckt und die persönlichen Bedürfnisse der Kinder erfüllt werden.«

EHEGATTEN-UNTERHALT

Der **»Ehegattenunterhalt«** beschäftigt die meisten Eltern erst dann, wenn es in der Beziehung kriselt und eine Trennung oder Scheidung droht – obwohl er auch in intakten Ehen zu leisten ist. Was viele nicht wissen: Die Erbringung von Unterhalt besteht nicht nur in Form einer Geldleistung, sondern kann auch in Form von **»Familienarbeit«** geleistet werden.

§ 1360 BGB sagt dazu:

»Die Ehegatten sind einander verpflichtet, durch ihre Arbeit und mit ihrem Vermögen die Familie angemessen

zu unterhalten. Ist einem Ehegatten die Haushaltsführung überlassen, so erfüllt er seine Verpflichtung, durch Arbeit zum Unterhalt der Familie beizutragen, in der Regel durch die Führung des Haushalts.«

Barunterhalt und Familienarbeit werden also rechtlich gleich behandelt – übrigens ein schönes Argument für eine höhere Wertschätzung der geleisteten Familienarbeit.

Gut zu wissen: Wenn du Familienarbeit erbringst, hast du gegenüber deinem Ehepartner einen Anspruch auf **Wirtschaftsgeld** sowie auf ein **Taschengeld** in Höhe von 5 bis 7 Prozent des Einkommens abzüglich der Schulden. Mit dem Wirtschaftsgeld musst du die Kosten für die Haushaltsführung bezahlen, über das Taschengeld darfst du frei verfügen, sofern das restliche Geld für die Deckung des Lebensbedarfs reicht.

Zusatzinfo: Selbstverständlich gelten die Ansprüche auch bei einer **umgekehrten Rollenverteilung**. Wenn du arbeitest und dein Partner die Familienarbeit übernimmt, musst du ihm Wirtschafts- und Taschengeld zahlen.

Ich blicke prüfend zu Olga, um sicherzugehen, dass sie meine unkonventionellen Erklärungsversuche nicht in den falschen Hals bekommt. Sie nimmt es mit Humor. »Hui, dann werde ich heute gleich mein Taschengeld einfordern und Schuhe kaufen«, sagt sie grinsend und legt kurz das Babyfon an ihr Ohr. Es ist ruhig. Theo schläft. Ich fahre fort.

Kapitel 2: Dunkle Wolken ziehen über das Hello-Kitty-Schloss

»Doch eines Tages droht Ungemach. Hello-Kitty-Mama ist unzufrieden, da sich Hello-Kitty-Papa nicht genug um die Kinder kümmert und zu lange arbeitet. Außerdem würde sie selbst gerne arbeiten gehen. Sie streiten sich immer öfter. Irgendwann will der Hello-Kitty-Papa nicht mehr mit Hello-Kitty-Mama in einem Bett schlafen. Daraufhin zieht er in den Schlosskeller und trinkt dort seine Weinregale leer. Eines Tages eröffnet sie ihm: ›Ich trenne mich von dir.‹ Beide weinen. Hello-Kitty-Papa zieht aus. Die Kinder bleiben bei Hello-Kitty-Mama im Hello-Kitty-Schloss.«

Ich lege die Hello-Kitty-Babys zur Hello-Kitty-Mama in das Himmelbett. Den Hello-Kitty-Papa lege ich unter den Küchentisch, da das Hello-Kitty-Haus in Wirklichkeit nicht unterkellert ist. Er tut mir leid. Olga sieht ein wenig konsterniert aus. Vielleicht war es doch nicht die richtige Entscheidung, die Geschichte so zu erzählen? »Soll ich überhaupt weitererzählen?«, frage ich verunsichert. »Ja klar, ich war nur in Gedanken«, sagt Olga und nickt.

»Nachdem Hello-Kitty-Papa ausgezogen ist, erhält Hello-Kitty-Mama Trennungsunterhalt gemäß § 1361 BGB. Sie ist ›bedürftig‹, da das zweite Hello-Kitty-Baby unter drei Jahre alt ist. Sie kann weiter im Hello-Kitty-Schloss leben, denn für die Höhe ihres Unterhaltes sind die ›ehelichen Lebensverhältnisse‹ maßgebend, also die Lebens-, Erwerbs- und Vermögensverhältnisse während der Ehe mit dem Hello-Kitty-Papa.«

§

EHEGATTEN-UNTERHALT NACH EINER TRENNUNG

Wenn du verheiratet bist und mit deinem Partner in Trennung lebst, ändern sich die Rechtsgrundlagen für den Unterhaltsanspruch, da der Unterhalt nun nicht mehr gemeinsam getragen wird. Ein **Unterhaltsanspruch während der Trennung** steht dir nur dann zu, wenn du **»bedürftig«** bist, d.h., wenn du dich nicht mit eigenen finanziellen Mitteln versorgen kannst. Falls du während der Trennung die Kinderbetreuung übernimmst, bist du übrigens nicht verpflichtet, arbeiten zu gehen – zumindest **bis zum 3. Lebensjahr des Kindes.**

Gut zu wissen: Die **Höhe des Trennungsunterhalts** wird individuell berechnet und hängt von vielen Einzelfaktoren ab. Vereinfacht gesagt gilt folgendes Verfahren:

- Zuerst werden, abhängig vom Einkommen beider Ehegatten, die **ehelichen Lebensverhältnisse** in finanzieller Hinsicht bestimmt.
- Danach wird die **Bedürftigkeit** des unterhaltsberechtigten Ehegatten ermittelt (das eigene Einkommen wird dann z.B. wieder abgezogen).
- Zum Schluss wird geprüft, ob der Partner, der Unterhalt zahlen muss, überhaupt zahlen kann – ihm steht bei Erwerbstätigkeit ein **Selbstbehalt** in Höhe von ca. 1100 Euro monatlich zu.

Wichtig: Eheleute, die getrennt leben, haben eine gegenseitige **Auskunftspflicht** und müssen ihre wirtschaftlichen Verhältnisse offenlegen. Falls sich dein Partner weigern sollte, kannst du diesen Anspruch einklagen.

»Dann würde es mir nach einer Trennung ja gar nicht so schlecht gehen«, sagt Olga beruhigt und räumt die Obstschalen in die Spülmaschine. »Rainer hat immer noch einen guten Job, und Schulden haben wir keine, soweit ich weiß. Ich sollte unbedingt mal seinen Papierkram im Arbeitszimmer checken und verstehen«, stellt sie fest und kratzt sich am Kopf. »Und wie ist es dann, wenn man geschieden ist?«, fragt sie, während sie mit der Hand imaginäre Krümel vom Esstisch wischt.

Ich hole den Hello-Kitty-Papa unter dem Küchentisch hervor und sehe mich in der Küche nach einem geeigneten Platz für ihn um. Dann setze ich ihn in ein kleines Gewürzregal. Ganz oben, zwischen den gemahlenen Pfeffer und Beifuß.

Kapitel 3: Hello-Kitty-Mama ist wieder Single

»Hello-Kitty-Papa zieht aus. In eine schicke Penthouse-Wohnung. Hello-Kitty-Mama lebt weiter im Hello-Kitty-Schloss und kümmert sich um die Kinder. Ab und zu sieht er die Kinder. Doch er ist sehr traurig und verbittert. Ein Jahr lang leben Hello-Kitty-Papa und Hello-Kitty-Mama getrennt. Dann sehen sich beide vor dem Familiengericht wieder und lassen sich scheiden.«

Ich überlege, ob ich der Tragödie noch die Aussicht auf ein Happy-End verleihe.

»Nach der Gerichtsverhandlung sagt Hello-Kitty-Papa: ›Du siehst wunderschön aus. Ich liebe dich immer noch.‹ Hello-Kitty-Mama antwortet unterkühlt: ›Das fällt dir aber früh ein.‹ – ›Bitte, treffen wir uns irgendwann wieder einmal‹, bettelt er. – ›Nicht heute und nicht morgen, ich muss gerade sehr viel arbeiten.‹ Dann winkt sie lächelnd und fährt zurück in das Hello-Kitty-Schloss.«

Eigentlich müsste Hello-Kitty-Mama nach der Scheidung alleine für ihren Unterhalt sorgen. Wenn sie aber die Hello-Kitty-Kinder betreut und daher nicht in der Lage ist, für ihren Unterhalt alleine aufzukommen, hat sie gemäß § 1570 BGB einen Unterhaltsanspruch gegenüber dem Hello-Kitty-Papa – zumindest, bis die Kinder drei Jahre alt sind.

UNTERHALT NACH EINER SCHEIDUNG – WEGEN DER BETREUUNG GEMEINSAMER KINDER

Nach einer Scheidung ändern sich die rechtlichen Voraussetzungen für den Unterhaltsanspruch noch einmal. Generell gilt, **dass jeder Ehegatte selbst für sich sorgen muss**. Wenn du allerdings ein gemeinsames Kind betreust, kannst du **bis zum 3. Lebensjahr** nach der Geburt Unterhalt von deinem Partner verlangen – das Kindeswohl hat dann Vorrang. Eine Erwerbsverpflichtung besteht in diesem Zeitraum nicht – ähnlich wie beim Trennungsunterhalt. Falls du trotzdem arbeiten gehst, werden die Einkünfte nur teilweise auf den Unterhalt angerechnet.

Gut zu wissen: Die Dauer des Unterhaltsanspruchs kann sich verlängern, solange und soweit dies der **»Billigkeit«** entspricht. Die Billigkeit ist ein unbestimmter und sehr dehnbarer Rechtsbegriff. Maßgebend ist die Gestaltung der Kinderbetreuung, das Kindeswohl, eine bereits erfolgte Erwerbstätigkeit während der Ehe sowie die

Dauer der Ehe. Sofern z. B. Betreuungsmöglichkeiten nicht zur Verfügung stehen oder das Kind unter schweren Gesundheitsstörungen leidet, kann auch noch **über das 3. Lebensjahr hinaus** ein Unterhaltsanspruch bestehen.

Beispiele für Unterhaltszahlungen nach dem 3. Lebensjahr:

Bei drei Kindern im Alter von 12, 15, und 17 Jahren ist dem alleinerziehenden Elternteil nur eine Teilzeittätigkeit in Höhe von maximal 30 Stunden zumutbar (BGH, Urteil vom 18. April 2012, Az. XII ZR 65/10).

Ein Kind leider unter ADHS, und es gibt in der Nähe keine geeignete Betreuungseinrichtung für den Nachmittag (BGH, Urteil vom 6. Mai 2009, Az. XII ZR 114/08).

Olga schenkt sich stumm noch etwas von dem grünen Saft mit den schleimigen Samen ein. »Hoffentlich wird es nie so weit kommen«, sagt sie traurig. Ich hole den Hello-Kitty-Papa wieder schnell aus dem Gewürzregal und lege ihn zum Rest der Familie in das Himmelbett. »Jetzt warte doch erst mal ab. Bestimmt werdet ihr euch wieder besser verstehen, wenn Theo aus dem Gröbsten raus ist. Vielleicht solltet ihr euch ab und zu einen Babysitter gönnen, dann könnt ihr mal wieder zusammen ausgehen. Am besten einen, der zur Tagesschau kommt.«

Plötzlich wird es laut. Die Kinder stehen in der Küchentür. Mathilde zeigt auf Nick: »Die Ritter haben das Feenschloss zerstört. Nick soll jetzt sofort gehen.« Das hört sich bedrohlich an. Wir versuchen, zwischen den beiden zu vermitteln und den Konflikt im Kinderzimmer zu klären. Dort sieht es aus wie auf einem Schlachtfeld. Die gesamte Schlossanlage wurde in ihre Einzelteile zerlegt. Nicks Ritter stehen triumphierend auf der Ruine des Feenschlosses, dessen rosa Türme und Fahnen auf dem Teppich verteilt sind, und grinsen mit erhobenem Schwert. Der giftgrüne Troll sitzt auf einem Haufen umgekippter Pferde und Einhörner. Nick ist gerade dabei, eine Fee zu enthaupten, indem er versucht, ihr den Plastikkopf vom Leib abzutrennen. »MATHILDE DOOF IST«, sagt er und wirft einen Feenkopf in ihre Richtung. Mathilde schnappt sich ihren Feenstab und kommt plötzlich wie eine Furie angeschossen. »Stopp, Mathilde«, sage ich laut, doch sie ist nicht mehr aufzuhalten. Mathilde holt aus und schlägt Nick mit ihrem Feenstab auf den Kopf. »Lass das, du blöder Wurm.« Nick brüllt wie am Spieß. Ich fühle, dass er eine Beule bekommen wird, und renne ins Bad, um ihm einen kühlen Waschlappen auf den Kopf zu legen. Olga schimpft, ich tröste, aus dem Babyfon um Olgas Hals schreit es. Puh, den Nick-Mama-Nachmittag habe ich mir etwas entspannter vorgestellt. Die Beule wird immer größer. Ich beschließe zu gehen. Irgendwie habe ich auch keine Lust mehr auf Feen, Ritter, Schlachten, Eheprobleme und Hello-Kitty-Schlösser.

»Ich glaube, ich gehe jetzt lieber«, sage ich zu Olga. »Nick ist durch, und ich habe etwas Bauchweh. Ich glaube, ich vertrage diese schleimigen Samen nicht.« Sie nickt, verteilt Abschiedsküsschen und läuft genervt in Theos Zimmer. Wir ziehen uns schnell an. Nick brüllt immer noch. »Ich werde dich niemals heiraten, Nick«, ruft uns eine erzürnte Mathilde mit erhobenem Feenstab im Treppenhaus hinterher. Das ist auch besser so, denke ich und ziehe die Reihenhaus-Tür leise hinter mir zu.

§§§

Alle haben es mitbekommen – nur ich anscheinend wieder nicht. An der Yoga-Shiva-Tür klebt ein Plakat:

»Leider fallen heute alle Yoga-Kurse krankheitsbedingt aus. Die Kurse werden selbstverständlich nachgeholt. Ab Montag geht es wie gewohnt weiter. Besucht doch bis dahin mal unseren YouTube-Channel, da gibt es Yoga-Videos zum Üben. Dankeschön für euer Verständnis und Namasté.«

Ich überlege, was ich nun mit der Stunde Zeit mache, die mir gerade »geschenkt« worden ist. Nach Hause fahren ist erst einmal keine Option – ich will doch den Papa-Nick-Abend nicht stören. Tee trinken? Essen gehen? In meinem Lieblings-Buchladen stöbern oder alleine ins Kino gehen? Massage?

»Hallihallo, was stehst du denn so verpeilt vor der Tür«, schallt es plötzlich hinter mir. Ich drehe mich um. Marlene und Jette laufen über den Hinterhof. Marlene hält Ella an der Hand. Anscheinend sollte sie heute mit zum Yoga kommen. »Hey, nicht so frech, die Damen, Yoga fällt heute aus«, sage ich. Marlene und Jette sehen sich an: »Na großartig. Und was machen wir jetzt?«, fragt Jette. Interessant, es geht offensichtlich nicht nur mir so: Da wünscht man sich als Mutter immer eine Stunde Auszeit, und wenn man die Chance dazu hat, weiß man plötzlich nichts mit sich anzufangen, weil die Entscheidung unter den dutzenden mutterschaftsbedingt-nachholbedürftigen Aktivitäten so schwerfällt. Marlene hat eine Idee: »Kommt, wir gehen in das Kindercafé mit dem Innen- und Außen-Sandkasten, das hat noch eine Stunde auf. Wir quatschen dort ein bisschen, und Ella kann toben.« – »Juhuuuuu«, ruft Ella und klatscht begeistert in die Hände. Der Rest nickt. Ich ärgere mich. Hätte ich doch bloß gesagt, dass ich schnell noch einige »Erledigungen« machen muss. Ich kann Kindercafés nicht ausstehen.

§§§

Zehn Minuten später sitzen wir im überfüllten Kindercafé, klassisch auf dem Rand eines halbüberdachten Sandkastens. Ella baut begeistert eine Sandburg mithilfe eines Eimers und eines Pappbechers. Mehrere Kinder gesellen sich nacheinander zu ihr. Ein Mädchen mit einer grünen Schaufel, das mich irgendwie an Mathilde erinnert, übernimmt nach einer Weile das Kommando und zerstört plötzlich eine Burgmauer. Ella fällt vor Schreck der Pappbecher aus der Hand. Das Mädchen kommandiert herrisch: »Nein, nein, nein, so geht das doch nicht. Die Mauer muss noch einmal aufgebaut werden. Hat dir dein Papa etwa nicht beigebracht, wie das geht?« Scheinbar ist sie hier die Oberfee. Ella antwortet leise: »Nein, mein Papa hat noch nie eine Sandburg mit mir gebaut. Er ist fast nie da, ich lebe bei meiner Mama.«

Die Frau hinter dem Tresen mit einer schwarzen »Ich-kann-Webseiten-bauen-Brille« krakeelt unsere bestellten Getränke lustlos durch das Kindercafé: »Zwei Babyccino, drei Ingwertee und 'ne Schmalzstulle mit Gurke.« Ich weiß, warum ich Kindercafés noch nie mochte. Neben unfreundlichen Bedienungen, kaputtem Spielzeug und dem lauten Gewimmel ist es vor allem der beißende Geruch, der mich stört. Eine penetrante Duftkomposition aus allem, was eine breiartige Konsistenz hat und von Kindern unter drei gegessen oder ausgeschieden wird. Außerdem ist die Bakterien- und Virendichte vermutlich genauso hoch wie in einem Kinderarztwartezimmer. Kein Wunder, viele Kinder, die krank sind und nicht in den Kindergarten gehen können, werden ja gleich nach dem Kinderarztbesuch in Kindercafés geschleppt – und verteilen dort ihre Bakterien und Viren. Auch wir zählten nach unserem letzten Kindercafé-Besuch im vergangenen Winter zu den Leidtragenden und waren eine Woche durch einen Magen-Darm-Virus lahmgelegt. Kein Wunder, Nick hatte dort die Tonleiter eines vergammelten Xylophons mehrmals nach oben und unten abgelutscht.

Inzwischen balancieren wir alle unsere Getränke und Teller auf dem Schoß zu unserem Sitzplatz. Etwas gelangweilt kaue ich auf meiner Schmalzstulle herum. Ein Sandkorn knirscht zwischen meinen Zähnen. Leider komme ich immer noch nicht zu meinen Pups- und Kirschkernkissen-Geschichten: Marlene erzählt zuerst enttäuscht von ihrem Doc, der sich seit zwei Wochen nicht bei ihr gemeldet hat, dann gibt sie ihre Sorgerechtsproblematik mit Herrn Blöd alias Rudi zum Besten und spricht wütend über ihre Unterhaltsklage, die sie damals nach Ellas Geburt eingereicht hatte. Jette spitzt die Ohren. »Wie? Ich dachte, man bekommt keinen Unterhalt, wenn man nicht verheiratet ist.« – »Das dachte ich auch erst«, sagt Marlene, »stimmt aber nicht.«

Meine innere Anwältin könnte sich jetzt einbringen und den Mädels noch etwas zu den in § 1615l BGB geregelten Unterhaltsansprüchen nicht verheirateter Eltern aus Anlass der Geburt erzählen, doch sie ist faul und kaut gelangweilt auf ihrer Schmalzstulle herum.

§

UNTERHALTSANSPRUCH BEI NICHT MITEINANDER VERHEIRATETEN ELTERN – AUS ANLASS DER GEBURT

Auch wenn du **nicht mit deinem Partner verheiratet** bist, können dir unter besonderen Voraussetzungen **Unterhaltsansprüche aus Anlass der Geburt** gemäß § 1615l BGB zustehen:

1. Unterhalt für die Dauer von 6 Wochen vor und 8 Wochen nach der Geburt (§1615l BGB Abs. 1)

Dieser Anspruch besteht nur, wenn du **bedürftig** bist, i.d.R. also dann, wenn du keinen Job und keinen Anspruch auf Mutterschaftsleistungen hast.

Gut zu wissen: Zusätzlich besteht ein Anspruch auf Erstattung der Kosten infolge der Schwangerschaft und Entbindung (ermäßigt um die Kostenerstattung durch deine Krankenkasse).

2. Verlängerter Unterhalt nach der Geburt (§1615l Abs. 2 S.1 BGB)

Der geburtsbedingte Unterhalt verlängert sich, wenn du aufgrund der Schwangerschaft oder einer durch die Entbindung verursachten Krankheit nicht arbeiten gehen kannst.

Gut zu wissen: Dieser Unterhaltsanspruch scheidet aus, wenn du aus anderen Gründen nicht mehr erwerbstätig bist, oder wenn du vor der Schwangerschaft nicht erwerbstätig warst.

3. Unterhalt für die Dauer von bis zu drei Jahren nach der Geburt, wenn du das Kind betreust und eine Erwerbstätigkeit nicht von dir erwartet werden kann (§ 1615l Abs. 2 S. 2 – 5 BGB).

Dieser Unterhaltsanspruch ist dem Anspruch im Falle einer Trennung/Scheidung ähnlich. Es besteht ebenfalls keine Erwerbsobliegenheit, und der Unterhaltsanspruch kann sich auch hier über das 3. Lebensjahr des Kindes hinaus verlängern, wenn das der »Billigkeit« entspricht (vgl. S. 160).

Wichtig: Die Höhe der o.g. Unterhaltsansprüche richtet sich nach deiner Lebensstellung – d. h., wenn du vor der Geburt des Kindes erwerbstätig warst, ist dein früheres, bis zur Geburt erzieltes Einkommen maßgebend. Wenn du keine Berufstätigkeit ausgeübt hast, wird ein Mindestbedarf angesetzt, der bei ca. 800 Euro pro Monat liegt.

Jette seufzt. »Ich habe damals erst gar keinen Unterhalt eingefordert. Der ›Erzeuger‹ von Betty-Lou hat sowieso kein Geld.« – »Schätzchen, wo lebst du«, sagt Marlene altklug und zupft die Schleife in ihrem blau gepunkteten Haarband in Form. »Das sagen die Typen doch alle. Denen muss man einen Anwalt auf den Hals hetzen. Und zwar einen richtigen Terrier, der sich festbeißt.«

»Wie berechnet sich dieser Unterhalt eigentlich genau?«, fragt Jette. »Da gibt es doch diese komische Düsseldorfer Tabelle, oder?«

Ich halte mir die Ohren zu und schüttele den Kopf. Meine

innere Anwältin gruselt sich und bekommt Gänsehaut. Hilfe, bitte keine Äpfel mit Birnen vermischen! »Der Anspruch, der dir gerade vorschwebt, ist nicht dein Anspruch, sondern der Unterhaltsanspruch deines Kindes«, mische ich mich ein und erkläre, was es mit der Düsseldorfer Tabelle auf sich hat.

§

UNTERHALT DES KINDES

Von dem Unterhalt gegenüber deinem Partner ist der **Kindesunterhalt** zu unterscheiden, der streng genommen deinem Kind zusteht (aber von dir geltend gemacht und zur Deckung der Lebenskosten des Kindes verwendet wird). Die Höhe des Kindesunterhaltes richtet sich nach den Einkommensverhältnissen des Unterhaltsverpflichteten. Wenn du wissen willst, wie viel das genau ist, kannst du in der **»Düsseldorfer Tabelle«** (→ Linksammlung) nachschauen. Diese Tabelle enthält Leitlinien für die Berechnung des Unterhaltsbedarfs, gestaffelt nach dem Alter des Kindes.

Gut zu wissen: Wenn du nicht mit dem Vater deines Kindes verheiratet bist, besteht der Unterhaltsanspruch gegenüber dem Vater nur dann, wenn die Vaterschaft anerkannt oder festgestellt wurde.

Wichtig: Die konkrete Höhe des Unterhaltes kann von den Angaben der Düsseldorfer Tabelle abweichen, da eventuell noch der Selbstbehalt zugunsten deines Partners und Kindergeldzahlungen zu berücksichtigen sind.

»Wenn sich der Vater weigert, Unterhalt zu zahlen, könnt ihr übrigens beim Jugendamt Unterhaltsvorschuss beantragen. Das ist zwar nur ein Bruchteil des Unterhalts, aber immer noch besser als keine Zahlung«, erkläre ich.

Jette legt die Stirn in Falten: »Oh Mann, ist das kompliziert.«

UNTERHALTSVORSCHUSS

Wenn dein Partner nur selten oder überhaupt keinen Unterhalt zahlt, besteht bis zur Vollendung des 18. Lebensjahres des Kindes ein Anspruch auf **»Unterhaltsvorschuss«**. Dieser Anspruch ist für viele Alleinerziehende jedoch nur ein Tropfen auf dem heißen Stein, denn der Unterhaltsvorschuss beträgt monatlich gerade mal **154 Euro** für Kinder bis zum 5. Lebensjahr, **205 Euro** für Kinder vom 6. bis 11. Lebensjahr sowie **273 Euro** vom 12. bis 18. Lebensjahr. Für Kinder vom **12. bis 18. Lebensjahr** besteht der Anspruch nur dann, wenn das Kind keine SGB-II-Leistungen bezieht oder der alleinerziehende Elternteil SBG II bezieht und ein Einkommen von mehr als 600 Euro monatlich erzielt.

Gut zu wissen: Ein Anspruch auf Unterhaltsvorschuss besteht nur, wenn du mit deinem Kind **in einem Haushalt** lebst. Achtung: Wenn du mit einem neuen Partner verheiratet bist und gemeinsam mit ihm und dem unterhaltsberechtigten Kind in einem Haushalt lebst, ist der Anspruch ausgeschlossen.

Bitte nicht vergessen: Der Unterhaltsvorschuss wird **nur einen Monat rückwirkend** gezahlt, es ist daher wichtig, den Antrag so schnell wie möglich zu stellen. Den Antrag auf Unterhaltsvorschuss stellst du bei der zuständigen **Unterhaltsvorschussstelle** beim Jugendamt. Die Kontaktdaten des für dich zuständigen Amtes findest du in der → Linksammlung.

Plötzlich wird es laut im Sandkasten. Die Oberfee flippt aus, nachdem Ella aus Versehen einen Sandturm zerstört hat. Sie schreit und bewirft die arme Ella mit Sand. Ella weint und rennt zu Marlene. Sie versucht ihr vorsichtig die Sandkörner aus den Augen zu reiben und wirft einen bitterbösen Blick in Richtung Oberfee, die indessen wütend das Schloss aus Sand zertrampelt. »Du bist keine Prinzessin, sondern blöd. Und die Burg, die du gebaut hast, ist hässlich. Kein Wunder, wenn man keinen Papa hat, kann man so was auch nicht«, sagt sie in Richtung Ella. Marlene steigt die Röte ins Gesicht. Ich sehe, wie ihre Ader an der Schläfe pulsiert. Dann stampft sie wütend durch den Sandkasten und gibt der Oberfee zu verstehen, dass sie Ella in Ruhe lassen und aus dem Sandkasten verschwinden soll.

Anschließend läuft sie in Richtung Tresen zu der mürrischen Bedienung. »Ich möchte bitte alle Lutscher, Gummitierchen und Bonbons kaufen, die da hinten stehen.« Die Bedienung glotzt sie fassungslos durch ihre Brille an. »Ja, du hast richtig verstanden«, sagt Marlene und zeigt auf ein Regal, in dem ungefähr zehn unterschiedlich gefüllte Bonbongläser stehen. Sie holt ihren Yoga-Beutel vom Sandkastenrand und zieht den Reißverschluss auf. »Husch, husch, bitte alles da reinkippen.« Die Bedienung nimmt roboterhaft ein Bonbonglas nach dem anderen aus dem Regal, öffnet die Glasdeckel und kippt den Inhalt in Marlenes Yoga-Beutel. Im Kindercafé ist es mucksmäuschenstill. Mamas, Papas, Kinder, alle starren gebannt auf die skurrile Szene, die sich am Tresen abspielt. Dann setzt sich Marlene mit Ella in den Sandkasten und baut mit Eimern und Förmchen ein wunderschönes Schloss aus Sand, das sie mit den Süßigkeiten verziert, die sie gerade gekauft hat. »Ha!«, sagt sie stolz in Richtung erstaunter Kinder und Eltern, die inzwischen im Kreis um sie herum stehen. »Und ob meine Tochter eine Prinzessin ist. Und sie gehört zusammen mit mir in das schönste Schloss der Welt. Das bauen wir uns selbst. Dazu brauchen wir keinen Papa.«

7

Brotbox-Dramen und ein peinlicher Elternzeit-Vortrag

»WILL DIE BOX HABEN.« Wie jeden Morgen verlangt Nick auch heute nach seiner Brotbox, während ich ihn in den Kindersitz setze. Ich staune immer wieder, dass eine 12 mal 24 Zentimeter große Plastikdose, bedruckt mit der Raupe Nimmersatt, in der Lage ist, seinen Gemütszustand zu beeinflussen. Nachdem ich einige Male in die Brotbox-Falle getappt bin (»IIIHH - KOHLRAAAABIIIII«, begleitet von mehreren Wutausbrüchen), habe ich schnell erkannt: Der Inhalt ist außerordentlich wichtig, damit der Kleine morgens gut gelaunt in der Kita erscheint.

Aktuell muss die Brotbox zwingend folgende Leckereien beinhalten:

- einen kleinen Joghurt (am liebsten die rote Sorte) mit einem grünen Plastiklöffel
- eine reife Banane (ohne schwarze Punkte) oder ein »Quetschie« (also einer dieser Beutel, in dem sich püriertes Obst oder Gemüse befindet, das sich die Kinder in den Mund »quetschen« können)
- ein Käsebrot (das Brot muss frisch und weich sein, der Rand ohne Körner).

»Das heißt übrigens, liebe Mama, ich MÖCHTE die Box BITTE haben«, sage ich und überreiche ihm die Brotbox, die griffbereit in meiner Handtasche wartet. Er strahlt. Seine kleinen Händchen umklammern sie wie eine Schatzkiste, die man nie wieder hergeben möchte. Entspannt können wir nun zur Kita fahren. Kind glücklich, Mama glücklich, ist doch eigentlich ganz einfach. Das Glück währt nicht lange. Plötzlich stößt Nick einen lang gezogenen ohrenbetäubenden Schrei aus. Ich zucke zusammen. Der Schrei ist so laut, dass ich abrupt bremse und unerlaubt auf dem Gehweg parke. Nicht, dass sich Nick in der Brotbox den Finger eingeklemmt hat. Bestimmt hat er wieder an ihr herumgespielt, um den Inhalt zu begutachten. Ich steige panisch aus dem Auto. Ein erster Blick durchs Fenster – Gott sei Dank, mit den Fingern ist alles in Ordnung. Ich öffne die hintere Tür. Sein rechter Zeigefinger zeigt auf die geöffnete Brotbox. »WO IST MEIN GRÜNER LÖFFEL?«

Jetzt weiß ich, was los ist. Herrje, wie konnte ich nur? Alle grünen Plastiklöffel waren in der fröhlich summenden Spülmaschine, und ich dachte, ihm würde es nicht auffallen, wenn es heute mal ein türkiser Löffel ist. Ist ja fast grün, oder?

Das Klein-Nick'sche Weltbild ist erschüttert, Tränen fließen. Das wird jetzt so weitergehen. Unerbittlich, unnachgiebig, ungnädig. Die gesamte Autofahrt. Bis zum bitteren Ende – dem Kita-Gruppenraum. Ich wäge ab. Pädagogisch sinnvolle Erklärungen (»... der grüne Löffel war ihhh-bäh-eklig-schmutzig und musste noch gewaschen werden«), die Nick vermutlich nicht vom Weinen abhalten werden? Oder nachgeben, zurückfahren und einen grünen Plastiklöffel aus der laufenden Spülmaschine fischen – mit der Aussicht, dass das Weinen sofort aufhört? Ich tendiere zum Weg des geringsten Widerstandes.

»Sollen wir noch einmal nach Hause fahren und deinen

grünen Löffel holen?«, frage ich kurzentschlossen, um mir die Entscheidung zu erleichtern. Was für eine Frage. Nick antwortet, immer noch weinend, »Ja-a-a-a«.

Ich fahre also wieder zurück, stoppe die noch laufende Spülmaschine und fische einen echtgrünen Plastiklöffel aus dem Spülmaschinen-Besteckkasten. »MEIN LÖFFEL!«, stellt Nick erleichtert fest, als ich ihm die geöffnete Brotbox überreiche. Dann lehnt er sich entspannt in seinem Kindersitz zurück.

Einige Minuten später erreichen wir die Kita. Vor der Eingangstür fällt ihm ein, dass er heute unbedingt in die Kita getragen werden möchte. Auch diesen Wunsch erfülle ich ihm gerne – körperliche Nähe und noch einmal ausgiebig kuscheln gehört zu unserem Kita-Abschieds-Ritual. Aber heute ist das nicht so einfach mit dem Tragen. Für einen Vortrag, den ich am Nachmittag bei einem wichtigen Mandanten halten muss, habe ich mich nicht Kinder-kompatibel angezogen: ein enges Schwangerschafts-Etuikleid, darunter eine hauchdünne schwarze Strumpfhose aus einem sündhaft teuren Laden namens »Sexy Mama«, kombiniert mit Fünf-Zentimeter-Stöckelschuhen. Ach ja, und schwanger bin ich ja auch noch, inzwischen im achten Monat, da trage ich schon genug vor mir her.

Ich tue ihm dennoch den Gefallen, auch um erneuten Protest zu vermeiden, nehme ihm die Brotbox ab, stopfe sie in meine Handtasche und trage ihn die Treppen hoch. Als ich ihn auf der Garderobenbank absetzen möchte, merke ich plötzlich ein Ziehen an meinem Bein. Nick klebt an mir fest. Besser gesagt: Nicks Schuh. Ein Klettstreifen seines Turnschuhs hat sich mit meiner 25-Euro-Schwangerschafts-Strumpfhose verkrallt. Oh nein! Das war's mit der hauchdünnen Strumpfhose. Vorsichtig versuche ich den Schuh von der Strumpfhose zu lösen. Unmöglich. Nick lässt meinem perfekten Outfit keine Chance, zappelt mit den Beinen und löst den Klettverschluss mit einem Ruck von der Strumpfhose. Ich beschließe, NIE wieder Kinderschuhe mit Klettverschlüssen zu kaufen.

Über meinem Knie klafft nun ein riesiges Loch. »OH PATUTT«, kommentiert Nick und steckt seinen Zeigefinger neugierig in das Strumpfhosen-Loch, an dem sich eine Laufmasche aufzuribbeln beginnt. Ich verspüre einen plötzlichen Schrei-Drang. Am liebsten würde ich jetzt das Garderobenfenster weit öffnen und einmal so richtig laut in den Kitagarten schreien. So laut, dass sich die Nestschaukel durch meine gewaltige Kreisch-Druckwelle in Bewegung setzt. Doch ich reiße mich zusammen, ziehe mein Kleid nach unten, damit die Laufmasche so weit wie möglich verdeckt wird, und verabschiede mich von Nick, der bereits gut gelaunt in den Gruppenraum gehopst ist. Dann laufe ich zum Auto. Kind glücklich. Und Mama? Nicht mehr ganz so glücklich.

§§§

Endlich sitze ich im Büro. Mit einer zwickenden Ersatzstrumpfhose aus der Schreibtischschublade. Mein 35-Wochen-Babybauch juckt, eine normale Strumpfhose ist einfach zu eng.

Genervt beginne ich an der Präsentation für meinen Vortrag zu arbeiten, den ich heute für die Mitarbeiter einer großen Hotelkette halten soll, als Oscar, der Referendar, in mein Büro platzt. Wie üblich, mit einem Kaffee in der Hand, um Hallo und Guten Morgen zu sagen. Und um ein bisschen zu schäkern. Mein dicker Bauch scheint ihn nicht im Geringsten zu stören. Er erzählt mir von einem neuen Club namens

Glühende Gurke, in den er mich mitnehmen möchte. Angeblich gibt es da die hippsten Leute, die besten DJs und die stärksten Drinks.

Er hält mir einen Flyer unter die Nase, auf dem eine grüne Salatgurke zu sehen ist, die von einem glühenden Draht umwickelt wird. »Du willst es voll. Du willst es bunt. Du willst es glühend. #gluehendegurke« steht da. Ich runzele die Stirn, wirklich angesprochen fühle ich mich nicht. »Ich schicke dir mal den Link zur nächsten Party, ja? Die finden nur selten statt, ich glaube, die nächste ist in zwei, drei Wochen.« Oscar nippt an seinem Kaffee, sein Blick wandert unter meinen Schreibtisch. »Haha, ist ja witzig, man merkt, dass du ne richtige Mama bist.« Er deutet auf meine Handtasche, die unter meinem Schreibtisch liegt. Ich verstehe nichts und beuge mich – soweit es mein dicker Bauch erlaubt – unter den Tisch. Jetzt weiß ich, was er meint. Aus meiner Handtasche ragt Nicks Brotbox. Verdammt, wie konnte ich das nur vergessen? »Das ist nicht witzig«, sage ich und gebe Oscar zu verstehen, dass ich jetzt telefonieren muss und es an der Zeit ist, mein Büro zu verlassen.

Mein mütterliches Stimmungsbarometer ist im Keller, nein, sogar in U-Bahn-Tiefe. Da packt man auf Umwegen endlich die perfekte Brotbox zusammen, und nun? Alles für die Katz. Meine Füße zucken. Am liebsten würde ich mich sofort ins Auto setzen und Nick die Brotbox bringen. Er wird traurig sein. Während alle Kinder fröhlich löffeln, knabbern und quetschen, sitzt er ohne Brotbox am Tisch. Mein Mutterherz blutet. Doch ich kann leider nicht weg, da ich mich jetzt auf den Vortrag vorbereiten muss. Die Zeit ist knapp. Also rufe ich in der Kita an und melde mein Versagen. »Kein Problem. Wir haben doch immer Reserve-Reiswaffeln für solche Fälle. Der Kleine wird schon nicht verhungern«, beruhigt mich die stellvertretende Kita-Leiterin. Nick hasst geschmacklose Reiswaffeln. Schon jetzt sehe ich seinen vorwurfsvollen Gesichtsausdruck vor mir, mit dem er mich beim Abholen empfangen wird. »WO WAR DIE BOX, MAMA?«

Ich versuche mich auf meine Präsentation zu konzentrieren und feile noch an der einen oder anderen Formulierung. Die Hotelkette, für die ich den Vortrag halten soll, will familienfreundlicher werden und möchte alle Mitarbeiter der Personalabteilung zum Thema »Elternzeit« schulen. Vermutlich wird das mein letzter großer Anwalts-Auftritt vor Beginn des Mutterschutzes sein.

»Frau Runge, ich möchte gerne, dass Sie diesen Vortrag halten«, hatte mir Frau Schnitzel letzte Woche eröffnet. »Ich hoffe sehr, dass sich daraus ein lukratives Beratungsmandat ergibt. Eigentlich wollte ich erst den Kollegen Mausberg hinschicken, aber als aktuell schwangere Mutter sind Sie doch viel glaubwürdiger.« Was für eine Frechheit, war mein erster Gedanke. Der Bauch, an dem sie sich sonst so stört, wird plötzlich für die Mandantenakquise instrumentalisiert.

Ich finde, Herr Mausberg könnte sich ruhig mal etwas näher mit dem Thema Elternzeit beschäftigen. Schließlich ist er das Paradebeispiel für den typischen Anwalt mittleren Alters, der zwar drei Kinder hat, aber – so hat es mir Pauline, die Rechtsanwaltsfachangestellte, erzählt – nicht einen einzigen Tag in Elternzeit gegangen ist. Man könnte ja etwas verpassen, wenn man nicht drei Tage nach der Geburt wieder in der Kanzlei antanzt.

Ich warte noch, bis Pauline die letzten Korrekturen fertiggestellt hat, und speichere die finale Version auf einem USB-Stick, den ich zusammen mit einem Gesetzestext und der Brotbox in die Tasche quetsche. Mein privates Notebook nehme ich auch mit, das Kanzlei-Notebook ist gerade beim IT-Administrator, da meine Festplatte ausgewechselt wird. Wer weiß, vielleicht dauert der Vortrag so lange, dass ich nicht noch einmal in die Kanzlei fahren muss. Mein Babybauch juckt immer schlimmer, der Strumpfhosenbund kneift. Lange halte ich das nicht mehr aus. Was soll ich bloß tun? Mir fällt keine andere Lösung ein, als mich in das Aktenarchiv einzuschließen und den drückenden Bund mit einer Schere zu durchtrennen. Mein Bauch entspannt sich langsam. Erleichtert laufe ich zurück in mein Büro und ziehe meinen Mantel an. Na wenn das mal gut geht.

Frau Schnitzel ruft mir auf dem Flur hinterher: »Und grüßen Sie Herrn Dr. Fizz, den Personalchef und Leiter der Rechtsabteilung, von mir. Er wollte sich den Vortrag eventuell auch anhören. Er ist wichtig, denn er entscheidet darüber, ob die Firma mit uns einen Beratervertrag abschließt, da bin ich seit Monaten dran.« Ich überlege, ob ich jemals mit Herrn Dr. Fizz gesprochen habe, ich kann mich nicht erinnern. Vielleicht sollte ich sein Bild vorher noch googeln, damit ich wenigstens weiß, wie er aussieht. Doch ich schaffe es nur »Dr. F« in die Suchmaske einzutippen, dann stürmt Pauline in mein Büro. »Los, los, dein Taxi wartet vor der Tür!«

§§§

Die Feel-Good-Managerin, Frau Semmelweis, empfängt mich freundlich, nimmt mir den Mantel ab und drückt mir einen Besucherausweis in die Hand. Sie blickt kurz auf meinen Bauch. »Oh, ich wusste ja gar nicht, dass Sie schwanger sind. Wie passend für den Vortrag! Wann ist es denn so weit?« Schon wieder habe ich das Gefühl, dass mein Bauch instrumentalisiert wird. Und es wird noch besser: Plötzlich legt Frau Semmelweis, die ich erst seit 30 Sekunden kenne, einfach so, ohne vorher zu fragen, ihre Hand auf meinen Babybauch. So lange, bis ich einen Schritt zurückgehe.

Ich beiße mir auf die Lippen. Was für eine Dreistigkeit! Die Feel-Good-Managerin betatscht ungefragt meinen Bauch. Glaubt sie tatsächlich, dass das für mich und den Bauchzwerg ein gutes »Feeling« ist? Oder steht auf meinem Bauch geschrieben: »Kommt alle herbei, es gibt was umsonst. Fasst mich an, rubbelt dran, werdet glücklich!«? Dann sage ich etwas unterkühlt: »Ja, das ist in der Tat ein lustiger Zufall. Das Baby kommt im September.« Ich verkneife mir mit Mühe die Bemerkung, dass ich es gar nicht schätze, wenn man ungefragt meinen Babybauch anfasst. Dann folge ich ihr den Flur entlang.

Wir betreten den großen Konferenzraum mit dem fantasievollen Namen »Berlin«. Der Raum ist schon fast voll besetzt. Ungefähr 70 Leute. Ich setze mich auf den Stuhl, der neben dem Rednerpult steht und packe mein Notebook aus. »Ach ja, wir hatten leider ein kleines technisches Problem«, sagt Frau Semmelweis und drückt mir ein Glas Wasser in die Hand. »Wir konnten Ihre Datei mit der Präsentation nicht öffnen. Bestimmt haben Sie sie aber auf Ihrem Rechner mitgebracht? Wollen wir Ihren Rechner gleich direkt an den Beamer anschließen, ja?«, fragt sie fordernd. »Klar«, sage ich etwas überrumpelt und überlege, ob es nicht besser wäre, den USB-Stick zu verwenden, auf den ich den Vortrag auch noch einmal gespeichert hatte. Immerhin ist das ein privates Gerät. Doch Frau Semmelweis' Geschäftigkeit lässt keinen Raum für meine Überlegungen. Sie hat bereits mein Notebook aufgeklappt und an den Beamer angeschlossen, den sie auf die riesige Leinwand ausrichtet – geschätzte Größe fünf mal sieben Meter. Dann fahre ich das Notebook hoch. Eigentlich dachte ich, dass sofort die Präsentation zu sehen ist, aber Pustekuchen. Stattdessen gibt mein Notebook das aktuell gespeicherte Hintergrundbild zum Besten. Max hat es während der Apfelernte aus dem Wipfel eines Apfelbaums geschossen. Es zeigt mich, wie ich in unserem Garten in der Hängematte liege – barfuß, im kurzen Sommerkleidchen – und dabei gemeinsam mit Nick in einen Apfel beiße. Zu privat für einen Vortrag. Ich bilde mir ein, dass ein Teil der Zuhörer kichert, wage aber nicht, in ihre Gesichter zu schauen, und klicke das Bild schnell weg. Oh Mann, ist das peinlich.

Ich tue so, als ob nichts geschehen wäre, und vermeide Blicke ins Publikum. Meine Wangen röten sich. Dann suche ich im Posteingang die Präsentation, die mir Pauline heute Vormittag zugeschickt hat. Währenddessen ploppen alle neuen privaten E-Mails auf – in Form eines geöffneten Briefumschlags, der für circa fünf Sekunden in der Vorschau zu sehen ist. Überdimensional auf der Leinwand. Verdammt.

M. Runge

no subject

Schaaaaatz, denkst du bitte noch an Brot, Spüli und Klopapier?

Kita am Park

Brotbox

Liebe Frau Runge, nur kurz zur Beruhigung: Nick war sehr zufrieden mit den Reiswaffeln …

Schnell klicke ich das Outlook-Programm weg. Aber Wegklicken bedeutet leider nicht beenden:

Oscar de Souza

Glühende Gurke

Hey, hier ist der Link zur Glühenden Gurke. Die nächste Party ist schon übernächste Woche. Wie wär's, wenn wir …

Marlene Meiermann

Sorgerecht

Uahhhh, es gibt einen Gerichtstermin.
Muss ich da hin? Will Herrn Blöd nicht dort sehen. Oder gibt das Ärg …

Peinlicher geht es nicht. Mein Gesicht nimmt die Farbe von Nicks Feuerwehrhelm an. Verlegen zupfe ich die Falten meines Rocks zurecht, trinke einen Schluck Wasser und stelle es auf das Rednerpult. Mir ist schwindlig, es war keine gute Idee, das Mittagessen ausfallen zu lassen. Ich räuspere meine Unsicherheit weg, stelle mich kurz vor, murmele einige Floskeln und erkläre nach einer kurzen Einführung, dass ich mich auf die neue Rechtslage konzentriere und Regelungen, die für Geburten vor dem 01.07.2015 gelten, auf den Folien in Klammern dargestellt sind. Ich atme tief in meinen Bauch und lege mit der ersten Folie los.

1

ELTERNZEIT – DEFINITION, VORAUSSETZUNGEN UND DAUER, § 15 BEEG

a) Definition

Die Elternzeit ermöglicht Eltern eine vollständige oder teilweise Befreiung von der Arbeitspflicht, um sich der Betreuung und Erziehung ihres Kindes widmen zu können. Wenn die Voraussetzungen für die Elternzeit erfüllt sind, besteht ein Anspruch gegenüber dem Arbeitgeber auf **unbezahlte Freistellung** von der Arbeit.

Gut zu wissen: Elternzeit kann unabhängig vom Elterngeld-Bezug beansprucht werden.

b) Voraussetzungen

- Der Anspruch auf Elternzeit besteht nur für Eltern, die bei der Inanspruchnahme in einem **Arbeitsverhältnis** stehen. Selbstständige haben keinen Anspruch auf Elternzeit.
- Die Eltern müssen mit ihrem Kind **in einem Haushalt leben und es selbst betreuen und pflegen**. Unter engen Voraussetzungen können auch **Großeltern** Elternzeit beanspruchen.

c) Dauer

- Der Elternzeitanspruch besteht bis zur Vollendung des 3. Lebensjahres des Kindes, also **maximal 36 Monate**.
- Pro Elternteil und Kind besteht immer ein **separater Anspruch**, das heißt: Beide Elternteile dürfen jeweils bis zu 36 Monate Elternzeit in Anspruch nehmen. In

der Aufteilung sind die Eltern frei, sie müssen die Elternzeit nicht parallel nehmen.

Gut zu wissen: Die nachgeburtliche Mutterschutzfrist (8 Wochen) wird auf die Dauer der Elternzeit der Mutter angerechnet. Das gilt auch im Falle einer verlängerten Mutterschutzfrist (siehe S. 63).

Beispiel: Baby Pia wird am 01.04.2018 geboren. Die Mutterschutzfrist für ihre Mama dauert bis zum 27.05.2018 an. Sie meldet 3 Jahre Elternzeit bis zum 31.03.2021 an. Die 8 Wochen nachgeburtliche Mutterschutzfrist werden auf diesen Zeitraum angerechnet und gehen in der Elternzeitdauer auf.

Wichtig: Der (restliche) Anspruch auf Elternzeit bleibt auch bei einem Arbeitgeberwechsel erhalten.

Nachdem ich die erste Folie erklärt habe, lasse ich meinen Blick durchs Publikum schweifen. Die Leute sehen interessiert aus, noch schläft keiner. Ein gutes Zeichen. Ein großer gut aussehender Typ mit grünen Augen und Vollbart lächelt mir zu. Ziemlich lange. Ich schaue verwirrt zur Seite. Kenne ich den irgendwoher? Nein. Ich lächele trotzdem zurück. Dann klicke ich auf Folie 2.

2

INANSPRUCHNAHME DER ELTERNZEIT – FRISTEN UND FORM, § 16 BEEG

a) Frist

Wird die Elternzeit **bis zum vollendeten 3. Lebensjahr** des Kindes angemeldet, gilt eine Anmeldefrist von **7 Wochen** vor Beginn der Elternzeit.

Wird die Elternzeit zwischen dem **3. und vollendetem 8. Lebensjahr** des Kindes angemeldet, gilt eine Anmeldefrist von **13 Wochen** vor Beginn der Elternzeit.

Gut zu wissen: Wenn die Frist nicht eingehalten wird, **verschiebt sich der Beginn der Elternzeit nach hinten** um die zu spät eingereichten Tage. In gewissen Ausnahmefällen gelten kürzere Fristen. Der Arbeitgeber kann auch auf die Einhaltung der Frist verzichten.

b) Form

Die Elternzeit muss **schriftlich** beim Arbeitgeber geltend gemacht werden.

Gut zu wissen: »Schriftlich« ist im engen Sinne zu verstehen und bedeutet, dass die Elternzeit-Anmeldung auf einem **handschriftlich unterzeichneten Blatt Papier** übergeben werden muss. Eine Übermittlung per Mail, Fax oder Scan genügt nicht.

c) Inhalt der Erklärung

Die Eltern müssen die Dauer der Elternzeit für die **ersten beiden Jahre** nach der Inanspruchnahme, längstens bis zum 3. Geburtstag, angeben.

Wichtig: Falls die Eltern weniger als 2 Jahre Elternzeit in Anspruch nehmen, verzichten sie auf einen Teil der Elternzeit.

Beispiel: Baby Paul wird am 15.03.2018 geboren. Seine Mutter meldet nach der Geburt Elternzeit bis zum 14.03.2019 an. Damit verzichtet sie für den Zeitraum vom 15.03.2019 bis zum 14.03.2020 auf den Elternzeitanspruch. Eine Verlängerung ist dann nur noch mit Zustimmung des Arbeitgebers möglich.

(**Geburten vor dem 01.07.2015**: Die Elternzeit muss unabhängig von der zeitlichen Lage 7 Wochen vor Beginn angemeldet werden)

(Formulierungsbeispiele für die Elternzeitanmeldung → Mustertexte)

Nach Erläuterung von Folie 2 merke ich, dass ich dringend auf die Toilette muss. Der Bauchzwerg sorgt inzwischen dafür, dass ich ständig nach Toiletten Ausschau halte. Mist, ich halte das bestimmt nur noch zwei Folien lang aus.

Der Bärtige notiert sich etwas auf einen Zettel und grinst schon wieder. Der Blasendruck wird immer schlimmer. Ich tänzele einmal zum Rednerpult hin und wieder zurück, nippe am Wasserglas, ohne zu trinken. Eine Wortmeldung ignorierend, klicke ich auf die nächste Folie:

3

ÜBERTRAGUNG UND VERTEILUNG DER ELTERNZEIT AUF MEHRERE ZEITABSCHNITTE, §§ 15 ABS. 2 S. 2, 16 ABS. S. 6, 7 BEEG

Die Elternzeit muss nicht bis zur Vollendung des 3. Elternzeitjahres »aufgebraucht« werden. Bis zu **24 Monate** können auf einen Zeitraum zwischen dem **3. und 8. Geburtstag** des Kindes übertragen werden.

Gut zu wissen: Eine Zustimmung des Arbeitgebers ist nicht erforderlich, da auf die Übertragung der Elternzeit ein **Rechtsanspruch** besteht.

Jeder Elternteil kann seine Elternzeit **auf 3 Zeitabschnitte** verteilen, bei der Geltendmachung müssen die unter Folie 2 genannten Fristen eingehalten werden.

Gut zu wissen: Liegt der 3. Abschnitt zwischen dem 3. und 8. Geburtstag des Kindes, kann der Arbeitgeber die Inanspruchnahme aus **dringenden betrieblichen Gründen innerhalb von 8 Wochen** nach der Geltendmachung **ablehnen,** z. B. wenn die Arbeitnehmerin nicht ersetzbar ist.

Beispiel: Baby Paul wird am 15.03.2018 geboren. Seine Mama meldet für folgende Zeiträume Elternzeit an:

1. 15.03.2018 – 14.03.2019
2. 15.03.2020 – 14.03.2021
3. 15.03.2024 – 14.03.2025

Bei der Anmeldung von Zeitraum 1 und 2 muss sie eine 7-Wochen-Frist einhalten, bei der Anmeldung von

Zeitraum 3 eine 13-Wochen-Frist. Die Anmeldung von Zeitraum 3 kann der Arbeitgeber innerhalb von 8 Wochen ablehnen.

(**Geburten vor dem 01.07.2015:** Maximal 12 Monate Elternzeit können mit einer Frist von 7 Wochen vor Beginn übertragen werden – für einen 2. Zeitraum bis zur Vollendung des 8. Lebensjahres des Kindes. Dazu muss der Arbeitgeber jedoch zustimmen. **Wichtig:** Die Übertragung muss vor dem 3. Geburtstag beantragt werden, ansonsten verfallen die restlichen Elternzeit-Monate.)

Es gibt Momente im Leben, da muss man eine Entscheidung treffen und einfach schnell, sehr schnell zur Toilette rennen. So ein Moment ist jetzt. Nachdem ich die Folie 3 zu Ende erklärt habe, räuspere ich mich kurz. 70 Augenpaare sind auf mich gerichtet. »Es tut mir leid, ich muss den Vortrag kurz unterbrechen. Ähem ...« - ich überlege, ob ich lügen und etwas von einem ganz dringenden Anruf erzählen soll - »tja, also ... es ist so, dass ...« Ach Wurst, denke ich und sage: »Entschuldigen Sie bitte, ich muss einfach mal kurz auf die Toilette.« Dann renne ich aus der Tür, den Gang entlang und stürze in das Damenklo.

Ich habe in meinem Leben bestimmt schon an 40 bis 50 juristischen Fachvorträgen teilgenommen und bestimmt 20 Vorträge selbst gehalten. Noch nie, aber noch nie habe ich es jemals erlebt, dass der Referent zwischendurch verschwindet, um Pipi zu machen, und das Publikum alleine lässt. Ist das peinlich. Am liebsten würde ich heimlich am Konferenzraum vorbeischleichen und abhauen. Auch wenn es furchtbar ist, ich muss das jetzt irgendwie zu Ende bringen.

Während ich mir die Hände wasche, bemerke ich plötzlich ein seltsames Kribbeln an meinem rechten Bein. Ich blicke an mir herab. Ach du grüne Neune! Meine Strumpfhose. Die Schnittstelle am Strumpfhosenbund hat sich in Form einer fast handbreiten Laufmasche bis zu meiner Wade herunter aufgeribbelt. Schlimmer als die Laufmasche, die Nick heute Morgen in meine hauchdünne »Sexy-Mama«-Strumpfhose in Gang gesetzt hatte. Verdammt, hätte ich doch bloß nicht die Strumpfhose gewechselt und zerschnippelt. Was soll ich nur tun? Ich kann doch nicht ohne... Doch, ich kann, nein ich muss. Wütend ziehe ich meine Schuhe aus, reiße mir die Strumpfhose von den Beinen und stopfe sie in den Mülleimer. Mir ist langsam alles egal. Dieser Tag ist einfach nur bescheuert.

Ich betrete den Konferenzraum ohne Strumpfhose. Das Publikum ist glücklicherweise entspannt. Die meisten fummeln an ihren Telefonen herum. Ich sehe sogar eine ältere Dame, die in der Nase bohrt. Ein junger pickliger Typ, wahrscheinlich Auszubildender oder Praktikant, ist sogar kopfüber eingenickt. Na dann. Der Bärtige grinst und blickt an meinen Beinen herab. Was hat er nur? Ich entschuldige mich noch einmal für die kurze Pause und klicke die nächste Folie an.

4

SONDERKÜNDIGUNGSSCHUTZ WÄHREND DER ELTERNZEIT, § 18 BEEG

Während der Elternzeit besteht ein **Kündigungsverbot**, d.h., das Arbeitsverhältnis darf von der Anmeldung bis zum letzten Tag der Elternzeit nicht gekündigt werden.

Beginn des Kündigungsschutzes:

- frühestens **8 Wochen vor Beginn der Elternzeit,** wenn die Elternzeit bis zum 3. Geburtstag des Kindes in Anspruch genommen wird
- frühestens **14 Wochen vor Beginn der Elternzeit,** wenn die Elternzeit zwischen dem **3. und 8. Geburtstag** des Kindes in Anspruch genommen wird

Wichtig: Wenn die Elternzeit angemeldet wird, bevor zeitlich ein Sonderkündigungsschutz besteht, kann eine **Sonderkündigungsschutz-Lücke** bestehen.

Beispiel: Ein Vater meldet für sein einjähriges Kind 12 Wochen vor Beginn Elternzeit an, obwohl der Sonderkündigungsschutz frühestens 8 Wochen vor Beginn der Elternzeit entsteht. Die Folge: Dem Vater kann 4 Wochen ohne Sonderkündigungsschutz gekündigt werden.

Gut zu wissen: Eine Kündigung kann in Ausnahmefällen nach Zustimmung der für den **Arbeitsschutz zuständigen Landesbehörde** zulässig sein (→ Linksammlung). Dafür müssen gewichtige Gründe vorliegen, z.B. die Stilllegung oder Verlagerung des Betriebs ohne Weiterbeschäftigungsmöglichkeit. Gegen die Entscheidung der Behörde können Rechtsmittel eingelegt werden.

(**Geburten vor dem 01.07.2015:** Der Kündigungsschutz beginnt frühestens acht Wochen vor Beginn der Elternzeit, auch für einen eventuellen 2. Elternzeit-Abschnitt).

Ich hole tief Luft, jetzt geht es ans Eingemachte – Teilzeit in Elternzeit. Der Anspruch, bei dem so viele Eltern in der Praxis auf Granit beißen. Ich kann mich kaum noch konzentrieren, mein Magen fängt an zu knurren. Und ich fühle mich unwohl mit nackten Beinen.

5

TEILZEITARBEIT WÄHREND DER ELTERNZEIT, § 15 ABS. 5 – 7 BEEG

Während der Elternzeit dürfen Eltern **bis zu 30 Stunden in der Woche** arbeiten, mit Zustimmung des Arbeitgebers auch bei einem anderen Arbeitgeber oder selbstständig (siehe S. 263).

»Elternteilzeit« kann entweder mit dem Arbeitgeber vereinbart oder als Anspruch geltend gemacht werden.

a) Elternteilzeit-Vereinbarung

Nach formloser Anmeldung eines Teilzeit-Wunsches

sollen sich Arbeitnehmer/-in und Arbeitgeber **innerhalb von 4 Wochen** einigen. Stimmt der Arbeitgeber zu, wird der Arbeitsvertrag befristet bis zum Ende der Elternzeit geändert.

b) Elternteilzeit-Anspruch

Eltern können während der Elternzeit zweimal die Reduzierung der Arbeitszeit beanspruchen – jedoch nur unter den folgenden Voraussetzungen:

- Der Arbeitgeber beschäftigt **mehr als 15 Arbeitnehmer**.
- Das Arbeitsverhältnis besteht **länger als 6 Monate**.
- Die **Arbeitszeit** wird für mind. 2 Monate, 15 bis 30 Stunden wöchentlich **verringert** (monatlicher Durchschnitt ist relevant).
- Dem Antrag stehen **keine dringenden betrieblichen Gründe** entgegen.
- Die **schriftliche Mitteilung** muss den Beginn und Umfang der verringerten Arbeitszeit enthalten, die Verteilung der Arbeitszeit ist eine Sollvorschrift.
- **Mitteilungsfrist:** 7 Wochen bis zum 3. Geburtstag des Kindes, 13 Wochen zwischen dem 3. und 8. Geburtstag.

Gut zu wissen: Der Arbeitgeber kann den Anspruch auf Elternteilzeit und die gewünschte Verteilung der Arbeitszeit ablehnen:

- innerhalb von **4 Wochen** nach Zugang des Antrags bei einer Elternzeit bis zum 3. Geburtstag
- innerhalb von **8 Wochen** bei einer Elternzeit in der Zeit vom 3. Geburtstag bis zum vollendeten 8. Lebensjahr des Kindes

Erfolgt keine fristgemäße Ablehnung, gilt der Antrag mit der gewünschten Verringerung/Verteilung als genehmigt.

Wichtig: Nach einer Ablehnung kann die Elternteilzeit mit einer **Klage** geltend gemacht, ggf. auch **Schadensersatz** wegen entgangenem Verdienst beansprucht werden.

(Geburten vor dem 01.07.2015: Es gilt eine Mitteilungsfrist von einheitlich 7 Wochen, die Ablehnung muss innerhalb von 4 Wochen erfolgen. Wird diese vom Arbeitgeber versäumt, besteht aber kein automatischer Anspruch auf Verringerung der Arbeitszeit)

(Formulierungsbeispiele für die Geltendmachung von Elternteilzeit → Mustertexte)

Ich bin froh, dass ich diesen Part geschafft habe. Teilzeit in Elternzeit ist ein schwieriges Thema. Ich bin schon dabei, mich innerlich zurückzulehnen. Da meldet sich wieder der Bärtige. »Sie haben gerade erklärt, dass der Arbeitgeber den Anspruch auf Elternteilzeit aus dringenden betrieblichen Gründen ablehnen kann. Gibt es dazu Beispielsfälle?« Er grinst schon wieder. Langsam habe ich das Gefühl, dass er hier irgendeine seltsame Show abzieht.

Ich denke: »Du kannst mich mal«, und sage: »Selbstverständlich erkläre ich Ihnen das noch etwas ausführlicher. Das Gesetz sieht keine konkreten Fälle vor, das ›dringend‹ deutet aber darauf hin, dass der Grund ein gewisses Gewicht haben muss. Eine Störung des Betriebsablaufs wird nicht genügen. Durch die Verringerung der Arbeitszeit muss beispielsweise die Sicherheit des Betriebs stark beeinträchtigt sein, oder es müssen unverhältnismäßige Kosten entstehen. Eine fehlende Ersatzkraft, fehlende räumliche Kapazitäten für eine zusätzliche Kraft oder ein entgegenstehendes Organisationskonzept können solche Gründe sein.«

Ich denke kurz an meine eigene Situation. Frau Schnitzel dürfte eigentlich keinen dringenden betrieblichen Grund haben, um meinen Eltern-Teilzeitanspruch abzulehnen. Bevor noch weitere Fragen gestellt werden können, klicke ich schnell die nächste Folie an.

6

VERKÜRZUNG UND VERLÄNGERUNG DER ELTERNZEIT (§ 16 ABS. 3 BEEG)

Eine Verkürzung oder Verlängerung der Elternzeit kann immer mit **Zustimmung** des Arbeitgebers erfolgen. Ohne Zustimmung ist eine Verkürzung/Verlängerung nur in besonderen Fällen möglich:

- Geburt eines weiteren Kindes/Mutterschutzfrist
- besondere Härte (Krankheit, Schwerstbehinderung, Tod eines Elternteils, Gefährdung der wirtschaftlichen Existenz)

Mehr-Geld-Tipp: Bei einer erneuten Schwangerschaft kann die Elternzeit zur Inanspruchnahme von Mutterschaftsleistungen zu Beginn durch Mitteilung gegenüber dem Arbeitgeber während der Mutterschutzfrist **unterbrochen** werden. Außerhalb der

Mutterschutzfrist kann die erste Elternzeit ebenfalls durch Erklärung früher beendet werden, sodass der Rest-Elternzeit-Anspruch »aufgespart« werden kann. Dies kann der Arbeitgeber innerhalb von 4 Wochen aus dringenden betrieblichen Gründen schriftlich ablehnen.

Dann komme ich endlich zum Endspurt. Ich habe keine Lust mehr und fühle mich schlapp. Der Hunger wird immer schlimmer. Ich überlege, wie ich schnell etwas zu essen bekommen könnte. Vielleicht sollte ich mal die Feel-Good-Managerin fragen, schließlich ist das doch ihr Job.

Ich quäle mich durch die letzte Folie:

AUSWIRKUNGEN DER ELTERNZEIT AUF DAS ARBEITSVERHÄLTNIS

- **Das Arbeitsverhältnis bleibt während der Elternzeit bestehen,** nur die Hauptleistungspflichten (Anspruch auf Arbeitsleistung, Vergütungsanspruch) ruhen.
- Auch während der Elternzeit entsteht ein **Urlaubsanspruch,** dieser kann allerdings vom Arbeitgeber pro Monat Elternzeit **um ein Zwölftel gekürzt**

werden, jedoch nicht mehr nach Beendigung des Arbeitsverhältnisses. Resturlaub, der vor der Elternzeit nicht genommen wurde, ist nach der Elternzeit zu gewähren.

Gut zu wissen: Eine Auszahlung von Resturlaub erfolgt nur dann, wenn das Arbeitsverhältnis endet, bis dahin besteht der Urlaubsanspruch »in natura«.

- Ob **Einmalzahlungen** auch während der Elternzeit zu zahlen sind, hängt vom Inhalt des Arbeitsvertrages ab und bedarf einer gesonderten Prüfung. Grundsatz: Einmalzahlungen, die die Betriebstreue honorieren (z. B. Prämie bei einem Dienstjubiläum), sind weiterzuzahlen – nicht jedoch, wenn diese leistungsabhängig sind (Bonus, gemessen an Leistungen).
- Nach der Wiederaufnahme der Tätigkeit leben die Hauptleistungspflichten wieder auf. Der Arbeitnehmer ist gemäß den Bestimmungen des Arbeitsvertrages **weiterzubeschäftigen,** jedoch nicht zwingend am gleichen Arbeitsplatz.

Gut zu wissen: Nach der Elternzeit besteht kein Anspruch, auf exakt den gleichen Arbeitsplatz zurückzukehren. Die Tätigkeit muss nur den Vereinbarungen des Arbeitsvertrages entsprechen. Die **Zuweisung einer anderen Tätigkeit nach der Elternzeit** ist zulässig, wenn diese nach den Bestimmungen des Arbeitsvertrages **»gleichwertig«** ist (bzgl. Vergütung, Position im Unternehmen etc.).

Sofern **nach der Elternzeit** in Teilzeit weitergearbeitet werden soll und vor der Elternzeit eine Vollzeittätigkeit vereinbart war, muss ein Teilzeitanspruch nach dem **Teilzeit- und Befristungsgesetz (TzBfG)** geltend gemacht werden. Ein Anspruch auf Verkürzung der Arbeitszeit besteht jedoch nur unter bestimmten Voraussetzungen:

- Der Arbeitgeber beschäftigt **mehr als 15 Arbeitnehmer**.
- Das Arbeitsverhältnis besteht **länger als 6 Monate**.
- Die Verringerung der Arbeitszeit wird dem Arbeitgeber **3 Monate vor Beginn angezeigt**.

Der Arbeitgeber kann den Antrag ablehnen, wenn betriebliche Gründe dagegensprechen.

Puh, geschafft. Fast. Der picklige Azubi ist aufgewacht und meldet sich. »Eine Mitarbeiterin hat neulich in unserer Abteilung nachgefragt, was während der Elternzeit mit ihrer Krankenversicherung passiert und ob sie rentenversichert ist. Wie ist denn da die Rechtslage?« Obwohl ich sie nicht geschrieben habe, erkläre ich eine imaginäre Folie 8.

8

KRANKEN-, RENTEN-, UNFALL-, ARBEITSLOSEN-VERSICHERUNG WÄHREND DER ELTERNZEIT

a) Krankenversicherung

Eltern, die **gesetzlich pflicht- oder familienversichert** sind, sind auch während der Elternzeit weiter beitragsfrei krankenversichert. Eltern, die **privat** versichert sind, müssen ihre Beiträge einschließlich des Arbeitgeberanteils auch während der Elternzeit weiter bezahlen.

b) Rentenversicherung

Erziehungszeiten während der Elternzeit werden auch im Rahmen der Rentenversicherung für maximal 3 Jahre **auf Basis des Durchschnittseinkommens aller Versicherten** anerkannt. Sofern der Verdienst allerdings über dem Durchschnittseinkommen liegt, bedeutet das finanzielle Nachteile bei der Entwicklung der Rentenanwartschaften.

c) Unfallversicherung

Eltern, die während der Elternzeit für ihren Arbeitgeber arbeiten, sind unfallversichert. Das gilt nicht bei privaten Bürobesuchen.

d) Arbeitslosenversicherung

Wenn vor der Elternzeit Versicherungspflicht bestand, besteht diese während der Elternzeit fort. Wenn du nicht in Teilzeit während der Elternzeit arbeitest, wirst du **beitragsfrei gestellt**, das Versicherungsverhältnis wird jedoch fortgeführt.

Puh, geschafft. Ich erkundige mich pro forma, ob jemand noch Fragen hat. Keiner meldet sich. Gott sei Dank. Schnell spule ich den typischen »Vielen Dank für Ihre Aufmerksamkeit«-Satz ab. Dann gibt es einen kurzen Applaus.

Ich bin zufrieden, so schlecht war mein letzter Anwalts-Auftritt doch nicht – mal abgesehen von den Fotos, der peinlichen Pipi-Pause und den nackten Beinen. Dann packe ich schnell meine Sachen zusammen. Ich habe Hunger. Verdammt großen Hunger.

»Glückwunsch, ein toller Vortrag«, höre ich plötzlich jemand neben mir sagen. Der Bärtige. Oh nein. Er reicht mir seine Visitenkarte. Ich lese: »Dr. Paul Fizz, Head of HR/Head of Legal Services«. Upsi. Mist. Der Personalchef und Leiter der Rechtsabteilung. Der Typ, mit dem Frau Schnitzel einen Beratervertrag abschließen möchte – ein potenzieller Mandant. Hätte ich ihn bloß zu Ende gegoogelt.

Ich fange an zu stottern. »D-d-d-danke.« Ich merke, dass er unbedingt etwas loswerden möchte. Er blickt nach rechts und nach links. Einige Teilnehmer sind noch im Raum, aber außer Hörweite.

»Ich hoffe, das ist jetzt nicht zu privat, aber wissen Sie, ich gehe auch öfter in die Glühende Gurke. Ist ein lustiger Laden. Naja, also ich bin auch übernächsten Freitag dort. Rufen Sie doch mal an, falls Sie da sein sollten.« Dann gibt er mir seine Hand. »Bis bald. Übrigens, tolles Foto von Ihnen mit dem Apfel in der Hängematte.«

Ich stehe immer noch wie angewurzelt vor dem Rednerpodest. Träume ich? »Ist alles in Ordnung?«, fragt mich Frau Semmelweis, die plötzlich neben mir steht. »Sie sehen so blass aus.« Tatsächlich merke ich, dass mir gerade schwindlig wird. Die Brotbox-Strumpfhosen-Notebook-Pipi-Pause-Pannenserie, dazu noch der Bärtige und glühende Gurken … das war einfach zu viel für mich. Dazu das ausgefallene Mittagessen. »Können Sie mir bitte ein Taxi rufen?«, bitte ich die Feel-Good-Managerin und setze mich auf einen Stuhl. Sie nickt und läuft in Richtung Empfang. Ich bleibe noch eine Weile sitzen, mache heimlich Yoga-Atemübungen, dann folge ich ihr.

Fünf Minuten später sitze ich erleichtert im Taxi. Mein Blick fällt auf die halboffene Handtasche, die neben mir liegt. Nicks Brotbox ragt verführerisch heraus. Die Raupe Nimmersatt grinst mich an. Ach, was soll's, denke ich und schnappe mir die Box. Hier auf dem Taxirücksitz sieht mich ja keiner. Und Nick hat bestimmt nichts dagegen, wenn ich sein Käsebrot esse. In Sekundenschnelle verputze ich das Brot, danach löffele ich mit dem grünen Plastiklöffel den roten Joghurt aus. Heißhungrig schiele ich zum Quetschie-Beutel. Lecker. Erdbeere-Banane mit Erbse. Mein Heißhunger lässt mir keine Wahl. Innerhalb weniger Sekunden quetsche ich auch noch das Obst-Gemüse-Püree in mich hinein. Mein Gemütszustand verbessert sich. Satt und zufrieden denke ich schmunzelnd: Jetzt verstehe ich, was es mit diesen Brotboxen auf sich hat.

Dann lasse ich mich vom Taxifahrer zu »Sexy Mama« fahren und kaufe mir drei neue schwarze Strumpfhosen. Diesmal die blickdichten und nicht die hauchdünnen. Zwei für zu Hause, eine für die Schreibtischschublade.

8

Wiedereinstiegs-Zoff auf dem Ponyhof und ein Elterngeld-Picknick

»Für mich bitte einmal das Entrecôte vom Lavasteingrill mit einer halben Zitrone, Saisongemüse und Kartoffelgratin. Bitte gut durchgebraten.« Mir läuft das Wasser im Mund zusammen. Beruhigt denke ich: Auch wenn das gemeinsame Mittagessen mit Frau Schnitzel unbequem werden sollte, habe ich wenigstens richtig gut gegessen. »Ich hätte gerne die Étouffée-Taube an Rosmarin-Balsamico-Jus. Dazu bitte ein Glas Rosé – Château Souris.« Ich verziehe angewidert meine Mundwinkel. Es war klar, dass Frau Dr. Schnitzel das Essen für die ganz Hartgesottenen bestellen würde. »Bluttaube« stand in Klammer hinter dem wohlklingenden Namen. Wie widerlich. Schon beim Lesen der Speisekarte habe ich mich gefragt, wie man ein totes und dazu noch blutiges Friedenssymbol als Mittagessen anbieten kann.

»Très bien, Mesdames«, säuselt der Kellner durch seinen Schnauzbart und nimmt uns die Speisekarten ab. Dann verschwindet er hinter der holzgetäfelten Bar und nestelt mit einem Flaschenöffner an einer Flasche Wein herum.

Wir sitzen im »Chez Jacques«, DEM französischen In-Restaurant in Berlin-Mitte. Frau Schnitzel hat ihr Versprechen eingehalten und mich zum Mittagessen eingeladen – quasi als Entschuldigung für den Platz- und Kinderverweis, nachdem die schielende Schoßhündin Lola vor einigen

Wochen mein Büro verunreinigt hat. Natürlich stellt sie das Essen nicht mehr in Verbindung mit diesen Ereignissen. Entschuldigung, Wiedergutmachung, Schmerzensgeld – diese Wörter benutzt sie nur in ihren messerscharfen Schriftsätzen, jedoch niemals gegenüber ihren Mitarbeitern. Offiziell ist es als »Abschiedsessen Frau Runge« im Kalender ihrer Sekretärin eingetragen, denn heute ist gleichzeitig mein letzter Arbeitstag vor Beginn der Mutterschutzfrist.

Ich bin gespannt, über was wir uns ein ganzes Mittagessen lang unterhalten werden. Vermutlich wird es nur um Paragrafen, Rechtsfälle und um die neueste Rechtsprechung des Bundesarbeitsgerichtes gehen, sonst haben wir uns ja nicht sehr viel zu sagen. Eines habe ich mir jedoch fest vorgenommen: Ich werde die Gelegenheit auf jeden Fall nutzen und ihr meine Wiedereinstiegspläne offenbaren.

Seitdem mir am ersten Tag nach der Elternzeit mit Nick gekündigt wurde, habe ich immer wieder von der perfekten Elternzeit und dem perfekten Wiedereinstieg geträumt. Rückkehr an den alten Arbeitsplatz, Teilzeit und trotzdem eine Perspektive mit Aufstiegschancen, flexible Arbeitszeiten, Homeoffice, (finanzielle) Unterstützung bei Vereinbarkeitsstress und ein großes Herz für Kinder ... Daraus ist ein ganz konkretes Idealbild entstanden, das ich mir gestern zur Vorbereitung auf das heutige Gespräch noch einmal in den buntesten Farben ausgemalt hatte.

Irgendwann unterbrach mich meine innere Anwältin: »Spinnst du? Das kannst du nicht alles von deinem Arbeitgeber einfordern. Das Leben ist doch kein Ponyhof.« »Warum eigentlich nicht, wenn es den Job betrifft«, entgegnete ich. Schließlich habe ich die Verantwortung auf mich genommen, Kinder in die Welt zu setzen. Also möchte ich bei dem ganzen Stress, den das Muttersein mit sich bringt, gefälligst unterstützt und belohnt werden. Ich und die ganzen anderen Mütter auf dieser Welt – das verstehe ich als Gerechtigkeit. Und dafür sind Gesetzgeber, Arbeitgeber und unsere gesamte Gesellschaft verantwortlich. Ohne Kinder wird auf dieser Welt doch nichts mehr klappen. Schließlich müssen die Ärzte, Bäcker, Busfahrer, Polizisten und Altenpfleger, die uns als Greise ein angenehmes Leben ermöglichen, JETZT geboren werden. Meine innere Anwältin schwieg. Ich beschloss dagegen: Doch, mein Wiedereinstieg sollte sehr wohl ein Ponyhof sein.

Die Gedanken rund um das Thema Wiedereinstieg bei Dr. Schnietzel & Partner beschäftigten mich so sehr, dass ich in der letzten Nacht davon träumte:

Traumszene 1: Schwangerschaft und Wiedereinstieg auf dem Ponyhof

Im Traum arbeitete ich tatsächlich auf einem Ponyhof. Meine Aufgabe bestand darin, mich um ein Pony namens Schecki zu kümmern: striegeln, Hufe auskratzen, ausreiten und ausmisten. Das machte ich ganz pflichtbewusst – bis zu dem Zeitpunkt, als ich feststellte, dass ich schwanger war. Ab diesem Zeitpunkt erteilte mir der Ponyhof-Chef ein Beschäftigungsverbot – ohne Murren und Knurren. Er stellte eine Vertretung ein, die sich während meiner Abwesenheit um Schecki kümmern sollte.

Zur Geburt meines Babys schickte mir der Ponyhof-Chef einen Blumenstrauß und einen großen Umschlag: Darin steckte nicht nur eine Glückwunschkarte, sondern auch ein Willkommens-Bonus für die Baby-Erstausstattung.

Kurz nach der Geburt meldete ich eine Reitpause beim Ponyhofchef an und eröffnete ihm, dass ich zwei Jahre in Elternzeit gehen werde und nach einem Jahr mit 30 Stunden in Teilzeit wieder ein-

steigen möchte. Er war sofort einverstanden. »Du kannst auch mit 20 Stunden anfangen zu arbeiten und deine Arbeitszeit schrittweise aufstocken, ganz wie du magst. Wir federn das mit deiner Elternzeit-Vertretung ab. Hauptsache, du kommst wieder«, sagte er. »Ach, und ich habe übrigens eine betriebliche Altersversorgung für dich abgeschlossen, damit dir keine Rentenversorgungslücke während der Elternzeit entsteht. Das ist doch in deinem Sinne, oder?«

Während der einjährigen Reitpause hielt ich den Kontakt zu Schecki und dem Ponyhof, selbstverständlich wurde ich zu Veranstaltungen, Betriebsausritten und zu Perspektiv- und Planungsgesprächen eingeladen. Ich war immer bestens informiert: Über das Ponyhof-Intranet konnte ich auf alle wichtigen Informationen zugreifen. Außerdem nahm ich das Angebot wahr, eine Fortbildung zu machen, und besuchte ein Seminar mit dem Inhalt »Ponyhof-Management«. Der Ponyhof-Chef eröffnete mir nämlich, dass ich nach der Babypause Schritt für Schritt die stellvertretende Ponyhof-Leitung übernehmen sollte.

Traumszene 2: Wiedereinstieg auf dem Ponyhof

Nach einem Jahr Elternzeit stieg ich wieder regelmäßig in den Sattel – in Teilzeit und zu flexiblen Arbeitszeiten. Natürlich war ich weiter für Schecki zuständig. Ab und zu arbeitete ich mit Schecki im Homeoffice. Ich nahm ihn mit in unseren Garten, dort ritten wir einige Runden. Er durfte Äpfel vom Baum fressen und grasen, während ich die Zeit nutzte, um zwischendurch kleinere Erledigungen zu machen (Anstellen der Waschmaschine, Empfang des Handwerkers oder des Paketmanns).

Wenn Nick oder mein Baby erkrankten, wurde ich sofort von meiner Arbeitspflicht freigestellt – bei hundertprozentiger Vergütung, notfalls durch Aufstockung des Kinderpflegegeldes. Und: In familiären Ausnahmesituationen konnte ich jederzeit in unbezahlten Sonderurlaub gehen.

Zu den Kinderbetreuungskosten zahlte der Ponyhof-Chef auch einen Zuschuss – und er half mir sogar bei der Vermittlung einer Haushaltshilfe und eines Babysitters.

Immer dann, wenn ich gestresst war, brachte mir mein Chef eine Tasse Tee und sagte: »Tief durchatmen – wir auf dem Ponyhof halten doch zusammen!«

§§§

Ich nippe an meinem Wasserglas, atme tief durch und beschließe, Frau Schnitzel mit einer abgemilderten und kanzleitauglichen Version meines Ponyhof-Traumes zu konfrontieren. Aber erst nachdem sie ihre Bluttaube verspeist und ein Glas Rosé Château Souris intus hat. Von Elternzeit, Teilzeit und Homeoffice sollte ich lieber erst dann sprechen, wenn sie satt und beschwipst ist – also am besten zum Espresso.

Der Kellner stellt ein Weinglas auf den Tisch und gießt geschickt einen kleinen Schluck Rosé aus einer bauchigen Flasche in Frau Schnitzels Glas ein. Sie ist gut gelaunt. Das liegt nicht nur am guten Rosé, sondern wahrscheinlich auch an der gewagten Kombination bunt-fröhlicher Farben, die sie heute trägt. Ein orange-hellblaues Kleid, wild gemustert mit allerlei geometrischen Formen. Garniert mit typischen Jura-Tussi-Accessoires: einem gelben Hermès-Seidenhalstuch und Perlenohrringen. Sie trinkt einen Schluck Wein und beginnt unser Gespräch mit einer etwas verblüffenden Information. »Bevor ich es vergesse: Ich soll Ihnen einen schönen Gruß von Herrn Dr. Fizz bestellen, ich habe gestern mit ihm telefoniert.« Ich werde rot und halte mich an der rot-weiß karierten Stoffserviette fest, die ich auf meinem hochschwangeren Bauch drapiert habe. Der Bauchzwerg tritt wild gegen meine

Bauchdecke. Ich überlege noch schnell, eine Beichte abzulegen und Frau Schnitzel von den peinlichen Pannen zu erzählen, die mir während des Elternzeit-Vortrags widerfahren waren. Natürlich habe ich ihr noch nichts von dem Apfel-Bild, den Mails und der zerrissenen Strumpfhose berichtet.

Glücklicherweise hat Herr Fizz nicht gepetzt. »Er hat sich für den informativen Elternzeit-Vortrag bedankt und sich sehr positiv über Sie geäußert. Ach ja, und heute Morgen hat er mich gebeten, dass wir ihm einen Beratervertrag zukommen lassen. Es sieht ganz danach aus, als ob wir einen neuen Mandanten gewonnen haben.« Frau Schnitzel ballt die Faust zu einer nicht sehr damenhaften Siegerpose. »Hab ich mir doch gleich gedacht, es war eine gute Entscheidung, dass wir Sie zu dem Vortrag geschickt haben. Das haben Sie gut gemacht.« Wie bitte? Ich staune. Dieser Moment ist historisch. Frau Schnitzel hat mich gelobt. Das hat sie noch nie getan. Ich greife verwirrt nach meinem Glas Wasser. Auf den Schreck muss ich einen Schluck trinken.

Dann legt sie ihre Stirn in Falten. »Allerdings möchte Herr Dr. Fizz, dass Sie die Hauptansprechpartnerin für ihn sind. Das geht natürlich nicht. Sie sind ja bald in Mutterschutz und danach vermutlich Elternzeit. Diesen Passus müssen wir auf jeden Fall aus dem Vertrag streichen.«

Ich widerspreche Frau Schnitzels Vorschlag nicht, mich aus dem Vertrag zu streichen, obwohl ein ungutes Gefühl in mir aufsteigt. Das Wort »streichen« im Zusammenhang mit Job und Elternzeit erinnert mich an den misslungenen Wiedereinstieg nach meiner ersten Elternzeit mit Nick, an die Kündigung und an den »Elternzeit-Rauswurf-Masterplan«. Obwohl das Ganze schon fast zwei Jahre zurückliegt, verspüre ich Angst. Einen Wiedereinstiegs-GAU möchte ich nicht noch einmal erleben. Passenderweise plappert Frau Schnitzel fröhlich weiter: »Da fällt mir ein: Wie lange möchten Sie eigentlich aussetzen? Sie kommen dann in Vollzeit wieder, oder?«

Mist, ich hätte nicht gedacht, dass sie so schnell zum Thema kommt. Bis zum Espresso kann ich also nicht mehr warten. Ich rutsche nervös auf meinem Stuhl herum und beginne in abgeschwächter Version vom Elternzeit-Ponyhof zu berichten. »Naja, also geplant ist, dass ich zwei Jahre Elternzeit anmelde, davon ein Jahr vollständig pausiere, danach würde ich gerne 30 Stunden in der Woche arbeiten, wenn möglich einige Tage im Homeoffice.« Jetzt ist es raus. Frau Schnitzel räuspert sich und blickt mich entsetzt an.

»Et voilà, Mesdames«, säuselt es plötzlich. »Das Entrecôte und die Bluttaube. Bon appétit.« Der Kellner mit dem Schnauzbart balanciert zwei Teller über den Köpfen und legt sie mit einem gekonnten Schwung vor uns auf den Tisch. Ich blicke nur kurz auf den Teller von Frau Schnitzel, auf dem zwei kleine Stücke rohes Fleisch in einem blutigen Soßenbett liegen, kunstvoll umrandet mit etwas, das nach Schokoladensoße aussieht, aber »Rosmarin-Balsamico-Jus« heißt. Mir wird schlecht. Ich darf auf keinen Fall noch einmal auf ihren Teller sehen. Wir wünschen uns auch »Bon appétit« und fangen an zu essen. Es schmeckt eigentlich köstlich, doch ich merke, dass ich das Essen hinunterwürge. Was wird Frau Schnitzel nun zu meinen Elternzeit-Ponyhof-Plänen sagen?

Sie räuspert sich. »Wissen Sie, Sie müssen sich im Leben entscheiden. In China sagt man: ›Wer zwei Hasen jagt, fängt gar keinen.‹ Erfolgreiche Anwältin und vielleicht einmal Partnerin in einer Anwaltskanzlei können Sie niemals werden, wenn Sie in Teilzeit und im Homeoffice arbeiten. Kurz gesagt: Anwältin und Mutter geht nicht. Sie müssen sich entscheiden. Es gibt aus meiner Sicht nur zwei Möglichkeiten: Entweder arbeiten Sie weiter in Vollzeit und nehmen in Kauf, dass Sie Ihre Familie nur abends und am Wochenende sehen, oder Sie arbeiten Teilzeit und finden sich damit ab, dass in den nächsten Jahren keinerlei Aufstiegsmöglichkeiten bestehen. Das ist in unserer Branche einfach so.«

Frau Schnitzel schneidet sich ein Stückchen Bluttaube ab, streicht es kreisend durch die Balsamico-Jus-Verzierung und lässt es genüsslich in ihrem Mund verschwinden. »Wissen Sie, die Mandanten werden immer anspruchsvoller. Was soll ich denn zum Beispiel einem Herrn Fizz sagen, wenn er um 18 Uhr dringend Rechtsrat braucht, weil er noch schnell einem Mitarbeiter kündigen muss, da andernfalls die Frist abläuft, mit der Folge, dass er noch ein zusätzliches Gehalt zahlen muss? ›Tut mir leid, Frau Kollegin Runge ist nicht da, sie arbeitet in Teilzeit und kümmert sich gerade um ihre Kinder. Rufen Sie doch bitte morgen noch einmal an.‹? Wie stellen Sie sich das denn konkret vor? Das ist für unsere Mandanten schädlich und nicht vertretbar, wenn wir einen Standard-Stundensatz von 390 Euro netto abrechnen. Das antworte ich ihm zwei, drei Mal, und dann geht er sofort zur Konkurrenz.«

Ich halte kurz den Atem an und schließe demonstrativ mein Besteck. Hunger habe ich jetzt sowieso keinen mehr. Schade um das Fleisch. Ich überlege kurz, dann antworte ich: »Da muss ich Ihnen leider widersprechen. Wenn ich die nötige Unterstützung habe, kann ich auch zwei Hasen fangen. Das Einzige, was ich brauche, ist etwas mehr Verständnis für meine Situation, flexible Arbeitszeiten und die Möglichkeit, ab und zu im Homeoffice zu arbeiten. Dann ist es in der von Ihnen konkret genannten Situation überhaupt kein Problem, E-Mails nach 18 Uhr zu beantworten.«

Frau Schnitzel schüttelt energisch den Kopf und schiebt sich ein Stück Bluttaube in den Mund. Dann lächelt sie. Rucke-di-guh – ich sehe einen Tropfen Taubenblut in ihrem Mundwinkel. Mein Magen möchte sich umdrehen. »Frau Runge, wir sind weder ein Tanzverein noch im Wunschkonzert. Wenn ich Ihnen das alles gewähre, meutern die restlichen Anwälte. Was denken Sie, was los ist, wenn ich Sie im Homeoffice arbeiten lasse? Dann wollen das doch alle, und irgendwann ist die Kanzlei leer. Stellen Sie sich vor, ein Mandant kommt spontan vorbei. Der denkt doch sofort, dass die Kanzlei Dr. Schnietzel & Partner ein Saftladen ist. Und was ist, wenn Sie am Homeoffice-Tag krank werden? Dann darf ich einen Kurier schicken und den Akten – die im Übrigen hoch vertraulich sind – hinterherlaufen und vom Wickeltisch aufsammeln lassen? Nein, danke.« Sie sieht mich mit einem strengen Blick an. »Wir müssen das hier und jetzt nicht zu Ende führen, aber bitte überdenken Sie Ihre Pläne und die Formulierung Ihrer Elternzeit-Anmeldung gut. Unsere Kanzlei hat 14 Mitarbeiter. Wie Sie wissen, haben Sie keinen Anspruch auf Teilzeittätigkeit während der Elternzeit und danach.«

BAM. Frau Dr. Schnitzel hat zugeschlagen. Mein Traum ist mit einem lauten Knall geplatzt und ein Albtraum geworden: *Der Ponyhof wird ein Jahr nach Beginn meiner Elternzeit geschlossen. Schecki wurde mit all den anderen Ponys an einen Zirkus verkauft und darf nur noch im Kreis laufen. Stattdessen eröffnet zu meinem Wiedereinstieg eine Bullen-Reit-Ranch – bestehend aus Plastikbüffeln, die sich per Knopfdruck bewegen und buckeln. Mit Echtfellüberzug, rot leuchtenden Augen und künstlichem Nebel, der alle 60 Sekunden aus den Nüstern zischt. Es gibt kaum noch Angestellte. Die wenigen, die übrig geblieben sind – mich eingeschlossen –, schuften rund um die Uhr. Wer es wagt, die Wörter Teilzeit, flexible*

Arbeitszeiten und Homeoffice in den Mund zu nehmen, wird sofort gefeuert.

Ich sage nichts mehr. Ich fühle mich wie ein Häufchen Elend und würde am liebsten in meinen eigenen Bauch zum Bauchzwerg abhauen. Schweigen macht sich breit. Frau Schnitzel spießt das letzte Stückchen Bluttaube auf ihre Gabel und kaut genüsslich. »Köstlich, so ein Täubchen«, wechselt sie das Thema. »Wussten Sie, dass man den Tieren den Hals umdreht, damit sie innerlich ...« – »Das möchte ich nicht so genau wissen, vielen Dank«, würge ich Frau Schnitzel ab. Ich bete, dass der schnauzbärtige Kellner schnell kommt und mich von diesem furchtbaren Mittagessen erlöst.

Glücklicherweise kommt er nach wenigen Minuten. Ihm sind unsere sauren Mienen und mein kaum angerührtes Essen nicht entgangen. »Mesdames, Sie sind nicht zufrieden? Darf ich Ihnen einen Espresso bringen?«, fragt er und räumt unsere Teller ab. »Doch, wir sind sehr zufrieden«, antwortet Frau Schnitzel. »Wir hätten nur schon gerne die Rechnung, bitte mit einem Bewirtungsbeleg. Den Espresso trinken wir dann beim nächsten Mal.« Nächstes Mal? Ich bin mir sicher, ein nächstes Mal wird es nicht geben.

§§§

Verdammt, der Zitronenkuchen ist angebrannt. Hätte ich doch bloß das Küchen-Gen meiner Mutter geerbt. Schnell laufe ich in die Küche, drehe den Backofen aus und hole den vermasselten Kuchen aus dem Ofen. Ich beschließe, den dunkelbraunen Rand später abzuschneiden. Ein Blick auf die Küchenuhr sagt mir: In einer Stunde kommen die Yoga-Mädels. Das erste Mal an diesem Tag spüre ich ungetrübte Freude.

Die Bluttaube, das enttäuschende Mittagessen und die sich anschließende Verabschiedungsrunde im Büro lagen mir noch eine Weile schwer im Magen. Da war wieder so ein komisches Gefühl… Genug gegrübelt, denn eigentlich gibt es etwas zu feiern: den Beginn des Mutterschutzes! Das ist jedoch nicht der einzige Anlass der Schwangeren-Yoga-Party. Genau genommen haben sich die Mädels bei mir eingeladen – ich soll beim Ausfüllen der Elterngeld-Anträge helfen.

Nach der letzten Yoga-Stunde war Hermine ein halbausgefüllter Elterngeld-Antrag aus der Sporttasche gefallen – Anlass für eine lebhafte Diskussion, wer wann und wie lange Elterngeld beantragt. Irgendwann kam von Marlene der Vorschlag in meine Richtung: »Wir können uns doch alle noch einmal mit den Elterngeldanträgen treffen? Du hilfst uns mit dem Elterngeld-Kram, und wir organisieren ein großes Picknick bei dir im Garten. Wie wär's?« Natürlich habe ich Ja gesagt, was sonst?

§§§

Eine halbe Stunde später klingelt es, Hermine, Pippa und Jette stehen mit ihren dicken Bäuchen vor unserem Haus und lugen neugierig über den Gartenzaun. Küsschen hier, Küsschen da, dicker Bauch berührt dicken Bauch, Bauchnabel küsst Bauchnabel – wir gehen gemeinsam in den Garten. Vor dem Gurkenfass habe ich mehrere große Decken und eine kleine Musikanlage für das Elterngeld-Picknick aufgebaut. Die Sonne scheint wie bestellt und pünktlich geliefert, es ist über 30 Grad warm. Ich denke an Nick und meinen Mann, die zusammen an den Badesee gefahren sind. Hoffentlich hat er auch die richtige Sonnencreme und Schwimmwindeln eingepackt. Ob er daran denkt, ihm die Mütze mit UV-Schutz aufzusetzen, wenn er im Wasser planscht?

Ich hole schnell Tee, Kaffee und den verbrannten Zitronenkuchen aus der Küche. Auf dem Rückweg bringe ich Marlene mit, die zwischenzeitlich geklingelt hat. Das Gras kitzelt unter meinen nackten Füßen. Es duftet süß-sauer-vergoren nach reifen Äpfeln und Birnen, einige sind bereits von den Bäumen geplumpst. Im Garten herrscht Hochbetrieb – es zwitschert, summt, flattert und krabbelt aus allen Ecken –, auch wenn davon gerade nur wenig zu hören ist, denn die Yoga-Mädels schnattern laut durcheinander. Wir sind inzwischen alle im Mutterschutz und reden durcheinander über das Thema Geburt, genau genommen über den Geburtsort, Schmerzmittel und den Inhalt der Krankenhaustasche. »Also, ich lasse mir auf keinen Fall eine PDA geben.« – »Was? Man kann aus der Plazenta homöopathische Kügelchen machen?« – »Eine Flasche Schampus wird auf jeden Fall auch eingepackt«, sind einige Sätze, die ich aufschnappe, während wir zusammen die mitgebrachten Köstlichkeiten auf der Picknickdecke ausbreiten. Ich überlege, was ich zuerst verspeisen werde: ein Stück Gemüse-Quiche oder lieber doch Wassermelonen-Pfefferminz-Salat? Zum Nachtisch auf jeden Fall ein Stück Blaubeerkuchen mit Sahne! Ich schäme mich ein wenig für den vermasselten Zitronenkuchen und überlege für einen Moment, ihn schnell im Gurkenfass zu verstecken.

Wir fangen an zu essen und plaudern weiter. Marlene erzählt ausführlich von ihrem Doc. Dass er sich jetzt doch wieder gemeldet hat und angeblich versprochen hat, seine Frau zu verlassen, bevor der Schmetterling zur Welt kommt. Und dass er bei der Geburt dabei sein und Händchen halten möchte. Wer's glaubt, wird selig, denke ich.

Dann macht Pippa ihrem Streber-Image alle Ehre, wühlt in ihrem Rucksack und holt einen zerknitterten Elterngeld-Antrag heraus: »Ich sehe ja schon kommen, dass wir uns hier verquatschen, kann ich dir vielleicht schon ein paar Fragen stellen?« Jette verdreht die Augen.

Ich mache einen Gegenvorschlag. »Wie wär's, wenn ich euch erst ein paar Basics erkläre? Vielleicht beantwortet das schon die meisten Fragen?« Marlene sagt nichts und sonnt ihren nackten Bauch. Hermine nickt und zieht auch ihren Elterngeld-Antrag aus der Handtasche. Jette, die gerade ein Möhrchen in ihrem Mund verschwinden lässt, zückt ihr Telefon. »Sag mal, kann ich dich dabei filmen? Ich habe gerade ein Müdigkeitstief und würde mich jetzt lieber berieseln lassen und das später noch einmal ansehen.« – »Von mir aus«, sage ich etwas erstaunt und drehe die Musik leiser. Dann setze ich mich in den Fersensitz und fange an:

§

ELTERNGELD-VORAUSSETZUNGEN

Für das Grundverständnis solltet ihr wissen, dass das Elterngeld eine **staatliche Einkommensersatzleistung** ist, die bei einer Behörde (→ Linksammlung) beantragt wird. Wichtig ist auch, das Elterngeld von der Elternzeit zu unterscheiden: Elternzeit besteht unabhängig vom Elterngeld und ist ein Anspruch gegenüber einem anderen Adressaten, nämlich gegenüber eurem Arbeitgeber.

Elterngeld-Voraussetzungen:

1. Euer **Wohnsitz bzw. Aufenthaltsort ist in Deutschland**.
2. Ihr lebt mit eurem Kind **in einem Haushalt**.
3. Euer Kind wird von euch **selbst betreut und erzogen**.
4. Ihr übt **keine oder keine volle Erwerbstätigkeit** während der Bezugsdauer aus.

Gut zu wissen: Für Zwillinge bzw. Mehrlinge besteht nur ein Elterngeldanspruch, allerdings gibt es für das zweite und jedes weitere Kind einen Mehrlings-Zuschlag in Höhe von 300 Euro pro Monat.

Wichtig: Wenn ihr laut Steuerbescheid im letzten Jahr vor der Geburt mehr als 250.000 Euro bzw. zusammen mit dem Partner mehr als 500.000 Euro verdient habt, entfällt der Anspruch.

»Und was passiert, wenn ich Elterngeld beziehe und für ein paar Monate ins Ausland fliege, weil mein Mann dort arbeiten muss?«, fragt Pippa, noch bevor ich nach meinen ersten Ausführungen Luft holen kann. »Haha, ja genau, muss ich das Elterngeld zurückzahlen, wenn ich in den Urlaub fahre?«, ergänzt Hermine.

§

AUSLANDSAUFENTHALT WÄHREND DES ELTERNGELDBEZUGSZEITRAUMS

Wenn ihr für ein paar Wochen in den Urlaub fahrt und die Absicht habt, wieder zurückzukommen, endet euer Elterngeld-Anspruch nicht. Problematisch kann es nur dann werden, wenn ihr den Wohnsitz nur gelegentlich nutzt oder länger als ein **Jahr im Ausland leb**t.

Wenn ihr keinen Wohnsitz in Deutschland habt, ist die Voraussetzung des **»gewöhnlichen Aufenthaltsortes«** dann nicht mehr gegeben, wenn ihr nur vorübergehend in Deutschland bleibt. Wenn ihr dagegen während des gesamten Elterngeldbezuges in Deutschland seid, ohne dass ein Ende des Aufenthaltes absehbar ist, sind die Voraussetzungen erfüllt.

Gut zu wissen: Wenn nur ein Elternteil in Deutschland arbeitet und das andere im EU-Ausland oder in der Schweiz, ihr aber beide in Deutschland lebt, habt ihr Anspruch auf Elterngeld.

»Gut zu wissen«, sagt Pippa, »dann werde ich im Fall der Fälle meine Wohnung in Deutschland behalten.« Mein Blick fällt auf das letzte Stück Blaubeerkuchen. Ich sollte mich ein wenig beeilen, damit ich noch etwas davon abbekomme.

ELTERNGELD-HÖHE UND BEMESSUNGSGRUNDLAGE

Das Elterngeld entspricht ca. 65 bis 67 Prozent eures Netto-Durchschnitteinkommens vor der Geburt und beträgt **mindestens 300 und maximal 1800 Euro pro Monat**. Bemessungsgrundlage ist das durchschnittlich erzielte Einkommen, das ihr während der letzten 12 Monate vor der Geburt erhalten habt. **Einmalzahlungen,** also z.B. Weihnachts- oder Urlaubsgeld, werden bei der Festsetzung der Bemessungsgrundlage nicht berücksichtigt, da sie steuerrechtlich nicht als Einkommen angesehen werden. Geld, das ihr im Ausland verdient habt, wird auch berücksichtigt, wenn es in Deutschland versteuert wurde. Wenn ein älteres Geschwisterkind unter drei Jahren in eurem Haushalt lebt oder drei oder mehr Kinder unter sechs Jahren, dann gibt es zusätzlich einen **Geschwisterbonus in Höhe von 10 Prozent des Elterngeldes, mindestens aber 75 Euro**.

Tipp: Die genaue Höhe des Elterngeldes hängt von vielen verschiedenen Faktoren ab und kann mit dem Elterngeldrechner des Familienministeriums genau berechnet werden (→ Linksammlung). Weitere Tipps zur Elterngeldoptimierung findest du auf S. 337–339.

Bei **Selbstständigen** ist dagegen das Einkommen gemäß dem **letzten Einkommenssteuerbescheid** vor der Geburt entscheidend. Das gilt auch, wenn ihr vor der Geburt angestellt und selbstständig arbeitet. In diesem Fall ist das Einkommen aus angestellter und selbstständiger Tätigkeit laut letztem Steuerbescheid vor der Geburt relevant.

Jette will es genauer wissen: »Was ist, wenn ich in den zwölf Monaten vor der Geburt Elterngeld für ein älteres Kind bekommen habe? Wird das Elterngeld dann aufgrund meines früheren Elterngeldes berechnet?«

Ich überlege einen Moment.

§

VERSCHIEBUNG DER ELTERNGELD-BEMESSUNGSGRUNDLAGE

Für die Elterngeld-Bemessungsgrundlage können besondere **»Verschiebetatbestände«** bestehen. Monate, in denen ihr Elterngeld für ein älteres Kind (max. 14 Monate), Mutterschaftsgeld oder Mutterschutzlohn bezieht, dienen nicht als Bemessungsgrundlage, sodass der Bemessungszeitraum nach hinten verschoben wird. Das Gleiche gilt für Monate, in denen eine schwangerschaftsbedingte Krankheit auftritt.

Beispiel: Eine Mutter bezieht für Kind 1 vom 01.01.2017 – 31.12.2017 Elterngeld. Für den Zeitraum vom 01.01.2018 – 31.12.2018 möchte sie für Kind 2 Elterngeld beziehen. Die Höhe für das Elterngeld nach der Geburt von Kind 2 bemisst sich danach, was sie in der Zeit vom 01.01.2016 – 31.12.2016 verdient hat.

»Ich muss mal aufs Klo«, sagt Hermine, »wartet ihr einen Moment?« Wir warten und schmieren unsere Bäuche in der

Zwischenzeit mit Sonnencreme ein. Ich schnappe mir schnell das letzte Stück Blaubeerkuchen und drapiere einen voluminösen Sahneturm daneben. Das habe ich mir verdient, finde ich. Nachdem wir wieder vollzählig sind, fahre ich fort.

§

ELTERNGELD-FORMALIEN

Wie immer, wenn man Geld vom Staat möchte, müssen eine Menge Formalien beachtet werden. Der Elterngeld-Antrag muss schriftlich mit einem besonderen **Vordruck** (→ Linksammlung) und zusammen mit folgenden Unterlagen eingereicht werden:

- Gehaltsnachweise
- **Geburtsurkunde** mit dem Zweck »Elterngeld«
- Bescheinigung der Krankenkasse, ob und in welcher Höhe **Mutterschaftsgeld** bezogen wurde
- Bescheinigung des Arbeitgebers über den **Arbeitgeberzuschuss** zum Mutterschaftsgeld
- Bestätigung des Arbeitgebers über die **Arbeitszeit** nach der Geburt
- Bestätigung der Ausländerbehörde bzgl. einer **Niederlassungs-/Aufenthaltserlaubnis**

Bitte nicht vergessen: Den Antrag solltet ihr sofort nach der Geburt stellen, spätestens jedoch **3 Monate nach Beginn des Elterngeld-Bezugszeitraumes,** da das Elterngeld rückwirkend maximal 3 Monate gezahlt wird. Während der Bezugsdauer dürft ihr den Antrag abändern, jedoch nur rückwirkend für die letzten 3 Monate vor Beginn des Monats, in dem der Antrag eingegangen ist. Achtung: Das gilt nicht für bereits ausgezahlte Monatsbeträge.

Gut zu wissen: In einigen Bundesländern gibt es bereits einen Elterngeld-Online-Antrag (→ Linksammlung).

»Und dazu solltet ihr einen großen Umschlag kaufen und bereits vor der Geburt alle Urkunden hineinlegen – selbstverständlich bis auf die Geburtsurkunde«, ergänze ich noch. »Am besten schon adressiert und mit aufgeklebter Briefmarke.«

»Aha! Und was ist dieses komische Elterngeld Plus, von dem immer alle reden?«, fragt Marlene.

Ich verputze noch die letzten Blaubeerkuchen-Krümel, dann fahre ich fort:

ELTERNGELD-VARIANTEN: BASISELTERNGELD, ELTERNGELD PLUS UND DER PARTNERSCHAFTSBONUS

Es gibt **drei unterschiedliche Elterngeld-Varianten,** die ihr kennen müsst: Basiselterngeld, Elterngeld Plus und den Partnerschaftsbonus.

1. Das **Basiselterngeld** entspricht einem »normalen«, d. h. vollen monatlichen Elterngeldbetrag. Eine Beantra-

gung macht immer dann Sinn, wenn ihr euch den **vollen Elterngeldbetrag** auszahlen lassen möchtet und während des Elterngeldbezugs **nicht in Teilzeit arbeitet**.

2. Das **Elterngeld Plus** entspricht maximal einem halben monatlichen Elterngeldbetrag, also der Hälfte des Basiselterngeldes. Ein Monat Basiselterngeld entspricht daher 2 Monaten Elterngeld Plus. Elterngeld Plus lohnt sich finanziell eigentlich nur dann, wenn ihr wieder relativ schnell in den Job einsteigen möchtet und während des Elterngeldbezugszeitraumes **in Teilzeit** arbeitet. Außerdem ist das Elterngeld Plus für diejenigen interessant, die nicht in Teilzeit arbeiten, sich das Elterngeld aber länger auszahlen lassen möchten.

3. Der **Partnerschaftsbonus** besteht aus 4 zusätzlichen Elterngeld-Plus-Monaten, die dann gewährt werden, wenn **beide Elternteile 4 Monate parallel und zusammenhängend mindestens 25, maximal aber 30 Stunden pro Woche arbeiten**. Die Beantragung des Partnerschaftsbonus macht nur dann Sinn, wenn ihr für einen bestimmten Zeitraum zusammen mit eurem Partner in Teilzeit arbeiten könnt. Bei einer selbstständigen Tätigkeit ist das kein Problem, bei einem Arbeitsverhältnis muss jedoch der Arbeitgeber »mitmachen« (vgl. die Voraussetzungen für den Anspruch auf Elternteilzeit, S. 190–192). Alleinerziehende können den Partnerschaftsbonus auch beantragen.

»Also, bei Betty-Lou war das noch ganz unkompliziert«, sagt Jette. »Gibt's denn mit dem Elterngeld Plus auch mehr Geld?«

»Eigentlich nur dann, wenn man während des Elterngeld-Plus-Bezugs in Teilzeit arbeitet: Da sich beim Elterngeld-Plus-Bezug die Auszahlungsdauer verlängert, verbraucht sich das Elterngeld langsamer, als wenn man Basiselterngeld beantragen würde. Damit wird weniger Elterngeld angerechnet.«

§

ELTERNGELD-BEZUGSDAUER

Wenn ihr alleine Elterngeld beantragt, beträgt die Bezugsdauer **12 volle Elterngeldmonate**. Wenn ihr mit eurem Partner zusammen Elterngeld beantragt oder alleinerziehend seid, gibt es noch 2 Monate zusätzlich, sodass ihr insgesamt 14 Monate beantragen könnt. Die 12 bzw. 14 Monate beziehen sich auf das Basiselterngeld.

Wichtig: Das Elterngeld wird immer für **»Lebensmonate«** gezahlt, gerechnet ab dem Geburtsdatum eures Kindes.

Gut zu wissen: Wenn ihr Elterngeld Plus beantragen wollt, lässt sich die Bezugsdauer auf **maximal 24** (bzw. 28 Monate zusammen mit eurem Partner) strecken, da 1 Monat Basiselterngeld immer 2 Monaten Elterngeld Plus entspricht. Sofern ihr die Voraussetzungen für den Partnerschaftsbonus erfüllt, könnt ihr die Bezugsdauer noch auf weitere 4 Monate verlängern.

Ich stehe auf und schenke mir einen Schluck Eistee ein. Ich merke, dass die Konzentration nachlässt. Plötzlich macht es »Klatsch«. Pippa hat sich selbst eine Ohrfeige gegeben, um eine Mücke zu töten.

§

ELTERNGELD-KOMBINATIONEN

Ihr könnt die verschiedenen Elterngeldarten miteinander kombinieren, dabei müsst ihr Folgendes beachten:

1. Wenn ihr nach der Geburt **Mutterschaftsgeld** bezieht, gelten die Monate **als Bezug von Basiselterngeld**.

2. Basiselterngeld darf nur bis zum 14. Lebensmonat bezogen werden. Ab dem **15. Lebensmonat eures Kindes müsst ihr lückenlos Elterngeld Plus bzw. den Partnerschaftsbonus beantragen**. Es geht z. B. nicht, dass du vom 1. bis 12. Basiselterngeld beantragst und dein Partner vom 16. bis 19. Lebensmonat Elterngeld Plus.

3. Du musst **mindestens für 2 Lebensmonate Elterngeld beantragen**. Das gilt auch entsprechend für deinen Partner.

Ich wische mir den Schweiß von der Stirn und merke, dass mein Bauch hart wird. Das war jetzt doch etwas anstrengend. »Na, alles klar?«, frage ich ironisch und nippe an meinem Eistee. Schweigen. »Nicht wirklich«, sagt Hermine, während sie nachdenklich an ihrem Haargummi herumfummelt.

Da es doch langsam etwas komplizierter wird, überlege ich, wie ich das Ganze etwas anschaulicher gestalten kann. Ich überlege kurz. »Moment mal, bin gleich wieder da!« Ich laufe schnell ins Haus und hole Nicks Lego-Kiste, Papier und einen schwarzen Stift aus dem Wohnzimmer. »Hä«, sagt Hermine, »was soll das denn? Willst du jetzt Lego mit uns spielen?« – »Warte, warte«, sage ich und leere die Lego-Kiste auf der Picknick-Decke aus. Ich sortiere die Steine nach Größe und Farben. Grün, rot und gelb. Dann stelle ich eine Lego-Frau und einen Lego-Mann nebeneinander und erkläre, für was die einzelnen Farben stehen.

 **ein Monat Basiselterngeld**

 **ein Monat Elterngeld Plus**

 **ein Monat Partnerschaftsbonus**

»So, jetzt bauen wir für jede von euch das Elterngeld zusammen, okay? Wie das geht, zeige ich euch jetzt mit den Lego-Steinen. Ihr müsst mir nur sagen, was euch beim Elterngeld-Bezug wichtig ist.«

Die Mädels sehen mich an, als ob ich etwas plemplem wäre.

Pippas Elterngeld

»Also, ich möchte mich ein Jahr komplett auf das Baby konzentrieren und ganz mit der Arbeit aussetzen. Toll werden sie das in der Werbeagentur sicher nicht finden, aber da müssen sie durch. Mein Mann würde gerne die beiden Zusatzmonate nehmen. Am liebsten würden wir das Elterngeld so lange wie möglich ausschöpfen und uns voll auszahlen lassen. Wie mache ich das denn am besten?«

»Am besten nimmst du nach der Geburt die ersten zwölf Monate Elterngeld und dein Mann den 13. und 14. Monat.« – »Aber eigentlich wollte ich, dass er den ersten Monat zusammen mit mir zu Hause bleibt, geht das auch?« – »Ja klar, ihr könnt das Elterngeld auch parallel beziehen.«

Ich sammele die richtigen Lego-Steine von der Picknick-Decke, beschrifte ein Blatt Papier mit Zahlen entsprechend der Lebensmonate und lege die Steine auf das Papier neben den Lego-Mann und die Lego-Frau:

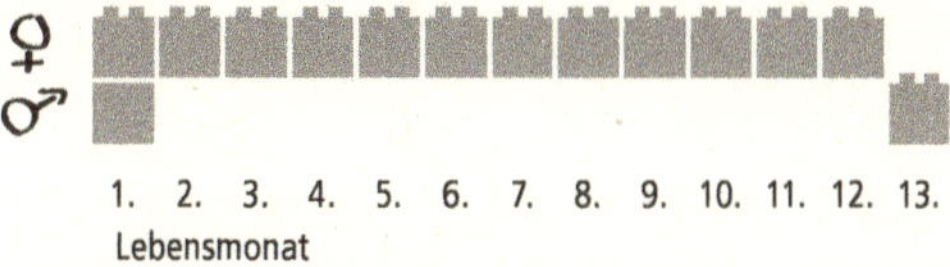

Hermines Elterngeld

»Also, ich würde es lieber etwas anders machen«, sagt Hermine. »Wenn ich wieder in Teilzeit arbeite, lohnt sich doch das Elterngeld Plus, hast du gesagt, ja? Das dürfte bei meinem Job im Schmuckgeschäft kein Problem sein. Wir wollen beide versuchen, unsere Arbeitszeit im ersten Jahr nach der Geburt zu reduzieren. Mein Mann hat glücklicherweise die Zusage bekommen, dass er seine Arbeitszeit nach der Geburt auf 30 Stunden reduzieren darf. Außerdem möchten wir gerne den Partnerschaftsbonus einsacken. Und ich würde in den ersten sechs Monaten komplett mit der Arbeit aussetzen und zu Hause bleiben.«

»Mensch, da hast du ja Glück, dass dein Mann in Teilzeit arbeiten darf«, sagt Pippa. »Bei der Firma, in der mein Mann arbeitet – einer großen Unternehmensberatung –, wäre das undenkbar. Sein Kollege hat das letztes Jahr versucht. Weißt du, was der für ihn zuständige Partner gesagt hat, als er ein halbes Jahr in Elternzeit gehen wollte?« Wir starren alle gebannt auf Pippa. »Sind Sie ein Mann oder 'ne Windel?« Die Mädels hören auf zu kauen. Entsetzen macht sich breit. Es muss noch eine Menge Pionierarbeit geleistet werden, denke ich. Nicht nur für die Mütter, nein, auch für die Väter.

Verstört sortiere ich wieder Lego-Steine und -Männchen für Hermine:

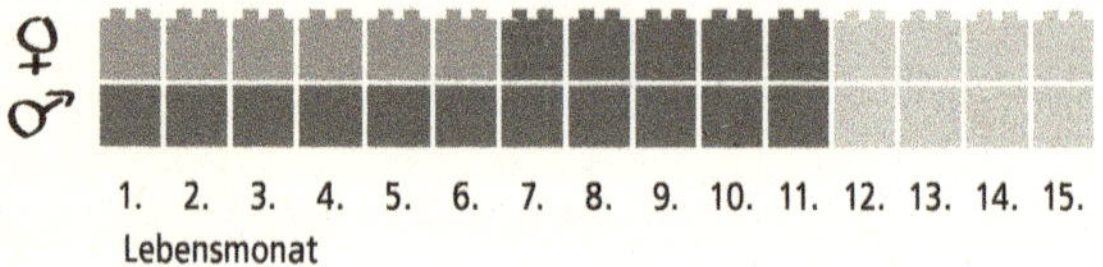

Marlenes Elterngeld

»Ich plane mal lieber ohne den Doc. Er wird niemals Elterngeld beantragen und seine Praxis schließen. Ich würde gerne neun Monate voll aussetzen und danach wieder in Teilzeit einsteigen.«

»Dann wäre es sinnvoll, das Basiselterngeld und Elterngeld Plus zu beantragen. Wenn du während des Elterngeld-Plus-Bezuges in Teilzeit arbeitest, erhältst du vergleichsweise mehr Elterngeld. Das hatte ich ja vorhin erklärt.«

Ich breite die entsprechenden Lego-Steine vor Marlene aus:

1. 2. 3. 4. 5. 6. 7. 8. 9. 10. 11. 12. 13. 14. 15.
Lebensmonat

Jettes Elterngeld

»Mein Freund und ich sind selbstständig. Wir wollen relativ schnell wieder anfangen zu arbeiten. Er kann maximal einen Monat voll aussetzen, ich drei Monate. Was wäre denn optimal für uns?«

»Ihr könnt zum Beispiel drei bzw. einen Monat Basiselterngeld beantragen und danach Elterngeld Plus und die Partnermonate. Das sähe dann so aus.«

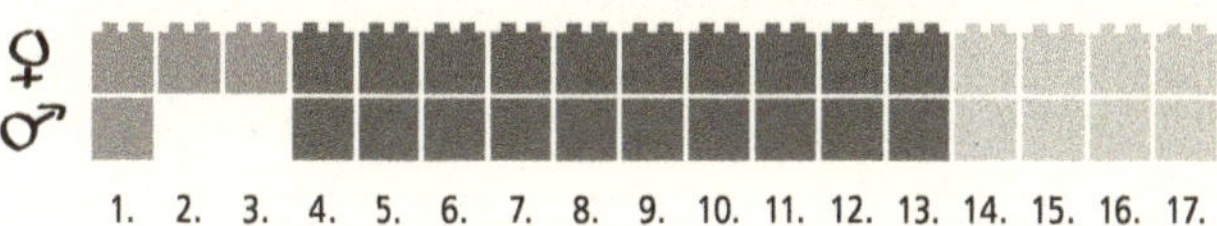

1. 2. 3. 4. 5. 6. 7. 8. 9. 10. 11. 12. 13. 14. 15. 16. 17.
Lebensmonat

»So, Mädels, jetzt reicht es aber.« Marlene hat offensichtlich keine Lust mehr auf Infos zum Elterngeld. Sie steht auf, schiebt sich eine Bulette in den Mund und dreht die Musik auf. »Don't worry, be happy«, schallt es aus den Lautsprechern. Dann fängt sie ziemlich lustig zu tanzen an. Ein elfenartiger Ausdruckstanz mit eleganten Armbewegungen und Pirouetten. Nach einem kurzen Tanzsolo fordert sie erst Pippa, Hermine und dann mich zum Tanzen auf. Ich nehme Jettes Hände, und plötzlich tanzen wir alle. Zusammen, alleine, zu dritt und zu viert. Unsere Hüften kreisen, Popos wackeln, ja sogar die Bäuche wippen mit. Marlene stellt die Musik noch lauter, und wir singen dann alle mit:

»... in every life we have some trouble,
But when you worry, you make it double,
Don't worry
Be happy.«

Ich sehe, wie unser Nachbar, Herr Stein, den vergilbten Spitzenvorhang hinter seinem Fenster leicht zur Seite schiebt. Klar, das heitere Treiben und die laute Musik sind ihm nicht entgangen. Herr Stein ist steinalt, aber noch fit. Jedenfalls fitter als seine Frau, die nie das Haus verlässt. Der Arme, ich glaube nicht, dass noch viel in seinem Leben passiert. Wenn ich ihn frage, wie es ihm geht, erhalte ich jedes Mal die gleiche Antwort: »Es muss.« Jetzt hat er auf jeden Fall Redestoff für die nächsten zwei Wochen.

Ich muss kichern, stupse Marlene von der Seite an und deute auf das Fenster. Marlene wirft Herrn Stein eine Kusshand zu und hebt tanzend ihr T-Shirt hoch, sodass er ihren prallen Bauch sehen kann. Diese verrückte Nudel. Der Spitzenvorhang wackelt noch einmal, dann lässt er demonstrativ das Rollo mit einem lauten Krachen herunter. Marlene dreht zum dritten Mal die Musik auf. Egal, was die Leute um uns herum denken – wir singen laut weiter und feiern den Mutterschutz, unsere Bäuche und unseren neuen Lebensabschnitt als Neu- und Zweifach-Mamas:

»... Don't worry
It will soon pass
Whatever it is
Don't worry
Be happy.«

9

Wehen-Simulationen, ein Kindergeld-Taxi-Interview und der Abend in der Glühenden Gurke

»Bevor wir mit den Entspannungsübungen beginnen, machen wir noch einmal die Wehen-Simulations-Übung«, sagt Selma und blickt in die Runde kugelbäuchiger Yoga-Mädels, die erschöpft auf ihren Matten sitzen. Wir sind angesichts der hochsommerlichen Hitzefrei-Temperaturen eher in Erdbeereis- statt in Yoga-Kurs-Laune.

Marlene verdreht beim Stichwort »Wehen-Simulations-Übung« die Augen und streckt wie ein hechelnder Hund ihre Zunge heraus. Jette sagt laut: »Och, nö«, und wischt sich mit einem Zipfel ihres T-Shirts den Schweiß von der Stirn. Die Wehen-Simulations-Übung ist nicht sonderlich beliebt. Kein Wunder, sie gehört zu den anstrengendsten, schmerzhaftesten und auch lautesten Schwangerschafts-Yoga-Übungen. Erbarmungslos, da sie werdenden Mamas genau vor Augen führt, wie weit das eigene Durchhaltevermögen reicht – eine Art freiwillige Mini-Grenzerfahrung zur Vorbereitung auf die Wehen und die damit verbundenen Schmerzen.

Während sich die Mädels in Position bringen, lasse ich meinen Blick noch einmal durch die Runde kreisen – wie eine Kamera, die einen besonderen Moment einfangen und als Erinnerung behalten möchte. Ich denke mit Wehmut daran, dass heute die letzte Yoga-Stunde stattfindet. Mir fällt auf, dass der Abstand zwischen den Matten größer geworden ist. Fast alle Mädels stehen kurz vor ihrem Entbindungstermin und sehen so aus, als ob sie einen Pezziball verschluckt hätten. Ich lege meine Hände auf den Bauch. Auch mein Bauchzwerg ist kein Zwerg mehr, sondern eigentlich ein fertig entwickeltes Baby. »Es könnte bald losgehen«, sagte Cléo, als sie meinen Bauch vor einigen Tagen draußen im Garten auf der Sonnenliege untersucht hat. »Der Kleine ist 50 Zentimeter lang und liegt schon in Startposition.«

Selma schließt vorsorglich alle Fenster. Es sei schon vorgekommen, dass die von besorgten Nachbarn alarmierte Polizei nach der Wehen-Simulations-Übung vor der Tür stand und sich erkundigte, ob »alles in Ordnung sei, ob sich jemand beim Yoga verletzt habe oder ob jemand Gewalt angetan worden sei«, erzählt Selma grinsend. Dann holt sie eine bronzefarbene Klangschale und setzt sich wieder zu uns.

Wir sollen kerzengerade auf den Fersen sitzen und die Arme zur Seite strecken, um sie dann in kleinen Bewegungen schnell schulterabwärts kreisen zu lassen. Idealerweise fünf Minuten lang. Optisch ähnelt das Ganze einer »Kate Winslet steht auf der Titanic«-Pose. Ohne Leonardo DiCaprio, versteht sich, und nicht auf dem Bug der Titanic stehend, sondern fersensitzend auf einer Yoga-Matte. Dabei sollen wir wieder einmal »tönen«, also ein lang gezogenes AAAAAAAAA, EEEEEEEEE, IIIIIIII oder UUUUUUUUU rufen. Zur Not dürfen wir auch stöhnen und seufzen – »ganz in eurem Rhythmus«, erklärt Selma. »Diese Übung mobilisiert ein Feuerwerk an Kräften in euch und hilft euch, bei körperlicher Anstrengung, das Atmen nicht zu vergessen. Außerdem hilft sie, Hemmungen abzubauen. Es ist sehr wichtig, dass ihr während der Geburt schnell alle inneren Mauern überwindet und euch nicht verkrampft. Deshalb sollt ihr weit den Mund öffnen, laut sein und ja nicht die Zähne zusammenbeißen.« Sie schließt kurz die Augen und atmet geräuschvoll ein. »Streckt jetzt eure Arme gerade zur Seite und versucht, an nichts anderes mehr zu denken – außer an euer Baby im Bauch.«

Doch das ist leichter gesagt als getan. Während ich meine Arme zur Seite strecke und versuche, an den fast fertigen Bauchzwerg in Geburts-Startposition zu denken, schweifen meine Gedanken immer wieder ab. Zuerst denke ich an Kate Winslet, an einen Reisekoffer und schließlich an meine Kliniktasche. Mir fällt ein, dass ich noch diese Frucht-Schoko-Energieriegel besorgen muss, die das letzte Mal im Bioladen ausverkauft waren. Danach denke ich an die Salbe für wundgenuckelte Brustwarzen, die mir Cléo schicken wollte. Daran muss ich sie unbedingt noch einmal erinnern. Apropos Baby: Wie sieht es eigentlich mit der Erstausstattung aus? Alles gewaschen, gefaltet und ordentlich im Kleiderschrank gestapelt? Von wegen. Und: Ich muss unbedingt noch in diesen kleinen Spielzeugladen fahren. Dort wollte ich für Nick ein kleines Begrüßungsgeschenk besorgen – ein Feuerwehrkostüm, das ihm sein kleiner Bruder nach der Geburt »schenken« wird. Große DIN-A4-Briefumschläge und Briefmarken stehen auch noch auf meiner Einkaufsliste – damit ich den Elterngeldantrag vor der Geburt eintüten kann.

Beim Stichwort »Umschlag« denke ich an den Brief von Frau Schnitzel, den ich auf dem Weg zum Yoga-Kurs aus dem Briefkasten gefischt und im Auto an einer roten Ampel geöffnet hatte. Er enthielt eine Bestätigung für das Elterngeld und mein Zwischenzeugnis, datiert auf den letzten Arbeitstag vor dem Mutterschutz. »Na, wenn es denn sein muss«, meckerte sie genervt, als ich das Zeugnis vor einigen Monaten angefordert hatte. Eine seltsame Reaktion, dachte ich damals. Warum tut sie sich so schwer, ihren Mitarbeitern einen Gefallen zu tun? Wobei »Gefallen« ja nicht das richtige Wort ist. Schließlich habe ich bei einer längeren Arbeitsunterbrechung einen Anspruch auf die Erteilung eines Zwischenzeugnisses. Ich bin erleichtert, dass ich es noch vor der Geburt erhalten habe. Wer weiß, vielleicht brauche ich es schon in der Elternzeit. Seit dem unerfreulichen Essen im »Chez Jacques« bin ich nicht mehr so sicher, ob es in der Kanzlei Dr. Schnietzel & Partner einen Wiedereinstieg geschweige denn eine Perspektive für mich geben wird.

§

DAS ZWISCHENZEUGNIS

Das Zwischenzeugnis wird »zwischendurch« im laufenden Arbeitsverhältnis ausgestellt (im Gegensatz zu einem »Endzeugnis«, das du erhältst, wenn dein Arbeitsvertrag endet). **Anspruch auf ein Zwischenzeugnis** hast du nicht automatisch, sondern nur in besonderen Fällen – z. B. dann, wenn du in **Elternzeit** gehst.

Gut zu wissen: Das Zwischenzeugnis wird von deinem aktuellen Vorgesetzten ausgestellt und dokumentiert deine Tätigkeit, die du bis zu deiner Babypause ausgeübt hast. Das ist von Vorteil, denn es kommt nicht selten vor, dass der Chef oder die Chefin nach dem Wiedereinstieg nicht mehr da sind und **Meinungsverschiedenheiten** darüber bestehen, welche Tätigkeiten du zuletzt ausgeübt hast. Außerdem kannst du dich mit einem Zwischenzeugnis auch gut während der Elternzeit bewerben, falls du dich **beruflich neu orientieren** möchtest.

Tipp: Das Zwischenzeugnis sollte rechtzeitig beantragt werden, am besten ca. 1 bis 2 Monate vor Beginn der Mutterschutzfrist. Zusätzlich empfehle ich auch, dass du dir ein **Organigramm** anfertigst oder geben lässt, in dem dokumentiert ist, auf welcher **Hierarchieebene** sich dein Job befindet bzw. in welcher **Position** du arbeitest. Das kann dir notfalls als Argumentationshilfe oder Beweismittel dienen, falls du nach dem Wiedereinstieg plötzlich einen anderen Job zugewiesen bekommst.

§§§

Selma reißt mich aus meinen Gedanken. »Seid ihr bereit? Gleich geht es los.« Dann blickt sie auf die große Uhr im Yoga-Raum und versetzt die Klangschale mit einem Holzschlegel in Schwingung. »GONNNNNNNG« – die Schale klingt erst laut, dann zart. Irgendwann ist der lang gezogene Ton kaum noch hörbar, was natürlich auch an dem AAAAAAAAA, EEEEEEEEE, IIIIIIII oder UUUUUUUUU-Stimmengewirr liegt, das mich wie ein summender Bienenschwarm umkreist. Am Anfang stecke ich die Übung noch locker weg, dann werden meine Arme immer schwerer und schwerer. Ich schaue zu der mir gegenüber sitzenden Pippa, die alles andere als Yoga-streberhaft aussieht. Sie tönt nicht mehr und verzieht krampfhaft ihr Gesicht. Ihre Arme hängen durch. Jette lässt frustriert die Arme fallen. Das Summen wird immer lauter. Der aufgescheuchte Bienenschwarm nähert sich mehr und mehr, bis gefühlt die ersten auf meinen Armen landen und anfangen, mich zu stechen. Selma bringt die Schale noch einmal zum Klingen. Mein Kopf dröhnt, meine Arme sind fast taub, kreisen aber noch. Das Summen, Seufzen und der Gong vermischen sich plötzlich mit hämmernden Elektro-Beats. Laute Musik umgibt mich. Die Bienen sind zu Menschen geworden, die um mich herum tanzen, rufen und schwitzen. Ich denke an den Abend in der Glühenden Gurke. Und an das Angebot von Dr. Fizz.

§§§

Oscar, der Referendar, hatte nicht lockergelassen. »Du bist doch nächste Woche dabei, oder?«, sagte er bei meiner Abschiedsrunde im Büro. Ich sah ihn verwundert an. »Ein Nein wird nicht akzeptiert. Wir sind in der Glühenden Gurke verabredet«, beharrte er. Dann fiel es mir wieder ein. »Äh, mal sehen, ich kann doch nicht mit so einem dicken Bauch ausgehen. Ab morgen bin ich doch im Mutterschutz. Und diese laute Musik ist bestimmt nicht gut fürs Baby«, antwortete ich zögerlich. »Na und, du bist doch nur schwanger und nicht krank, oder? Komm, gib dir ’nen Coole-Mutti-Ruck. Nur auf ein alkoholfreies Erfrischungsgetränk. Außerdem gibt es da ein kleines Restaurant und mehrere Nebenräume, in denen es nicht so laut ist. Wir treffen uns um 22 Uhr am Schlesischen Tor, ja?«

Am darauffolgenden Freitag stieg ich pünktlich um 22 Uhr aus dem Taxi, um Oscar am »Schlesi« zu treffen. Jette und Marlene waren mit von der Partie, denn ich hatte weder Lust, alleine mit Oscar auszugehen, noch Lust, alleine durch Berlin-Kreuzberg zu laufen. Ich hatte lange überlegt – eine Hochschwangere, die abends ausgeht –, das ziemt sich ja eigentlich nicht, oder? Andererseits lockte die Möglichkeit, noch ein letztes Mal vor der Geburt auszugehen, nach der Geburt ist damit ja erst einmal Schluss. Party mit Baby im Bauch ist doch viel einfacher als Party mit Baby außerhalb des Bauches – und außerdem kann ich ausschlafen, wenn ich im Mutterschutz bin, sagte ich mir und gab mir tatsächlich einen Ruck. Und nachdem Cléo den Ausgang auch noch abgesegnete und sich sicher war, »dass der Kleine sowieso erst in sechs bis sieben Wochen schlüpft«, beschloss ich, mich noch einmal in Schale zu werfen und loszuziehen.

Als das Taxi vor der Tür hielt, bekam ich plötzlich doch kalte Füße. Obwohl ich mich schon von dem tief schlafenden Nick verabschiedet hatte, lief ich insgesamt noch drei Mal von der Haustür zurück ins Schlafzimmer. Einmal, um sicherzugehen, dass der Kleine auch ja richtig zugedeckt ist, einmal, um sicherzugehen, dass das Babyphone wirklich funktioniert, und einmal einfach so, getrieben von verrücktspielenden mütterlichen Fürsorge-Hormonen. »Schlaf gut, mein Hasenkind«, flüsterte ich und hinterließ einen roten Lippenstiftabdruck auf seiner Wange. Max wartete kopfschüttelnd im Flur. »Los jetzt, du aufgescheuchtes schwangeres Huhn. Das Taxi wartet.« – »Denk dran, dass Nick um zwei Uhr seine Flasche mit der Hafermilch braucht. Im Keller ist noch eine Ersatzpackung. Und kannst du noch einmal nachschauen, ob …« – »… ob die Windel voll ist?«, ergänzte Max genervt. »Jajaja doch, mach ich. Pass gut auf dich und auf unseren Bauchzwerg auf.«

15 Minuten später hielt das Taxi in Berlin-Mitte, um Jette

vor einem großen Bürogebäude abzuholen. Dort ist die Niederlassung einer großen Tageszeitung, für die sie als freie Mitarbeiterin arbeitet. Sie stieg hektisch ins Taxi und erzählte mir aufgeregt von ihrem Arbeitstag. »Ich musste bis 21 Uhr arbeiten – und das drei Wochen vor meinem Entbindungstermin. Eine Frechheit ist das, eigentlich kann ich mir als freie Mitarbeiterin meine Arbeitszeiten frei einteilen. Und weißt du, was der absolute Hohn ist? Ein Tisch weiter sitzt eine festangestellte Journalistin, die bald in den Mutterschutz geht. Ich frage mich, warum man als selbstständig arbeitende Mutter nicht dem Mutterschutz unterliegt. Zumindest während der Mutterschutzfrist müsste es doch möglich sein, eine Arbeitspause einzulegen und dennoch finanziell abgesichert zu sein.«

Ich kratzte mich am Kopf. »Du hast recht. Mit Art. 6 Abs. 4 Grundgesetz, nach dem jede Mutter Anspruch auf Schutz und Fürsorge der Gemeinschaft hat, ist das jedenfalls nicht vereinbar. Aber leider gibt es dafür keine gesetzliche Grundlage im Mutterschutzgesetz. Da steht leider nicht drin, dass es auch für Frauen gilt, die als Selbstständige arbeiten.« – »So ein Mist«, fluchte Jette und tippte sich an die Stirn. »Das Baby im Bauch kann sich doch nicht aussuchen, ob seine Mama angestellt oder selbstständig arbeitet. Na, wenigstens bekomme ich Elterngeld und Kindergeld.«

Jette fing an, in ihrer Handtasche zu wühlen. »Apropos Kindergeld. Ich soll für das Magazin *Supermutti* einen Text zum Kindergeld schreiben – dort werden in einer Serie nach und nach alle Leistungen, die Eltern gezahlt werden, vorgestellt. Ich hätte da ein kleines Attentat auf dich vor.« Plötzlich hielt sie mir ihr Handy unter die Nase und aktivierte die Aufnahmefunktion. »Frau Anwältin, können Sie mir bitte kurz die wichtigsten Infos zum Kindergeld zusammenfassen?«

Ich war etwas perplex, verschränkte demonstrativ die Arme über meinem Bauch und schob das Gerät weg. »Frau Anwältin verweigert die Aussage, sie ist im Mutterschutz.«

»Ach, komm jetzt«, bat sie, »nur ganz kurz. Das würde mir die Arbeit erleichtern, vielleicht schaffe ich es sogar noch, den Artikel vor der Geburt fertigzustellen. Bitte, bitte. Ich schmuggele dich nächstes Jahr auch in alle Veranstaltungen, die du besuchen möchtest – Berlinale, Fashion Week, Vernissagen –, mit den dicksten Goodie-Bags, die du dir vorstellen kannst.« Ich schüttelte den Kopf. »Ich besorge dir ein Autogramm, vielleicht auch ein Treffen mit einem Schauspieler, Künstler oder Politiker deiner Wahl, bitte, bitte, bitte.«

»Du hast fünf Minuten Zeit. Mehr nicht«, sagte ich genervt und tippte auf die nicht vorhandene Uhr an meinem Handgelenk. Dann hielt sie mir wieder das Handy unter die Nase.

KINDERGELD

1. Allgemeines und Höhe

Das Kindergeld ist eine staatliche Leistung, die – vereinfacht gesagt – an Eltern gezahlt wird, um sie steuerlich zu entlasten. Es ist also streng genommen kein nett gemeintes Geschenk vom Staat, sondern eine **Rückerstattung für Steuern**, die wir zahlen, wenn wir Aufwendungen für unsere Kinder tätigen. Die Rechtsgrundlagen für das Kindergeld findest du im Einkommensteuergesetz (EStG), wenn du unbeschränkt steuerpflichtig bist, bzw. im Bundeskindergeldgesetz (BKGG), wenn du beschränkt steuerpflichtig bist (z. B. dann, wenn dein gewöhnlicher Aufenthaltsort nicht in Deutschland ist).

Seit dem 01.01.2018 beträgt das Kindergeld monatlich **194 Euro** für das erste und zweite Kind, **200 Euro** für das dritte Kind und **225 Euro** für das vierte und jedes weitere Kind.

2. Voraussetzungen

Du erhältst Kindergeld, wenn du folgende **Voraussetzungen** erfüllst:

- Du erzielst in Deutschland Einkünfte und hast deinen Wohnsitz oder gewöhnlichen Aufenthalt in Deutschland.
- Dein Kind hat das 18. Lebensjahr noch nicht vollendet oder erfüllt einen Sondertatbestand, bei dem das Kindergeld länger gezahlt wird (z. B. Berufsausbildung).

3. Formalien, Antragsfrist

Das Kindergeld wird bei der **Familienkasse** der Bundesagentur für Arbeit (→ Linksammlung) beantragt. Am besten sollte man das gleich nach der Geburt tun.

Nicht vergessen: Kindergeld kann rückwirkend nur **6 Monate** beantragt werden, danach verfällt der Anspruch. Mit dem Kindergeldantrag muss man noch weitere Unterlagen einreichen (Geburtsurkunde, die speziell für die Kindergeld-Beantragung vom Standesamt erteilt wird, ggf. auch weitere Dokumente, z. B. einen Ausbildungsvertrag oder eine Schulbescheinigung).

Gut zu wissen: Für die Auszahlung des Kindergeldes (Termine siehe → Linksammlung) benötigt die Familienkasse die **Steuer-Identifikationsnummer** des Kindes. Diese wird den Eltern nach der Geburt per Post vom Finanzamt zugeschickt. Falls das nicht der Fall ist, kann man sie beim **Bundeszentralamt für Steuern** (→ Linksammlung) neu beantragen.

Wichtig: Der Kindergeldanspruch besteht immer pro Kind, nicht pro Elternteil. Gezahlt wird das Geld an die **Eltern**, in Sonderfällen auch an **Großeltern**. Wenn die Eltern nicht zusammenleben, müssen sich die Eltern einigen, wer das Kindergeld bekommt. Meistens ist es der Elternteil, bei dem das Kind lebt. Im Wechselmodell wird es geteilt.

Tipp: Wenn die Familienkasse den Anspruch auf Kindergeld ablehnt, solltest du Widerspruch einlegen und ggf. einen Anwalt hinzuziehen.

Ich tippte wieder auf meine imaginäre Uhr. »Die Interviewzeit ist abgelaufen, gleich sind wir bei Marlene. Dort steht sie schon.« Marlene quetschte sich noch zu uns auf den Hintersitz. »Könnt ihr mal eure Bäuche einziehen, damit ich mehr Platz habe?«, witzelte sie und steckte sich ihre knallrote Sonnenbrille ins Haar. Der Taxifahrer staunte nicht schlecht. Vermutlich hatte er noch nie drei aufgedonnerte hochschwangere Frauen in seinem Taxi befördert.

Fünf Minuten später stiegen wir am Schlesischen Tor aus. Oscar wartete bereits mit einer Zigarette im Mundwinkel vor dem Bagdad Imbiss. »Na Mädels, seid ihr bereit für die Glühende Gurke?«, fragte er unternehmungslustig, nachdem ich ihm meine Yoga-Freundinnen vorgestellt hatte. »Aber Hallo!«, sagte Marlene und zog ihr schwarz-weiß gepunktetes Stretch-Kleid in Form. »Ich stehe auf Gurken in jeglicher Form, im Moment allerdings eher auf Gewürz- und Salatgurken.« – »Ich hoffe, deine Sprüche werden heute noch besser«, bemerkte Jette und verdrehte die Augen. »Ich wollte immer schon einmal mit dem Baby im Bauch auf einer Tanzfläche rocken«, sagte Marlene und fing plötzlich an, wild auf dem Bürgersteig umherzuhüpfen. Ich musste laut lachen. Marlene war wirklich eine Rampensau, die jeden mit ihrer guten Laune anstecken konnte. »Eigentlich sollte man viel öfter während der Schwangerschaft ausgehen«, stellte Jette fest und streichelte ihren Bauch. »Dann wird man wenigstens nicht von irgendwelchen dämlichen Typen angebaggert.«

Ich dachte kurz an Dr. Fizz, der während des Elternzeit-Vortrags angedeutet hatte, dass er auch in die Glühende Gurke kommen werde. Natürlich hatte ich ihn nicht angerufen. Hoffentlich kommt er heute nicht auf die Idee, dort zu erscheinen, dachte ich. Obwohl – vielleicht könnte ich ihn dann fragen, warum er mich während des Elternzeit-Vortrags so angestarrt hat.

Ich atmete die Atmosphäre dieses ganz besonderen Abends tief in mich hinein: die laue Sommerluft, die fröhlichen Gesichter, die uns entgegenkamen, der Geruch nach Party, Spaß und aufgedonnertem Jungvolk auf der Suche nach der großen Liebe – eine Mischung aus Bier, Döner und Haarspray. Plötzlich zeigte Oscar auf ein großes Fabrikgelände. »Da geht es rein.« Wir liefen durch ein großes Tor über einen Innenhof und um ein großes Gebäude herum. Dann standen wir plötzlich vor einem zweiten Tor, hinter dem eine riesige Fabrikhalle lag, aus der Musik dröhnte. Rechts vor der Fabrikhalle stand eine uralte knorrige Kastanie. An einem Ast war eine große Schaukel befestigt, auf der ein knutschendes Pärchen saß. Links von der Fabrikhalle war ein Biergarten, in dem ein Grill aufgestellt war. Es roch nach Bratwurst und Burger. Oscar schien den Türsteher zu kennen. Er schaute etwas verblüfft auf unsere Bäuche und witzelte, während er Oscar mit Handschlag begrüßte: »Die haste doch nicht alle gleichzeitig geschwängert, oder?« Mit einem Grinsen winkte er uns durch die Tür.

Die Glühende Gurke bestand aus einem großen Raum, in dessen Mitte tatsächlich eine riesige grüne Gurke aus Plastik stand. Sie leuchtete abwechselnd in bunten Farben. Um die Gurke herum wurde getanzt. Noch war es nicht voll – 22.30 Uhr war ja noch viel zu früh zum Feiern. Nach einem kurzen Blick auf die Tanzfläche gingen wir wieder nach draußen und beschlossen, uns in den Biergarten zu setzen, um etwas zu essen. Oscar sonderte sich ab, da er auf dem Weg eine Bekannte traf.

Wir bestellten uns Avocado-Burger und beobachteten das Partyvolk um uns herum. Marlene begann wieder wie ein Wasserfall von ihrem Doc zu erzählen. Angeblich habe er sich tatsächlich von seiner Frau getrennt. »Gestern hat er mich gefragt, ob er bis zur Geburt und während des Wochenbetts bei mir einziehen kann«, erzählte sie aufgeregt. »Er hat gesagt, dass wir vorher noch einkaufen gehen. Und dass ich mir alles aussuchen darf, was ich noch für den Schmetterling brauche. So etwas habe ich mir immer schon gewünscht. Wenigstens einmal in meinem Leben zusammen mit dem Vater des Kindes die Zeit vor und nach der Geburt zu genießen.« Ich freute mich für Marlene und hoffte, dass es der Doc ernst mit ihr meint – auch wenn meine innere Anwältin immer noch skeptisch war.

Eine Kellnerin mit einem Lippenpiercing und tätowierter Hand brachte uns die Avocado-Burger und sagte schroff: »Das müsst ihr jetzt gleich zahlen.« Wir zückten unsere Portemonnaies. »Wenn du das nächste Mal ›Bitte‹ und ›Danke‹ sagst und jetzt mal kurz lächelst, dann bekommst du auch Trinkgeld von mir«, sagte Marlene leicht angesäuert zu der Kellnerin, die daraufhin wortlos das Wechselgeld auf den Tisch knallte und verschwand. Kopfschüttelnd begannen wir unsere Burger zu essen. »Also ehrlich, ich hätte ja nie gedacht, dass eines Tages mal mein Chef bei mir einziehen würde …«, wechselte Marlene wieder zu ihrem Lieblingsthema. »Bitte nicht schon wieder«, entgegnete ich. »Na gut, dann reden wir eben über langweiligen Paragrafenkram«, sagte sie trotzig. »Wobei, was mich mal wirklich interessieren würde: Welche finanziellen Leistungen stehen Eltern eigentlich zu? Irgendwie habe ich da den Überblick verloren.«

»Die Anwältin ist doch schon im Mutterschutz und sagt nichts mehr«, bemerkte Jette spöttisch, während sie herzhaft in ihren Burger biss. »Na ja, wenn ich will, DARF ich arbeiten, zumindest bis zur Geburt.« – »Komm, nur ein paar Stichworte. Die schreibe ich gleich als Notiz in mein Telefon, und dann lass ich dich in Ruhe«, insistierte Marlene und pustete drei Luftküsse in meine Richtung. Dann zückte sie ihr Handy. Ich grübelte kurz, meine innere Anwältin seufzte und schwor sich, dass das die letzten Tipps sein sollten, die sie vor der Geburt ihres Babys preisgeben würde.

DIE WICHTIGSTEN FINANZIELLEN LEISTUNGEN FÜR ELTERN

1. **Mutterschaftsgeld**
(→ siehe S. 64)

2. **Zuschuss zum Mutterschaftsgeld**
(→ siehe S. 64)

3. **Mutterschutzlohn**
(→ siehe S. 69)

4. **Elterngeld** (Basiselterngeld, Elterngeld Plus, Partnerschaftsbonus)
(→ siehe S. 212.)

5. **Landeserziehungsgeld**
In **Sachsen und Bayern** wird **Landeserziehungsgeld** im Anschluss an das Elterngeld gezahlt (→ Linksammlung).

6. **Betreuungsgeld**

Das **Bundesbetreuungsgeld** wurde zwar nach der Entscheidung des Bundesverfassungsgerichts vom 21.07.2015 abgeschafft (Az. 1 BvF 2/13), in Bayern wird es weiter auf Grundlage des »Bayerischen Betreuungsgeldgesetzes« gezahlt. (→ Linksammlung)

7. **Kindergeld**
(→ siehe S. 235 ff.)

8. **Kinderzuschlag**
Der Kinderzuschlag wird gezahlt, wenn die Eltern finanziell nicht in der Lage sind, für den Unterhalt des Kindes aufzukommen. Der Antrag ist bei der **Familien-**

kasse zu stellen und beträgt seit dem 1.1.2017 **monatlich maximal 170 Euro**.

9. **Kinderfreibetrag**
Der Kinderfreibetrag sorgt dafür, dass das Existenzminimum für Kinder steuerfrei ist, und wird vom Finanzamt bei der Besteuerung der Eltern berücksichtigt. Seit dem 1. Januar 2018 beträgt der Kinderfreibetrag jährlich **4788 Euro**.

10. **Unterhaltsvorschuss**
(→ siehe S. 169)

11. **Besondere regionale Familienleistungen**
Es gibt einzelnen Städte und Gemeinden, die Geldleistungen bei einer Geburt zahlen oder die Kosten für die Kinderbetreuung übernehmen. **Hier lohnt es, direkt bei der Stadt/Gemeinde nachzufragen**.

Weitere Leistungen: siehe S. 274f.

Marlene tupfte sich mit einer Serviette den Mund ab und runzelte die Stirn. Sie winkte plötzlich in Richtung Oscar, den sie gerade im Biergarten entdeckt hatte. »Kommt ihr mit tanzen?«, fragte er und setzte sich zu uns an den Tisch. »Jaaaa«, antworteten wir im Chor. »Na gut, Muttis, dann mal los.« Oscar verschwand sofort mit Marlene auf der Tanzfläche. Ich stellte mich mit Jette an den Rand und wippte ein wenig im Takt mit. Der Bauchzwerg bewegte sich ganz zart. Die Musik schien ihm zu gefallen. Na, dann weiß ich schon, in welchen Clubs ich dich später mal aufgabeln werde, sagte ich zu ihm.

Ich beobachtete das wilde Treiben rund um die Glühende Gurke. Die Masse tanzte, die Fenster waren beschlagen, es war voll, bunt und glühend heiß – ganz so, wie es der Flyer versprochen hatte. Es würde nicht mehr lange dauern, bis es von der Decke tropft. Plötzlich bemerkte ich eine Berührung an meiner Schulter. Ich drehte mich um und sah plötzlich einen Bart vor meinen Augen. Dr. Fizz. Er war tatsächlich auch in die Glühende Gurke gekommen. Ich erschrak und zuckte zusammen. »Schnell abhauen«, war der erste Befehl, den mein Gehirn an meine Beine sendete. »Hi, schön dich zu sehen. Darf ich dich auf einen Drink einladen?«

Er wartete erst gar nicht meine Antwort ab, nahm meine Hand, bahnte uns einen Weg über die Tanzfläche, vorbei an wild tanzenden, schwitzenden Körpern, und schleifte mich zur Bar. Wie dreist ist das denn, dachte ich und fühlte mich gleichzeitig seltsam geborgen inmitten der verrückt tanzenden Massen. Erst duzt er mich ungefragt, und dann zieht er mich quer über die Tanzfläche. »Ich bin der Mutterschützer«, lachte er, während er einen Typen zur Seite schob, der roboterhaft tanzte. An der Bar angekommen, bestellte er ein Bier und eine Rhabarbersaftschorle. »Nett hier, oder?«, sagte er und strich sich durchs Haar.

Seine Anwesenheit löste gemischte Gefühle in mir aus. Eine Mischung aus »Ich muss sofort die Flucht ergreifen«, Faszination und Neugier. Irgendwie musste ich heute herausfinden, was er von mir wollte. »Du bist doch nicht hierhergekommen, um mir das zu sagen, oder?«, fragte ich. Viel Zeit blieb uns ja nicht mehr – es war nur noch eine Frage von Minuten, bis mich eine meiner Freundinnen finden wurde. Eigentlich wollte ich auch nicht, dass ich mit ihm gesehen wurde. »Es tut mir leid, wenn ich dich verunsichere. Bitte versteh das nicht falsch. Es ist nur so – du erinnerst mich an jemanden.« Ich staunte, was war nur los hier? »Deshalb muss ich dich immer anschauen.« Sein Blick wurde ernst, fast schon ein bisschen traurig. Dann legte er einige Schweigesekunden ein und holte tief Luft. Er zog ein zerknittertes Bild aus seinem Portemonnaie und reichte es mir. Ich konnte eine lächelnde Frau mit langen dunklen Haaren erkennen, unter ihrem mädchenhaften Blümchenkleid wölbte sich ein Babybauch. Sie stand auf einem Felsen und winkte in die Kamera. Mit etwas Fantasie sah ich ihr tatsächlich etwas ähnlich. »Du sieht genauso aus wie meine Frau. Sie ist seit Langem verschwunden. Ich weiß nicht einmal, ob sie noch lebt.« Oh Gott, das war es also. Ich fühlte mich unwohl. Schwanger, an der Bar eines Berliner Nachtclubs namens Glühende Gurke sitzend, gegenüber einem fremden Mann, der mich anstarrt und mich mit seiner womöglich toten Frau vergleicht. »Oh, d-d-d-das tut mir leid«, antwortete ich. Ich wusste nicht, was ich sagen sollte. Nach dem Baby in ihrem Bauch traute ich mich nicht zu fragen.

Dr. Fizz nahm einen großen Schluck aus seiner Bierflasche. »Wir müssen auch gar nicht weiter darüber reden. Ich wollte nur, dass du es weißt. Allerdings gibt es da aber auch noch etwas anderes, worüber ich gerne mit dir sprechen möchte«, unterbrach er mich und fasste sich nachdenklich ans Kinn. »Macht dir die Arbeit bei Dr. Schnietzel & Partner eigentlich noch Spaß? Willst du nach der Elternzeit dorthin zurückkehren?«

Ich blickte ihn erstaunt an. Pass auf, was du sagst, ermahnte mich meine innere Anwältin. Dr. Fizz macht hier einen auf einsamen Cowboy und coolen Clubgänger – aber er ist immer noch ein Mandant deines Arbeitgebers. »Ähm, ja, die Kanzlei ist toll«, log ich und strich mir verlegen eine Strähne hinter das Ohr. Im Lügen war ich noch nie wirklich überzeugend. »Das mag sein«, antwortete er, »aber ich habe den Eindruck, dass du dort fehl am Platz bist.« Der Typ ist ein Spinner, nichts wie weg, dachte ich und rutschte unruhig auf meinem Barhocker hin und her.

Dann ließ er die Bombe platzen. »Hättest du eigentlich Lust, für mich zu arbeiten? Ich werde zum Ende des Jahres aus der Firma ausscheiden und eine eigene Anwaltskanzlei gründen. Dort könnte ich noch eine gute Arbeitsrechtlerin gebrauchen.« Bevor ich antworten konnte, stürmte Oscar mit Jette und Marlene im Schlepptau auf mich zu. »Mensch, wo warst du nur? Wir haben dich überall gesucht.« Ich merkte, dass Oscar bereits angetrunken war. Dann musterte er Dr. Fizz. »Was ist denn das für ein seltsamer Bart? Belästigt er dich?« – »Nein«, antwortete ich. »Er ist ein – ääähhh – guter Bekannter von mir.« Ich vermied das Wort »Mandant«, nicht auszudenken, wenn Oscar am Montag in der Kanzlei erzählen würde, dass ich im Mutterschutz mit Mandanten an der Bar abhänge. Oscar zog mich auf die Tanzfläche: »Los, jetzt wird getanzt.« Ich blickte zurück zur Bar, um mich noch schnell von Dr. Fizz zu verabschieden. Doch er war bereits verschwunden.

§§§

»Die fünf Minuten sind jetzt vorbei, ihr habt es geschafft«, sagt Selma. Ich lasse meine Arme zur Seite fallen und lege mich zum Ausruhen auf die Yoga-Matte. Der Schweiß steht mir auf der Stirn, meine Arme sind taub. »Nach fünf Minuten geht es weiter. Denkt daran: Während der Presswehen habt ihr weniger als fünf Minuten Zeit, um euch zu erholen.« Ich richte mich wieder auf und versuche mich zu sammeln. Selma versetzt erneut die Klangschale in Schwingung. Ich strecke gequält meine Arme. Wir machen die Wehen-Simulations-Übung insgesamt noch drei Mal. Pippa und Jette machen nicht mehr mit und knien – den Kopf eingerollt in der Position des »Kindes« – auf der Matte.

Nach einigen Entspannungsübungen neigt sich die letzte Schwangerschafts-Yoga-Stunde dem Ende zu. »So, ihr Lieben, damit sind wir schon fast am Ende des Yoga-Kurses angelangt. Zum Schluss gebe ich euch noch eine ganz besondere Meditation mit auf den Weg. Bitte setzt euch dazu in den Lotussitz und legt die Hände auf euren Bauch.« Dann beginnt Selma leise und feierlich zu sprechen:

»Ich atme langsam ein und wieder aus. Ein und wieder aus. Die vielen Gedanken, die in meinem Kopf kreisen, lege ich auf eine Wolke, die an mir vorbeischwebt. Die Wolke entfernt sich von mir. Ich merke, wie sich mit jedem neuen Atemzug Energie in meinem Körper verteilt. Die Energie wandert in meinen Bauch und breitet sich dort aus. Zu meinem Kind, das nun fertig ist für die Geburtsreise. Mein Körper ist bereit für die Geburt, bereit, sich zu öffnen, bereit, neues Leben zu schenken. Ich bin stark und weiß, dass ich meinem Baby dabei helfen werde. Egal, auf welche Weise und an welchem Ort ich gebären werde – ich werde für mein Kind da sein und es mit Liebe begleiten.«

Der kleine Bauchzwerg klopft sanft an meine Bauchdecke. Ich spüre, dass er nicht mehr lange in meinem Bauch bleiben möchte. Endlich denke ich an nichts anderes mehr als an ihn. Es ist still im Kursraum. Hin und wieder sind tiefe Atemzüge zu hören. Während wir mit geschlossenen Augen an die Geburt und unsere Kleinen denken, geht Selma reihum zu jeder von uns, öffnet unsere Hände, legt dort ein kleines Säckchen hinein und verschließt die Hände wieder. »Jetzt dürft ihr die Augen öffnen. In eure Hand habe ich ein kleines Geschenk für eure Geburtsreise gelegt. Ich wünsche euch von Herzen viel Kraft für eure Geburt. Es war wunderbar mit euch.« Ich öffne die Augen und komme wieder zu mir. Dann öffne ich das Säckchen. Es ist gefüllt mit einem Fläschchen Rosenöl, Energiekugeln und einem persönlichen handgeschriebenen Mantra auf einem eingerollten Papier, das mit einer grünen Schleife zusammengebunden ist.

»Ong Namo Guru Dev Namo«, steht auf meinem Zettel und darunter die Übersetzung: »Ich verbinde mich mit der kosmischen Energie und dem erhabenen Weg, der mich vom Dunkel zum Licht führt.«

Wir umarmen Selma und verabschieden uns von ihr. »Ich hoffe, ich sehe euch alle beim Rückbildungs-, Anti-Stress und Kinder-Yoga«, sagt sie und drückt uns noch einen Flyer in die Hand. Bevor jeder seines Weges geht, beschließen wir noch eine Chat-Gruppe zu gründen, damit wir uns gegenseitig Baby-Fotos schicken können. Tatsächlich fließen in der Garderobe einige Tränen, die mit gegenseitigen Versprechungen, sich bald nach der Geburt zu treffen, weggewischt werden.

Nach der Yoga-Stunde laufe ich mit Jette zusammen noch ein Stück die Straße entlang. »Na dann«, sagt sie, als wir vor meinem Auto stehen und uns noch einmal umarmen, »Tschüssi, bis bald und eine glückliche Wehen- und Wochenbettzeit!«

10

Von der Kinder-Geschäftsfähigkeit zu »Elternzeit-Störfällen«

»Du kannst dir nicht vorstellen, was bei uns schon wieder los war.« So beginnt fast jedes Telefonat mit meiner Schwägerin Valentina. Ich bewundere sie, denn sie hat ein großes Herz, ist immer gut gelaunt und trägt die schicksten Kleider der Welt – als ob jeden Morgen eine Stylistin in ihrem Kleiderschrank auf sie wartet. Valentina lebt mit ihrem Mann Benno und ihren drei Kindern Henri (acht), Neo (sechs) und Lucie (drei) in Bayern. Genau genommen am Starnberger See, in einem wunderschönen weißen Haus am Waldrand. Bei ihnen lebt ein Au-pair-Mädchen, das aus Madagaskar kommt und Josia heißt.

Valentina ist das Gegenteil von langweiligem Schweigen und die lustigste Geschichtenerzählerin der Welt. Eigentlich sind ihre Geschichten keine Geschichten, sondern wahre Begebenheiten aus ihrem Familienleben, das scheinbar wie ein Magnet für skurril-verrückte Menschen und Situationen ist. Ich freue mich immer, wenn sie Zeit zum Sprechen hat, besonders dann, wenn ich traurig bin oder schlechte Laune habe. So wie jetzt. Eigentlich sollte ich nach der Geburt von Mika, die jetzt acht Wochen zurückliegt, nur so vor Glückshormonen strotzen und Sätze sagen wie:

»Erst jetzt, mit dem zweiten Kind, fühlt es sich richtig rund an.«

»Der Kleine trinkt wunderbar an der Brust, liegt entwicklungsmäßig genau in der Kurve und schläft durch.«

»Ja, ich fühle mich topfit und war gestern das erste Mal wieder joggen.«

»Nick hat sein Geschwisterchen sofort ins Herz geschlossen, hilft beim Wickeln und singt ihm Gute-Nacht-Lieder vor.«

»Max ist gerade in Elternzeit und entlastet mich, wo es nur geht.«

Sätze, die alle nach der Geburt hören wollen. Einer Mutter muss nach der Geburt die Sonne aus dem Gesicht scheinen. Mir scheint aber gerade keine Sonne aus dem Gesicht. Ganz im Gegenteil. Ich bin gerade überfordert, fix und foxi, groggy und k.o. zugleich. Seit Mikas Geburt fühlt sich noch nichts »rund« an: Der Kleine hat nach der Geburt abgenommen und wollte nicht trinken, sodass er gewichtsmäßig eine Zeit lang »unter der Kurve« lag. Und: Nach der anfänglichen Euphorie über sein Brüderchen hat Nick gemerkt, dass er für immer vom Einzelkind-Thron gestoßen wurde, was dazu geführt hat, dass nun fast jeder Tag ein Nick-Trotz-Tag ist. Max musste nach drei Wochen wieder arbeiten, damit ihm seine Kunden nicht weglaufen. Nachts und nach 19 Uhr hilft er mir, wo er nur kann, aber dazwischen stemme ich alles alleine.

Und ich selbst so? Ich fühle mich müde, mopsig und unfit. Ein Mix aus bleierner Müdigkeit und völliger Erschöpfung – einmal durch den Fleischwolf gedreht und danach durch den Entsafter gezogen. Der Bauch sieht immer noch so aus wie im fünften Monat, ich laufe nur noch in Leggings herum und traue mich nicht, in den Prenzlauer Berg zu fahren, weil ich keine Lust habe, die ganzen durchgestylten Mamas zu sehen. Außerdem würde ich trotz Latte Macchiato in der Hand sowieso im Stehen einschlafen.

Nein, ich verkrieche mich lieber zu Hause und versuche Valentina anzurufen, um meine Laune zu verbessern. Der

Zeitpunkt ist optimal. Es ist Samstagvormittag, Mika hält sein Nickerchen, und Max macht eine Radtour mit Nick. Valentina müsste eigentlich zu Hause sein.

Tatsächlich nimmt sie gleich ab. »Ach, halloooo! Wie schön, dass du anrufst«, sagt sie. »Ich komme gerade aus der Dusche. Warte einen kleinen Moment, ich muss mir nur kurz die Taucherbrille absetzen.« Ich höre, wie sie ihr Telefon zur Seite legt. Dusche? Taucherbrille? Hä? »Warum duschst du denn mit einer Taucherbrille?«, frage ich verwundert. Sie redet etwas leiser, vermutlich damit es niemand hören soll.

»Ich war doch gestern bei ›Fancy Nancy‹ – diesem neuen angesagten Beauty-Salon in München. Die haben mir gesagt, dass Wimperntusche out ist, und haben mich überredet, mir falsche Wimpern ankleben zu lassen. Nach der zweistündigen Prozedur, bei der sie – stell dir vor – an jedes Auge fast 100 Wimpern aus Nerzhaaren geklebt haben, hat sie mir gesagt, dass da 48 Stunden lang kein Wasser drankommen sollte.« Dann flüstert sie noch leiser: »Aber bitte nicht weitersagen, der Benno darf das nicht wissen, sonst flippt er aus. Außerdem soll er ja denken, dass ich in echt so dichte Wimpern habe.«

Ich muss das erste Mal seit drei Tagen lachen. Bereits diese Episode genügt, dass sich meine Laune schon merklich bessert. Ein zaghafter Sonnenstrahl zeigt sich am »Mama-hat-schlechte-Laune«-Horizont. Dann erkundigt sie sich, wie es bei uns so läuft. Ich klage ihr ein wenig mein Leid, natürlich nur zur Hälfte.

Irgendwann sagt sie endlich den Satz, auf den ich sehnlichst gewartet habe: »Du kannst dir nicht vorstellen, was bei uns schon wieder los war.« Dann erzählt sie mir folgende Begebenheit:

Der Kinder-Kunsthandwerk-Markt am Starnberger See

Henri, Neo und Lucie haben ja seit längerem einen Bastel-Tick, am liebsten aus Materialien, die sie im Garten oder im angrenzenden Wald gesammelt haben. Ich war ganz erstaunt, als sie mir ihr entzückendes »Kunsthandwerk« gezeigt haben: Lavendelsäckchen aus selbst gepflücktem und getrocknetem Lavendel, Briefbeschwerer aus flachen Steinen mit Glücks-Marienkäfer-Motiven und Schlüsselanhänger aus länglichen Holzstücken in Fischform, bemalt mit bunten Farben. Irgendwann hatte Neo die fixe Idee, die Sachen zu verkaufen. Zunächst vor unserer Tür, mit einer Decke auf dem Bürgersteig. Aber da kam niemand vorbei.

Die Oma, die an dem Wochenende da war, hatte die Idee, die Sachen am Starnberger See an der Seepromenade zu verkaufen. Da ist ja immer was los, und da halten auch die Touristen mit den Ausflugsdampfern.

Wir haben also tatsächlich am Sonntagmorgen einen kleinen Stand direkt an den Seeterrassen aufgebaut. Die Kinder haben uns weggeschickt. Henri meinte, es sei verkaufsfördernder, wenn die »Erwachsenen« nicht in der Nähe wären. Die Oma, die Josia und ich setzten uns also in Sichtweite auf eine Parkbank. Zwischendurch gingen wir immer wieder zu ihnen, um uns zu vergewissern, dass alles in Ordnung ist.

Das Geschäft lief hervorragend. Die Kinder hatten nach einer Stunde bereits fast 100 Euro verdient. Die älteren Damen im Dirndl, die von den Ausflugsdampfern kamen, waren die besten Kundinnen. Als eine Traube Käuferinnen um den Tisch herumstand, bahnten sich plötzlich zwei Polizisten den Weg zu den Kindern. Die Seepolizei! Verdammt, da fiel mir ein, dass ich mal irgendwo gelesen hatte, dass man für so was eine Genehmigung braucht und dass das sogar strafbar sein kann. Außerdem sind die Kinder ja noch nicht geschäftsfähig, da bekomme ich ja bestimmt noch Ärger mit dem Jugendamt. Vielleicht denken sie sogar, dass wir die Kinder für uns arbeiten lassen. Nicht, dass ich noch im Gefängnis lande. Und dann ist mir eingefallen, dass ich ja Geschäftsführerin in Bennos Firma bin und aufpassen muss, nicht vorbestraft zu sein. Ich bin also einfach abgehauen, habe mich hinter einem Baum versteckt und so getan, als ob ich telefoniere, und habe das Ganze weiter beobachtet.

Die Oma hat dann erst einmal die Josia vorgeschickt und ihr gesagt, dass sie sich blöd stellen soll. Die Josia hat mir später erzählt, dass sie so tat, als ob sie kein Deutsch spricht, was ja nicht stimmt, da sie schon seit zwei Jahren in Deutschland lebt und Sprachkurse macht. »Ich nix verstehen kann. Nur Au-Pair, sonst nix«, hat sie mehrmals gesagt. Die Beamten ließen sich davon aber nicht beeindrucken, blieben und verlangten nach einer Erlaubnis. Irgendwann griff dann doch die Oma ein und versuchte, die Situation zu retten. »Was ist denn hier los? Ich bin die Oma von den drei Kindern.«

»Sie wissen schon, dass Sie hier nicht einfach irgendwelchen Klimbim verkaufen können. Die öffentlichen Straßen und Plätze sind dem Gemeingebrauch gewidmet, für darüber hinausgehende Nutzungen benötigen Sie VORHER eine Sondernutzungserlaubnis. Die müssen Sie bei der Straßenverkehrsbehörde Starnberg beantragen. Das ist eine Ordnungswidrigkeit nach Art 66 Nr. 2 des Bayerischen Straßen- und Wegegesetzes in Verbindung mit § 16 der Satzung über Sondernutzung an Gemeindestraßen der Stadt Starnberg, die ein Bußgeld von bis zu 1000 Euro nach sich ziehen kann.«

»Das ist ja wohl nicht Ihr Ernst«, sagte die Oma. »Wir werden kein Bußgeld zahlen, wo leben wir denn hier? Schauen Sie sich mal um, welcher Schund und Touristenkitsch in diesen ganzen Buden rundherum verkauft wird. Da können doch meine Enkel getrost ihre selbst gebastelten Schätze verkaufen.« Die Beamten blieben unerbittlich. »Sie räumen jetzt sofort diese Sachen weg und bauen den Stand ab. Der Verkauf ist hiermit beendet, keiner nimmt hier noch einen Gegenstand mit.« – »Ober net ohne dass i mia no oan Lavendelsack mitnimm«, protestierte eine couragierte Dame, »den hob i ja scho längst kauft und zahlt, jetzt schleicht's euch.« Und das löste einen regelrechten Tumult aus, da plötzlich alle Damen Angst hatten, dass sie ihre bereits bezahlten Schätze, die sie gerade ausgesucht hatten, nicht mehr mitnehmen durften. Es gab fast eine Prügelei mit der Polizei, eine Frau hat den beiden sogar mit einem Wanderstock gedroht. Jedenfalls haben die Kinder noch alle Sachen verkauft, und erst dann haben wir den Stand wieder abgebaut. Gott sei Dank haben wir bis jetzt noch keinen Bußgeldbescheid erhalten.

Während ich mir die Gesichter der Beteiligten und die Szenen auf der Starnberger Seepromenade vorstelle, werde ich immer wieder von Lachattacken geschüttelt.

»Jetzt sind wir alle verunsichert und wissen nicht, was wir

machen sollen. Wenn wir die Genehmigung haben, dann ist ja rechtlich alles in Ordnung, oder? Nicht dass dann noch das Jugendamt anrückt, weil die Kinder zu klein zum Verkaufen sind.«

»Mach dir keine Gedanken«, versuche ich Valentina zu beruhigen. »Auch wenn Lucie und Neo noch geschäftsunfähig sind, können sie spielerisch ihre selbstgebastelten Lavendelsäckchen verkaufen. Der Kaufvertrag ist zwar unwirksam, aber wer soll sich schon daran stören: ›Wo kein Kläger, da kein Richter!‹ Ein unwirksamer Kaufvertrag hätte für euch übrigens den Vorteil, dass ihr die Lavendelsäckchen – falls ihr sie doch behalten wollt – vom Käufer zurückfordern könnt. Anders ist es bei Henri, da er ja bereits beschränkt geschäftsfähig ist. Wenn Henri etwas verkauft hat und der Verkauf mit eurer Zustimmung erfolgt ist, habt ihr eure Genehmigung zum Verkauf erteilt. Würde Henri allerdings auf die Idee kommen, heimlich noch deinen Schmuck neben den Lavendelsäckchen zum Verkauf auszubreiten, läge keine Einwilligung von euch vor, und du könntest Henris Verkauf widerrufen.«

»Oh Gott, gut, dass du das sagst. Da fällt mir nämlich gerade ein, dass ich neulich Schmuck in seiner Piraten-Schatzkiste gefunden habe. Nichts Wertvolles, aber ein Armband mit funkelnden Swarowski-Steinen, an dem ich sehr hänge, war auch dabei. Nachdem er mich angefleht hat, es doch noch ein wenig behalten zu dürfen, habe ich ihm erlaubt, kurz damit zu spielen. Allerdings ist das jetzt auch schon ein paar Tage her, ich habe das völlig vergessen vor lauter Stress.«

Ich merke, dass Valentina unruhig wird und immer schneller redet. »Du, ich glaube, ich sehe gleich mal nach. Ohgottohgott, hoffentlich hat Henri den Schmuck nicht auf dem Schulhof verkauft.«

Ich muss schon wieder schmunzeln. Hört sich fast so an, als ob ich demnächst wieder mit einer »Du kannst dir nicht vorstellen, was bei uns schon wieder los war«-Geschichte rechnen kann.

§

KINDER-GESCHÄFTSFÄHIGKEIT

Einkaufen im Kaufmannsladen, später in »echt« beim Bäcker, der eigene Kinder-Flohmarkt auf dem Bürgersteig – Kinder schließen schneller **Verträge**, als sich Eltern vielleicht bewusst sind. Ob diese Verträge und andere Rechtsgeschäfte wirksam sind, hängt davon ab, ob dein Kind geschäftsfähig ist. Entscheidend ist dabei das Alter:

- Kinder von **0 bis 6 Jahren** sind **geschäftsunfähig**. Das bedeutet, dass sie keine Rechtsgeschäfte abschließen und keine wirksamen Willenserklärungen abgeben können. Kinder können daher **keine wirksamen Verträge** abschließen – auch das Einkaufen oder der Verkauf kleinerer Gegenstände, z. B. der Brezelkauf beim Bäcker, ist rechtsunwirksam, also nichtig.
- Kinder von **7 bis 18 Jahren** sind **beschränkt geschäftsfähig**. Rechtsgeschäfte, die von Kindern in dieser Altersgruppe abgeschlossen werden, bedürfen der Einwilligung des gesetzlichen Vertreters, also i.d.R. der Eltern. Geschäfte ohne Einwilligung der Eltern sind **schwebend unwirksam** und bedürfen der **Genehmigung** der Eltern. **Beispiel:** Dein Kind verkauft seine Kuscheltiere auf dem Bürgersteig.

Ohne nachträgliche Genehmigung ist der Kaufvertrag nichtig.
- Kinder ab 18 Jahren sind **unbeschränkt geschäftsfähig**.

Wichtig: Von der beschränkten Geschäftsfähigkeit gibt es Ausnahmen, z. B. bei **Schenkungen** oder wenn Kinder Geld ausgeben, das ihnen zur freien Verfügung überlassen worden ist **(Taschengeld)**.

Gut zu wissen: Von der Geschäftsfähigkeit ist die **Deliktsfähigkeit** (S. 330), also die Fähigkeit, für einen Schaden zu haften, und die **Prozessfähigkeit**, d. h. die Fähigkeit, vor Gericht zu klagen oder verklagt zu werden, zu unterscheiden. Kinder unter 18 Jahren sind prozessunfähig und werden i.d.R. von ihren Eltern gerichtlich vertreten.

§§§

Nachmittags gehe ich mit den Kindern einkaufen – wesentlich besser gelaunt. Auf meinem Einkaufszettel steht: Käse, Gurken, Kartoffeln, Salami, Wachteleier und Kerzen. Es soll heute Abend etwas ganz Besonderes geben: Raclette mit allerlei Köstlichkeiten. Natürlich erst dann, wenn die Kinder schlafen – damit wir das Essen warm und ohne Unterbrechungen genießen können.

Ich finde ja, dass Raclette das beste Mama-Essen der Welt ist. Während der Schwangerschaft, im Wochenbett und auch jetzt – man muss mit Ausnahme der Kartoffeln nichts kochen, sondern nur gute Zutaten einkaufen und diese dekorativ auf mehreren Tellern anrichten. Und: Das Essen wird nicht kalt, wenn zwischendurch ein Kind quakt. Ein neues Schäufelchen ist ja im Nu vorbereitet. Sehr praktisch ist Raclette übrigens auch dann, wenn man weder gut kochen kann noch Zeit zum Kochen hat – aber trotzdem vor seinen Gästen einigermaßen gut dastehen möchte.

Das Essen soll eine kleine Überraschung für Max sein. Der Arme, fast jeden Abend sitzt er alleine vor dem Fernseher, weil ich vor Erschöpfung mit Nick und Mika einschlafe. Und mit etwas »überrascht« habe ich ihn schon lange nicht mehr.

Als ich gerade dabei bin, meine Einkaufstüten ins Auto zu laden, ruft mich jemand mit einer unbekannten Nummer an. Am anderen Ende der Leitung meldet sich Pippa, die Yoga-Streberin. Ich bin etwas überrascht. »Hallo, wie geht es dir? Und einen großen Glückwunsch zur Geburt«, sagt sie überfreundlich. Ich erzähle ihr von Mikas Geburt. Dass ich froh war, in einem kleinen Krankenhaus ambulant zu entbinden, weil ich nach der Geburt schnell wieder nach Hause in mein eigenes Bett wollte, um mich dort von meiner Mutter, Max und natürlich von Cléo, die jeden Tag bei mir vorbeikam, verwöhnen zu lassen.

Dann erzählt mir Pippa von ihren Erfahrungen im Krankenhaus. Dass sie im ersten Krankenhaus abgewiesen wurde, weil der Kreißsaal überfüllt war, dass sie im zweiten Krankenhaus stundenlang alleine im Kreißsaal war und die diensthabende Hebamme vollkommen überlastet war. »Ach, weißt du, und dann hat es mit dem Stillen nicht geklappt und überhaupt, ich habe mich völlig überfordert gefühlt mit dem kleinen Baby. Ständig hing ich wie eine Kuh an der Milchpumpe. Meine Brustwarzen haben geblutet. Ich habe nur noch geheult. Meine Hebamme hat mit mir einen Test gemacht, bei dem herausgekommen ist, dass ich eine postnatale Depression habe. Glücklicherweise geht es schon etwas besser, seitdem ich eine Psychotherapie mache.«

Pippa tut mir leid. Dass es hinter der fast immer perfekten Fassade bröckelt, hätte ich nicht gedacht. Und dann gleich so schlimm. Gleichzeitig beruhigt es mich, dass ich scheinbar nicht die Einzige bin, die gerade überfordert ist.

»Und, gehst du wieder in deinen alten Job zurück?«, fragt mich Pippa irgendwann. »Klar, das ist der Plan!« – »Wieso machst du eigentlich nicht dein eigenes Ding? Ich habe gehört, dass sich viele Mütter während der Elternzeit selbstständig machen, würde bei deinem Job doch auch naheliegen. Anwälte arbeiten oft selbstständig, oder nicht?«

Meine innere Anwältin macht große Augen und versteht nichts, darüber hat sie noch nicht ernsthaft nachgedacht. Dann fällt mir ein, dass das gar nicht stimmt. Herr Dr. Fizz hatte mich doch auch schon einmal gefragt, ob ich Interesse hätte, bei ihm zu arbeiten. Aber das ist ja ein Spinner, den Vorschlag habe ich natürlich nicht ernst genommen. »Eine Freundin, die gerade auch in Elternzeit ist, hat mir erzählt, dass es dafür auch so ein nettes Wort gibt. Warte mal, ach ja, ich hab's. Mompreneurs nennen die sich.« – »Mom-preneurs«, wiederhole ich langsam. Das Wort hört sich schön an. »Hmmm, das ist mir neu«, antworte ich. Ich bin etwas verwirrt und beschließe, in Ruhe darüber nachzudenken.

Dann berichtet Pippa aufgeregt von ihrem Job. »Ich habe auch schon mit dem Gedanken gespielt, mich selbstständig zu machen. Gestern hat mich eine Kollegin besucht, die mir erzählt hat, dass es bei uns in der Werbeagentur drunter und drüber geht. Angeblich ist unser größter Auftraggeber zur Konkurrenz gegangen. Sie haben einen Einstellungsstopp verhängt und strukturieren um. Ein Drittel der Mitarbeiter soll entlassen werden, das wären dann 20 Leute. Meiner Elternzeitvertretung wurde bereits gekündigt, und auf meinen Job hat sich jetzt einer meiner Kollegen beworben. Ich habe lange überlegt, was ich tun soll, und mich entschieden, so schnell wie möglich wieder einzusteigen. Letzte Woche hatte ich ein Gespräch mit meinem Chef und habe ihm vorgeschlagen, meine Elternzeit zu verkürzen und in Teilzeit wieder einzusteigen. Weißt du, was er mir gesagt hat? ›Sie glauben doch nicht im Ernst, dass sich Ihr Job in 30 Stunden ausüben lässt. Ich habe intern keine Kapazitäten, um die restlichen zehn Arbeitsstunden in der Woche aufzufangen. Wir können es uns nicht leisten, noch eine weitere Zehn-Stunden-Kraft über Zeitarbeit einzustellen. Entweder kommen Sie Vollzeit in den Job zurück oder bleiben weiterhin in Elternzeit. Wir können das auf keinen Fall genehmigen. Alternativ werden wir einen Aufhebungsvertrag vorbereiten.‹« Pippa fuhr fort: »Krass, oder? Jetzt wollte ich dich fragen: Welche rechtliche Handhabe habe ich? Überall hört man doch, dass es so einfach ist, während der Elternzeit in Teilzeit zu arbeiten und dass sich ja auch erst dann das Elterngeld Plus so richtig lohnt. Außerdem muss ich doch meine Arbeitszeit verkürzen, um den Elterngeld-Partnerschaftsbonus zu erhalten. Und welche Optionen hätte ich, wenn ich mit der Teilzeit in Elternzeit nicht durchkomme? Verlängerung der Elternzeit, neuer Job und Kündigung des Arbeitsvertrages, der Sprung in die Selbstständigkeit oder vielleicht sogar ein zweites Kind? Oder soll ich doch lieber gleich einen Aufhebungsvertrag unterzeichnen?«

Puhh, das hört sich nach einem längeren Gespräch an. Allerdings parke ich gerade vor dem Spielplatz, und die Kinder werden unruhig. »Ich melde mich später noch einmal bei dir, in Ordnung?«, sage ich zu Pippa.

§§§

Nachdem ich die Kartoffeln geschält und die Zutaten kunstvoll in Schüsselchen und auf kleine Teller drapiert habe, schreibe ich eine Mail an Pippa. Ich quetsche meinen Laptop zwischen die kleinen Teller, schiebe mir ein Perlzwiebelchen in den Mund und lege los:

> Liebe Pippa,
> entschuldige bitte, dass ich dich vorhin so »abwürgen« musste! Aber du weißt ja, wie das ist… Habe für dich kurz recherchiert, welche Möglichkeiten du bei einem »Elternzeitstörfall« hast und welche Optionen dir in deiner Situation zur Verfügung stehen.

OPTIONEN IM FALLE EINES ELTERNZEITSTÖRFALLES

Option 1: Wiedereinstieg bei Wegfall des Arbeitsplatzes

Du steigst nach der Elternzeit wie geplant in den Job ein. Das heißt: Du akzeptierst die Ablehnung der Elternteilzeit und fängst nach der Elternzeit an, wieder in **Vollzeit** zu arbeiten. Aufgrund der Umstrukturierungen musst du damit rechnen, dass sich in deinem Job das eine oder das andere verändern wird – möglicherweise mit einem Aufhebungsvertrag, vielleicht sogar nach einer Kündigung, nachdem der Elternzeit-Kündigungsschutz endet.

Wichtig: Denke unbedingt an den Abschluss einer Rechtsschutzversicherung, wenn du das Gefühl hast, dass dein Job wackelt (siehe S. 30).

Option 2: Beantragung von Elternteilzeit

Theoretisch hast du einen **Anspruch auf Teilzeit**, da du länger als ein halbes Jahr im Unternehmen beschäftigt bist und der Betrieb regelmäßig mehr als 15 Arbeitnehmer beschäftigt. Aber selbst wenn du die Formalien einhältst (siehe S. 190) kann sich dein Arbeitgeber weigern – wovon in deinem Fall wahrscheinlich auszugehen ist. Achtung: Wenn deine Teilzeittätigkeit nicht genehmigt wurde, musst du schlimmstenfalls den **Partnerschaftsbonus** zurückzahlen, da du dann vermutlich mehr als die maximal zulässigen 30 Stunden arbeiten wirst. Wenn du die Elternteilzeit gegenüber deinem Arbeitgeber durchsetzen möchtest, musst du sie notfalls einklagen. Das dürfte aber der Anfang vom Ende deines Arbeitsverhältnisses sein – erfahrungsgemäß enden viele Rechtsstreitigkeiten vor dem Arbeitsgericht mit einem Vergleich und der »einvernehmlichen Beendigung« des Arbeitsverhältnisses.

Gut zu wissen: Bei der Ablehnung der Elternteilzeit kannst du ggf. **Arbeitslosengeld** beantragen, da du keinen Job bekommen hast und dem Arbeitsmarkt zur Verfügung stehst (vorausgesetzt, dein Kind hat einen Betreuungsplatz).

Option 3: Kündigung während der Elternzeit, neuer Job

Du kannst dein Arbeitsverhältnis auch selber kündigen. Wenn du dein Arbeitsverhältnis exakt zum Ende der Elternzeit beenden möchtest, musst du gemäß § 19 BEEG eine Kündigungsfrist von **3 Monaten** einhalten, ansonsten gelten die normalen Kündigungsfristen aus deinem Arbeitsvertrag. Eine Kündigung solltest du nur dann aussprechen, wenn du sicher einen neuen Job hast, da eine Eigenkündigung den Anspruch auf Arbeitslosengeld schmälert. Die Bundesagentur für Arbeit verhängt in diesem Fall ggf. eine **Sperrzeit** – das bedeutet 3 Monate weniger Arbeitslosengeld.

Wichtig: Wenn du während der Elternzeit zu einem **neuen Arbeitgeber wechselst**, musst du die Elternzeit neu in Anspruch nehmen. (S. 183)

Option 4: Aufhebungsvertrag abschließen

Viele Arbeitgeber »erkaufen« sich die Beendigung des Arbeitsvertrages nach der Elternzeit mit einer **Abfindung**, die in einem **Aufhebungsvertrag** geregelt ist. Dieser Schritt sollte wohlüberlegt sein, da es beim Bezug von **Arbeitslosengeld** zur Verhängung einer **Sperrzeit** kommen kann (s.o.). Das ist z.B. der Fall, wenn der Arbeitsvertrag vor Ablauf der eigentlichen Kündigungsfrist endet und eine Abfindung von mehr als 0,5 Gehälter pro Beschäftigungsjahr gezahlt wird. Exkurs: Bei einer »Familienzusammenführung« (du gibst deinen Job auf und ziehst mit dem Kind zu deinem Partner, an einen anderen Ort) wird i.d.R. keine Sperrzeit verhängt.

Wichtig: Ohne anwaltliche Prüfung solltest du niemals einen Aufhebungsvertrag unterzeichnen.

Option 5: Elternzeit verlängern

Falls dein Job auf der Kippe steht, kannst du, um Zeit zu gewinnen, auch die **Elternzeit verlängern** – vorausgesetzt, du hast noch ausstehende Elternzeit-Monate. Vorteil: Du unterliegst dem **Sonderkündigungsschutz,** Nachteil: Du verdienst kein Geld, falls dein Elterngeld-Anspruch aufgebraucht ist.

Option 6: Sprung in die Selbstständigkeit

Damit kannst du sogar bereits während der Elternzeit bei deinem Arbeitgeber starten – quasi als **»Nebentätigkeit während der Elternzeit«**. Dabei ist zu beachten:

- Du darfst maximal 30 Stunden pro Woche arbeiten – ansonsten entfällt dein Anspruch auf Elterngeld und die Voraussetzung für die Elternzeit ist nicht mehr gegeben
- dein Arbeitgeber muss der selbstständigen Tätigkeit **zustimmen**.
- Du musst deinem Arbeitgeber deine Nebentätigkeit anzeigen (am besten schriftlich).
- Der Arbeitgeber kann die Tätigkeit innerhalb von 4 Wochen aus dringenden betrieblichen Gründen ablehnen. Tut er das nicht, ist diese genehmigt.

Gut zu wissen: Dein Krankenkassenstatus kann sich bei Aufnahme einer selbstständigen Tätigkeit ändern, du solltest unbedingt klären, unter welchen Bedingungen du weiter krankenversichert bist.

Wichtig: Einkommen, das du während der selbstständigen Tätigkeit erzielst, mindert möglicherweise deinen Elterngeldanspruch, da ein Hinzuverdienst immer angerechnet wird.

Ich hoffe, das hilft dir fürs Erste weiter! Wenn du möchtest, können wir uns ja mal auf einen Kaffee oder einen Eisbecher treffen.
Viele liebe Grüße,
Sandra

»Unfassbar«, denke ich, während ich auf »senden« klicke und über Pippas Fall nachdenke. Es ist wirklich an der Zeit, die Diskriminierungsmerkmale nach dem Allgemeinen Gleichbehandlungsgesetz auf das Merkmal »Eltern« zu erweitern. Dann wäre es - zumindest nach dem Gesetz - verboten, Eltern im Job zu benachteiligen.

»Kommst du hoch, gute Nacht sagen?«, krakeelt Max plötzlich vom Treppenabsatz herunter. »MAMA, BITTE LEG DICH NOCH ZU UNS, JA?«, bettelt Nick, während ich ihm einen dicken Schmatz auf die Wange drücke. »Hasenkind, ich muss doch unten das Essen für den Papa fertigkochen«, sage ich und blicke vorsichtig zu Max, der nervös seine Mundwinkel verzieht. Vermutlich sieht er sich schon alleine am Abendbrottisch sitzen. »BITTE BITTE«, bettelt Nick, »NUR FÜNF MINUTEN.« »Nur fünf Minuten«, wiederholt Max und blickt in meine Richtung. »Nur fünf Minuten«, sage ich, mich selbst ermahnend, damit ich daran denke, nicht einzuschlafen.

Ich lege mich zwischen Nick und das Beistellbettchen,

in dem Mika schläft. Nick kuschelt sich an mich, und ich nehme vorsichtig Mikas winzige Hand. Und dann kriecht sie in mir hoch und zieht langsam meine Augenlider nach unten. Sie ist wieder da und will mich verschlingen: die bleierne Mutter-Müdigkeit. Nur fünf Minuten, denke ich ... noch nicht einmal zu Ende. Dann bin ich eingeschlafen.

Ich fange an zu träumen:
Ich habe einen Schlüssel in der Hand und stehe vor der großen Eingangstür eines Berliner Altbaus. An der Eingangstür steht ein großes Schild mit meinem Namen. Ich schließe die Tür auf und laufe in das Treppenhaus. Drei Etagen, dann bin ich angekommen. Ich schließe noch eine Tür auf. Es riecht gut. Nach Seegrasteppich, frisch gemahlenen Kaffeebohnen und neuen Möbeln. Umzugskartons stapeln sich im Flur. Ich lege meinen Mantel in der Garderobe ab, mache mir einen starken Kaffee und möchte das Zimmer betreten, in dem mein Schreibtisch steht. Ich habe viel zu tun heute. Aber irgendetwas ist anders als sonst. Ich drücke die Klinke herunter und öffne die Tür zu meinem Büro. Der Kaffee fällt mir vor Schreck fast aus der Hand. In meinem Büro sitzt jemand. Es ist Frau Schnitzel. Sie hat wieder das Kleid an, das sie damals im »Chez Jacques« trug. Bunt, sehr bunt. Ohne Begrüßung sagt sie: »Sind Sie sich sicher, dass Sie HIER arbeiten wollen?« Sie sieht sich in meinem Arbeitszimmer um und rümpft die Nase. »Und was arbeiten Sie eigentlich? Haben Sie überhaupt schon Mandanten? Sie wissen schon, dass Sie hart, sehr hart arbeiten müssen, wenn Sie als selbstständige Anwältin überleben wollen? Überlegen Sie es sich gut. Sie können gerne wieder zurück zu uns in die Kanzlei kommen – natürlich unter der Voraussetzung, dass Sie in Vollzeit bei uns arbeiten.«

Ich stelle meinen Kaffee auf meinen Schreibtisch und lege den Stapel Akten, den ich vormittags zu Hause bearbeitet hatte, dazu. »Frau Dr. Schnietzel, danke für Ihr Angebot. Sie wissen doch genau, dass Sie mir das, was ich wirkliche benötige, nicht bieten können. Oder haben Sie Ihre Meinung seit unserem Gespräch im ›Chez Jaques‹ geändert?« Sie schüttelt energisch den Kopf. »Wissen Sie was, ich möchte Ihnen etwas zeigen«, sage ich. Ich öffne meine Handtasche. Zwei kleine weiße Hasen stecken neugierig ihre Köpfe heraus. »Die habe ich eigenhändig gefangen«, sage ich stolz. Frau Schnitzel sieht mich entsetzt an, schaut dann zu den beiden Hasen und dann wieder zu mir. »Dürfte ich Sie jetzt bitten zu gehen? Ich habe eine Menge zu tun.« Sie sagt nichts mehr, schnappt sich hektisch ihren Mantel und ihre Handtasche und stöckelt auf ihren Absätzen aus meinem Büro. »Und grüßen Sie bitte Oscar, den Kollegen Mausberg und Pauline von mir – und Lola, falls sie gerade im Büro ist.« Dann setze ich mich an meinen Schreibtisch und streichele meine beiden Hasen. Ich nehme die erste Akte vom Stapel und fange an zu arbeiten.

§§§

Irgendetwas kitzelt an meinem Fuß. Ist das etwa einer der beiden Hasen? »Schaaaahaaaatz, du Schlafmütze«, sagt plötzlich jemand. Es ist Max, der nach Zahnpasta riecht und sich neben Nick ins Bett legt. »Oh Gott, was ist mit dem Raclette? Ich muss doch noch schnell die Wachteleier …« – »Nein, du musst überhaupt nichts. Es ist schon halb drei.« – »Du hast doch nicht etwa …« – »Doch, ich habe allein Raclette gegessen. Aber das ist nicht so schlimm, bin ja schon daran gewöhnt. Kannst ruhig weiterschlafen.«

11

Vorsorge für den Ernstfall: Mithilfe von Vormündern und Testamenten und einer wild gewordenen Affenbande

»MAMA, WANN BIST DU TOT?«, fragt mich Nick.

Nein, ich liege nicht halb zerquetscht unter einem Laster am Straßenrand oder verkabelt auf der Intensivstation, sondern sitze auf der Bank in meinem Gurkenfass. Seit einer Stunde spielen Nick und ich nun »Schwarzer Peter« und malen uns gegenseitig schwarze Punkte mit einem Filzstift ins Gesicht, wenn einer verloren hat. Ich lasse Nick ziemlich oft gewinnen und habe fünf Mal mehr schwarze Flecken als er. Ich muss ihn bei Laune halten. Er ist krank – eine Erkältung mit Fieber, Schnupfen und Halsweh – Infekt Nummer fünf seit Jahresbeginn.

Ich lege die Karten auf den Tisch und blicke entsetzt zu ihm. »*Mama, wann bist du tot?*«, hat er das gerade wirklich gefragt? »Hasenkind, geht es dir gut?«, frage ich vorsichtig und lege ihm kurz die Hand auf die Stirn. Vielleicht ist das Fieber wieder höher geworden. Ein Fieberkrampf? Womöglich fantasiert er? »MAMA, MIR GEHT ES GUT. UND WANN BIST DU DANN TOT?« Nein, es ist kein Alptraum. Es ist ein glasklar gesprochener Satz von Nick. Laut und deutlich. Was soll ich bloß antworten? Ich sortiere meine Spielkarten, um Zeit zu gewinnen, und überlege. Bisher hatte ich auf verrückte Kinderfragen immer spontane Antworten parat, die Nick einigermaßen zufriedengestellt haben:

Warum hat eine Mücke Flügel?

»Damit sie schnell abhauen kann, wenn sie dich gestochen hat.«

Druckt der Automat das Geld einfach so nach?

»Nein, da kommt nur so viel raus, wie Mama und Papa verdient haben. Wenn das aufgebraucht ist, kommt leider kein Geld mehr aus dem Automaten.«

Wo war ich da? – und er zeigt auf mein Einschulungsfoto, auf dem ich mit Schultüte und Zahnlücke zu sehen bin.

»Da warst du noch ein kleiner Stern am Himmel. Du musstest da oben noch ein paar Jahre wachsen und größer werden, erst dann konnten wir dein Leuchten sehen und dich mit einer Rakete abholen.«

Welche Frau heirate ich später einmal?

»Das kommt darauf an, welche du dir später aussuchst. Am besten eine ganz, ganz liebe Frau, die gerne lacht und gut kochen kann.«

(Die Antwort daraufhin lautete: »Dann nehme ich dich, auch wenn du nicht immer gut kochst.«)

Doch auf die Frage WANN BIST DU TOT? fällt mir spontan keine Antwort ein. Gott sei Dank. Wer will schon wissen, wann er genau sterben wird.

Entschlossen nehme ich Nick die Karten aus der Hand und lege sie auf den Tisch. »Komm mal zu mir, mein Schatz.« Dann setze ich ihn rückwärts auf meinen Schoß, sodass wir uns ansehen können, umarme ihn fest und starte einen Erklärungsversuch: »Kein Mensch weiß, wann er stirbt. Das kommt einfach irgendwann.« Pause. Ich überlege. »Das ist wie … wie … wie Erkältung?«, ergänzt Nick. »Ja, so ähnlich – man weiß nicht, wann sie einen erwischt.« Totenstille macht sich im Gurkenfass breit. Nick schielt an die Holzdecke und grübelt. Ich bilde mir ein, dass ich das ratternde Gedankenkarussell in seinem Kopf höre.

Nach einer Weile sagt er: »Aber du sagst doch immer, dass

wir Hausschuhe anziehen sollen, damit wir keine Erkältung bekommen.« Nick blickt auf meine Füße. »Du hast ja nur Socken an, Mama. Dann hole ich dir jetzt Hausschuhe, damit du nie stirbst.« Himmel, das war kein guter Vergleich. »Nein, warte! Das mit den Hausschuhen klappt nur bei einer Erkältung, aber nicht beim Tod.« – »Was kann man denn gegen den Tod machen?«, fragt Nick.

»Nichts«, hauche ich leise. Nick klammert sich an meine Hand, sieht mich entsetzt an. »Und dann bist du weg? Für immer? Du kommst doch wieder, oder? Du hast doch schon ganz oft gesagt, dass du immer für mich da bist. Immer dann, wenn ich Angst habe oder weine.«

Ich kann meine Tränen kaum noch zurückhalten und sage zitternd: »Ich komme nicht wieder, wenn ich tot bin, aber ich warte auf dich, oben im Himmel. Wenn du groß bist, kannst du mich mit einer Rakete besuchen und mir Pfefferminzschokolade vorbeibringen.« Nick denkt nach. »UND WER SPIELT DANN SCHWARZER PETER MIT MIR, BIS ICH GROSS BIN?« – »Natürlich der Papa.« – »UND WAS IST, WENN DER PAPA AUCH TOT IST?« Das überfordert mich jetzt doch etwas. Ich vergrabe mein Gesicht in Nicks Haaren, einige Tränen kullern in seine nach Karamell duftenden Haare.

Was antworte ich ihm nur? Über die Frage, wer sich um unsere Kinder kümmert, wenn wir beide sterben sollten, habe ich mir noch keine Gedanken gemacht. Verstohlen wische ich mit dem Saum meines Pullovers die Tränen aus meinen Augen. Mein Kind macht mich gerade psychisch fertig. Ich muss jetzt schnell raus aus der Nummer und greife zu Trick 17: Ablenkung, um Zeit zu gewinnen und in Ruhe zu überlegen, was ich ihm genau antworten soll. Ich kann ihm ja nicht irgendeinen

Menschen nennen. Das muss ich erst mit Max besprechen und noch einmal genau juristisch prüfen.

»Puh«, sage ich und wische mit dem Handrücken einen Schweißtropfen, der eigentlich eine Träne ist, über mein Gesicht. »Sag mal, findest du nicht auch, dass es heute furchtbar heiß ist? Wollen wir zusammen ein Eis essen gehen? Das hilft bei Halsweh.« Nick sieht mich mit leuchtenden Augen an und umarmt mich. »Jaaaa, Mama! Aber bitte ein großes Mango-Eis mit Streuseln, Marshmallows UND Gummibärchen.« – »Na gut. Ausnahmsweise gibt es heute ein großes Eis mit einmal ›alles‹.« Ich glaube, ich hätte ihm in dieser Situation jeden Wunsch erfüllt.

§§§

Ich setze Nick ins Auto, und wir fahren in unsere Lieblingseisdiele namens »Hokey Pokey«. Das trifft sich gut, denn wir müssen sowieso bald Mika, der gerade in die Kita eingewöhnt wird, abholen. Und ich kann jetzt sehr gut eine Kugel Madagaskar-Schokolade mit Ziegenmilch und Meersalz vertragen. Nachdem ich einen Parkplatz vor der Eisdiele gefunden habe, merke ich, dass es in den letzten Minuten verdächtig ruhig auf der Hinterbank geworden ist. Kein Wunder. Der kleine Mann ist eingeschlafen. Süß sieht er aus, mit seinen roten Fieberbäckchen und den drei Schwarze-Peter-Punkten auf Stirn und Nase. Ich beschließe, ihn schlafen zu lassen und die Zeit mit einigen Telefonaten zu überbrücken.

Als Erstes rufe ich Hermine an, die gestern versucht hatte, mich zu erreichen. Erst lästert sie über Jette, die ihr angeblich nicht zur Geburt gratuliert hat. Ich ignoriere das und halte das Telefon von meinem Ohr weg. Dann erzählt sie mir, dass ihre Tochter Lise die »Hand-Fuß-Mund-Krankheit« hat. »Weißt du was? Die Kinderärztin hat Lise zehn Tage krankgeschrieben. Jetzt ist mein Chef stinksauer.« Hermine ist schon früher in den Job eingestiegen als ich – bereits nach sechs Monaten. Ich erzähle ihr von Nicks fieberhaftem Infekt, und wir bemitleiden uns gegenseitig eine Runde. Für Hermine ist es das erste Mal, dass sie nicht zur Arbeit gehen kann, weil das Kind krank geworden ist. »Sag mal, welche Rechte habe ich eigentlich gegenüber meinem Arbeitgeber, wenn mein Kind erkrankt? Gibt es da überhaupt Geld, oder muss ich ab jetzt Tütensuppen kochen?«, fragt sie plötzlich.

Ich überlege und versuche das Jura-Zentrum in meinem Gehirn zu aktivieren – scheinbar befindet es sich noch im Elternzeit-Modus.

GEHALTSZAHLUNGEN, KINDERKRANKENGELD UND FREISTELLUNG BEI ERKRANKUNG DES KINDES

1. Fortzahlung der Vergütung

Wenn dein Kind vorübergehend erkrankt ist, muss der Arbeitgeber gemäß §616 BGB die Vergütung fortzahlen (nach der Rechtsprechung des BAG **für 5 Tage**). Zu 100 Prozent – vorausgesetzt, es besteht keine Sonderregelung, z. B. eine »Kinder-und-Familien-unfreundlich-Klausel« abgegolten ist, die meistens so lautet:

»Ein Vergütungsanspruch besteht nur für tatsächlich geleistete Arbeit. Die Entgeltfortzahlung aufgrund vorübergehender Verhinderung gemäß § 616 S. 1 BGB, d. h. auch im Falle einer Freistellung des Arbeitnehmers wegen der Erkrankung eines Kindes (§ 45 SGB V), ist ausgeschlossen.«

2. Kinderkrankengeld

Falls du keinen Anspruch auf bezahlte Freistellung hast, kannst du möglicherweise einen Anspruch auf **Kinderkrankengeld** gemäß § 45 Abs. 1 SGB V geltend machen. Das Kinderkrankengeld beträgt 70 Prozent deines Bruttoverdienstes, maximal aber 90 Prozent deines Nettoverdienstes, und wird pro Elternteil für 10 Tage, bei mehreren Kindern bis zu **25 Tage gezahlt** – bei **Alleinerziehenden sind es 20 bzw. 50 Tage**.

Dazu müssen folgende Voraussetzungen erfüllt sein:

- Vorlage eines **ärztlichen Zeugnisses**, aus dem hervorgeht, dass du dein Kind beaufsichtigen, betreuen und pflegen musst und deswegen nicht arbeiten gehen kannst.
- Es gibt **keine andere in deinem Haushalt lebende Person**, die dein Kind beaufsichtigen, betreuen oder pflegen kann.
- Dein Kind hat das **12. Lebensjahr noch nicht vollendet** oder ist behindert.
- Du musst gesetzlich **»mit Krankengeldanspruch«** versichert sein.

Gut zu wissen: Sofern beide Eltern privat versichert sind, besteht kein Anspruch auf Kinderkrankengeld. Ist nur ein Elternteil privat versichert, kommt es darauf an, bei welchem Elternteil das Kind versichert ist. Ist das Kind privat mitversichert, besteht kein Anspruch auf Krankengeld.

Tipp: Wenn du privat oder freiwillig gesetzlich versichert bist und keinen Anspruch auf Kinderkrankengeld hast, solltest du dich informieren, ob eine Zusatzversicherung infrage kommt.

»Na toll«, sagt Hermine, »dann habe ich für dieses Jahr schon fast alle Tage aufgebraucht.« – »Ja, der Gesetzgeber war entweder naiv oder hatte keine Kinder, als er dieses Gesetz verabschiedet hat.« – »Für welches Kleinkind dürften schon zehn Krankheitstage im Jahr ausreichen. Noch einmal die Hand-Fuß-Mund-Seuche oder eine andere langwierige Krankheit, dann habe ich ein finanzielles Problem. Und welche Möglichkeiten habe ich, wenn Lise noch länger krankgeschrieben wird?«

»Abgesehen von dem hoffentlich nie eintretenden Fall einer Schwersterkrankung nach § 45 Abs. 4 SGB V gibt es nach den aufgebrauchten Krankengeldtagen KEINE finanzielle Unterstützung mehr. Traurig, aber leider die aktuelle Rechtslage – und eine Lücke im Versorgungssystem. In einem solchen Fall solltest du sofort das Gespräch mit deinem Arbeitsgeber suchen. Eine denkbare Lösung ist die vorübergehende Arbeit im Homeoffice oder aber der Abbau von Überstunden. Eine andere Möglichkeit ist die Übertragung der Kinderkrankengeldtage deines Partners auf dich. Hierzu bedarf es aber einer Vereinbarung mit beiden Arbeitgebern.« – »Haha, Homeoffice! Ich arbeite in einem Schmuckgeschäft – das geht leider nicht.«

»Ach ja, was viele nicht wissen«, ergänze ich noch:

§

FAMILIENPFLEGEZEIT UND PFLEGEZEIT

Bei sehr langwierigen Erkrankungen oder einer Behinderung, die mindestens den Kriterien der Pflegestufe I entspricht, besteht die Möglichkeit, **»Familienpflegezeit«** oder **»Pflegezeit«** in Anspruch zu nehmen. Dabei besteht für die Eltern die Möglichkeit, eine kürzere oder längere Jobpause einzulegen. Es gibt insgesamt drei Pflegezeit-Varianten, die bis zu einer Gesamtdauer von 24 Monaten auch miteinander kombiniert werden können:

a) 10-Tages-Auszeit bei akuten Fällen nach dem Pflegezeitgesetz (§ 2 PflegZG)

In akuten Fällen kannst du **bis zu 10 Tage** von der Arbeit fernbleiben, um dein krankes Kind zu betreuen. Während der Jobauszeit kannst du **»Pflegeunterstützungsgeld«** (90 Prozent des Nettogehaltes) in Anspruch nehmen.

b) Pflegezeit bis zu sechs Monaten nach dem Pflegezeitgesetz (§ 3 PflegZG)

Wenn dein Arbeitgeber regelmäßig mehr als 15 Mitarbeiter beschäftigt, kannst du **bis zu 6 Monate** ganz oder auch teilweise aus dem Job aussteigen, um dein krankes Kind in häuslicher Umgebung, aber auch außer Haus zu pflegen.

Wichtig: Der Anspruch muss **schriftlich** mit einer **10-Tages-Frist** angemeldet werden, außerdem muss die Pflegestufe des Kindes bescheinigt werden.

c) Familienpflegezeit bis zu 24 Monaten nach dem Familienpflegezeitgesetz

Sofern dein Arbeitgeber mehr als 25 Arbeitnehmer beschäftigt, kannst du **bis zu 24 Monate** die Arbeitszeit auf eine Mindestarbeitszeit von 15 Wochenstunden reduzieren, um dein Kind in häuslicher oder außerhäuslicher Umgebung zu pflegen.

Wichtig: Der Anspruch muss **8 Wochen** vor Beginn schriftlich angemeldet werden.

Gut zu wissen: Die (Familien-)Pflegezeit ist – ähnlich der Elternzeit – als **Rechtsanspruch** ausgestaltet, zudem besteht währenddessen **Sonderkündigungsschutz**. Während der Familienpflegezeit kannst du übrigens ein **zinsloses Darlehen** beim Bundesamt für Familie und zivilgesellschaftliche Angelegenheiten beanspruchen (→ Linksammlung).

§§§

Nach dem Telefonat stelle ich fest, dass Nick immer noch schläft. Ich beschließe, in das Café zu gehen, neben dem ich geparkt habe, und mir einen Kaffee zu holen. Nick ist ja in Hörweite, wenn ich das Autofenster öffne.

»Eine Latte macchiato, bitte.« Der Kellner starrt mich ungläubig an. Ich wiederhole meinen Wunsch noch einmal etwas lauter »Eine Latte macchiato, bitte.« Er nickt verstört und holt einen Pappbecher aus dem Regal. Dann starrt er mich wieder an. Oh Mann, der sieht doch täglich über 100 Lattemacchiato-Muttis, was hat er denn nur, frage ich mich.

Ich überbrücke die Wartezeit mit meiner Facebook-, Instagram- und Twitter-Timeline und verteile Daumen nach oben und Herzchen. Plötzlich wird mir schwarz vor Augen. Jemand hält mir von hinten mit seinen Händen die Augen zu. Huch, was ist das für ein alberner Kram?, denke ich. Ich bin doch keine 15 mehr. Im Verdacht habe ich eine Spielplatzbekannte, die ich schon einmal hier getroffen hatte. Ich spiele das Spiel mit und sage genervt: »Mäuschen, Mäuschen piep einmal«, in der Erwartung, dass sich jetzt die besagte Spielplatzmutti als Spaßkanone outet. »Piep«, sagt eine – ach du Schande – verstellte männliche Stimme. Ich nehme die Hände von meinen Augen. Sie sind groß, weich und warm. Ich drehe meinen Kopf um und blicke in zwei grüne Augen und einen Bart: Dr. Fizz.

Ich erstarre vor Schreck und blicke an meinen Händen herunter, die von Dr. Fizz' Händen umklammert werden. »Schön, dich zu sehen, ähhhh – was hast du da eigentlich in deinem Gesicht?« Ich befreie meine Hände und fasse mir ins Gesicht. Dr. Fizz grinst. Ich sehe ihn hilflos an. »Was soll da sein?« Er tippt mehrmals mit seinem Zeigefinger auf meine Wangen. »Du hast da ein paar schwarze Punkte im Gesicht.«

Ach du grüne Neune, jetzt weiß ich, was los ist. Wie oberpeinlich, ich habe immer noch diese dämlichen Schwarze-Peter-Punkte im Gesicht. Kann bitte jemand schnell den Asphalt auffräsen, damit ich im Erdboden versinken kann? Bis zum nächsten U-Bahn-Schacht, damit ich ganz schnell wegrennen kann.

»Ähhhh, ich habe vorhin mit meinem Sohn Schwarzer Peter gespielt und ziemlich oft verloren«, stottere ich. »Steht dir«, sagt Dr. Fizz. Ich werde rot. »Hast du kurz Zeit?«, fragt mich Dr. Fizz. »Wenn wir hier kurz stehen bleiben, dann ja. Mein Sohn schläft im Auto«, sage ich zurückhaltend und nicke in Richtung Straße. Inzwischen ist auch mein Kaffee fertig. Der Kellner glotzt mich wieder an. »Ja, ich weiß, ich sehe bescheuert aus, aber es ist nicht ansteckend«, erkläre ich patzig, knalle 3,50 Euro auf den Tresen und schnappe mir meinen Kaffee.

Dann erzählt mir Dr. Fizz, dass er die Firma verlassen und tatsächlich eine eigene Kanzlei gegründet hat. »In bester Lage, gegenüber vom Gendarmenmarkt«, sagt er stolz. »Ich habe einen Beratervertrag mit meinem früheren Arbeitgeber abgeschlossen, und eine Menge Akten stapeln sich auf dem Tisch. Hast du nicht Lust, bei mir einzusteigen? Du machst doch Arbeitsrecht? Das kann ich dringend gebrauchen.« Er sieht mich erwartungsvoll mit seinen grünen Augen an.

Ich überlege: Eigentlich ist in sechs Wochen mein Jobstart. Wobei - ich habe noch keine Antwort auf meine Teilzeit in Elternzeit-Anmeldung erhalten. »Ich hatte wegen meines Wiedereinstiegs einige unangenehme Gespräche mit Frau Dr. Schnietzel«, sage ich mit leicht hängenden Schultern. »Hab ich es doch gewusst«, sagt Dr. Fizz. »Du gehörst nicht zu Dr. Schnietzel & Partner. Die besten Anwälte arbeiten sowieso nicht lange in einer Anstellung, sondern machen sich irgendwann selbstständig. Das ist zumindest meine Erfahrung. Komm doch zu mir, du kannst kommen und gehen, wann du willst, Voll-, Teil-, Viertel- oder Achtelzeit arbeiten und dir zwischendurch eine Auszeit nehmen. Du arbeitest einfach selbstständig für mich und kannst dir alles frei einteilen und, so viel du willst, von zu Hause aus arbeiten.«

»MAMAAAAAAAHHHHH, WER IST DER MANN DA«, plärrt es plötzlich aus dem Auto. Ein kleiner Zeigefinger bohrt sich durch das geöffnete Fenster und zeigt auf Dr. Fizz. Nick ist wach. »Ich muss dann jetzt mal«, sage ich und tue so, als ob ich mir erfolgreich einen Schwarze-Peter-Fleck aus dem Gesicht rubbele. »Nicht bevor wir uns verabredet haben und unser Gespräch fortführen«, sagt Dr. Fizz grinsend, »diesmal entschwindest du mir nicht so ohne Weiteres.« – »Ich rufe dich an. In echt jetzt. Indianerehrenwort«, verspreche ich.

§§§

Am Abend räume ich den Küchentisch auf. Ein heilloses Durcheinander aus Essensresten, Spielzeug und Papierkram, dazwischen eine Socke von Nick. Kein Wunder, dass beim Wäschezusammenfalten immer eine fehlt. Dabei fällt mir Nicks aufgeschlagener Malblock in die Hand. Ich setze mich an den Küchentisch und betrachte das Bild, das er zuletzt gemalt hat. Es zeigt drei Menschen, die neben mehreren Bäumen stehen. Ein großer Mensch und zwei kleine. Alle haben riesengroße Hände nach oben in die Luft gestreckt. Neben den Bäumen steht eine Rakete. Und ganz oben, im Himmel, umringt von vielen kleinen Sternen, da schwebt ein gespensterähnliches Wesen mit einem weißen Gewand und langen schwarzen Haaren. Das bin vermutlich ich. Ich schlucke. Er war wohl nur kurz von der »Wann bist du tot«-Frage abgelenkt. Ich blättere weiter im Malblock. Dort entdecke ich ein ähnliches Bild. Wieder winken Menschen. Diesmal nur zwei. Und im Himmel, da bin nicht nur ich, sondern ein zweites Wesen mit braunem Lockenkopf: Max.

Ich brauche etwas zu trinken. Jetzt. Im Gurkenfass. Wir müssen Familien-Kriegsrat halten. »Schaaaaahahatz, wir müssen reden«, rufe ich in Richtung Couch, auf der Max mit Laptop auf dem Schoß sitzt und arbeitet, oder so tut, als ob er arbeitet, tatsächlich aber den Kicker-Live-Ticker verfolgt. »Oh neinnnn, auch das noch!«, entgegnet er spöttisch, in dem Glauben, dass ich ihn mit irgendeinem Beziehungsthema nerven möchte. »Oh doch, mein Lieber«, entgegne ich entschlossen, schnappe mir seine Hand und ziehe ihn von der Couch. »Es geht um Leben und Tod.«

§§§

Kurze Zeit später sitzen wir mit Yogi-Tee, Babyphone und einem dicken BGB-Kommentar im Gurkenfass. Ich zeige Max die beiden Kunstwerke, die Nick gemalt hat, und erzähle ihm, was sich im Gurkenfass ereignet hat. Wir schütteln gleichzeitig die Köpfe und kommen zu der ernüchternden Schlussfolgerung: Wir haben Versicherungen für unsere Kinder abgeschlossen, Geld für sie angelegt, eine Schule ausgesucht, Nick in einem Schwimmkurs und Mika bereits auf die Warteliste für das Instrumentenkarussell gesetzt. Aber wer sich im Ernstfall um die Kinder kümmert, das haben wir noch nicht geregelt. Noch schlimmer: Wir haben uns darüber noch nicht einmal ansatzweise Gedanken gemacht. Sind wir denn eigentlich komplett bescheuert?« Max sieht blass aus. »Wie ist denn überhaupt die Rechtslage, wenn einer von uns – oder schlimmstenfalls wir beide – mit dem Auto gegen einen Baum fahren sollte?«, fragt er. Ich sortiere meine Gedanken und überlege, wie ich ihm die Rechtslage erkläre und mit welchem beispielhaften Tod. Welchen Tod würde ich gerne sterben? Am liebsten so wie mein Opa. Der Arzt hat damals gesagt, dass er einen schönen Tod hatte. Er ist einfach in seinem

Bett eingeschlafen und am nächsten Tag nicht mehr aufgewacht. Bestimmt hatte er einen schönen Traum zwischen Diesseits und Jenseits. Vielleicht von einer Autofahrt mit meiner Oma, sie sind frisch verliebt, fahren an die Adria und hören Schlager von Liebe, Sonne und Meer. Natürlich in seinem ersten Auto, einem weißen Fiat Topolino, immer blitzeblank geputzt.

Ich beschließe, das ganze Drama um die drei Buchstaben T-O-D ganz einfach »einschlafen« zu nennen. Das klingt ein bisschen hoffnungsvoller als »gegen den Baum fahren«. Wenn man einschläft, wacht man ja auch irgendwann wieder auf.

§

WENN EIN ODER BEIDE ELTERNTEILE »EINSCHLAFEN«

Wenn ein Elternteil einschläft, kümmert sich der jeweils andere Elternteil um die Kinder, vorausgesetzt er hat das Sorgerecht. Dabei ist es ganz egal, ob man verliebt, verlobt, verheiratet, getrennt oder geschieden ist. Die Kinder sind jetzt **»Halbwaisen«** und haben unter bestimmten Voraussetzungen Anspruch auf eine Halbwaisenrente. Wenn weder ein Ehevertrag noch ein Testament besteht, erbt der »überlebende« Ehepartner die eine, die Kinder anteilig die andere Hälfte. Das gilt nicht, wenn die Eltern unverheiratet sind. In diesem Fall erben nur die Kinder zu gleichen Anteilen.

Wenn beide Elternteile zusammen eingeschlafen sind, wird es komplizierter: Das Familiengericht muss in diesem Fall von Amts wegen einen **Vormund** für die Kinder bestellen, die jetzt **»Vollwaisen«** sind, es sei denn, ein Vormund wurde vorher von den Eltern bestimmt. Die Kinder erhalten unter bestimmten Voraussetzungen Vollwaisenrente; sofern kein Testament existiert, erben die Kinder alles, mehrere Kinder zu gleichen Anteilen.

Gut zu wissen: Der Antrag auf Halb-/Vollwaisenrente wird bei der Deutschen Rentenversicherung gestellt (→ Linksammlung).

Wie furchtbar sich das anhört. Ich trinke einen großen Schluck Yogi-Tee und versuche, den Tränendruck und die Bilder aus meinem Kopf zu bekommen.

»Die Frage ist nun, wer Vormund wird.« – »Das ist doch klar«, sagt Max, »irgendeiner von den Paten.« Ich schüttele energisch den Kopf. »Eben nicht, das ist ein Gerücht, an das wahrscheinlich 80 Prozent der Bevölkerung glauben, weil das vor mehr als 200 Jahren tatsächlich einmal so Brauch war. Das Patenamt hat heute nur eine rein religiöse Funktion, die das Familiengericht nicht die Bohne interessiert.«

Max rührt ratlos mit dem Löffel in seiner Tasse. »Die Vormundschaft kann für das Familiengericht auch eine schwere Entscheidung werden, zum Beispiel dann, wenn mehrere Verwandte da sind, die gerne Vormund werden möchten und sich vielleicht sogar darum streiten. Außerdem muss das Gericht prüfen, ob die Vormund-Anwärter auch für die Aufgabe geeignet sind. Schlimmstenfalls kann es passieren, dass die

Kinder bis zu einer Entscheidung des Familiengerichts übergangsweise in ein Kinderheim oder zu wildfremden Pflegeeltern kommen. Und die kann man sich leider nicht aussuchen. Theoretisch können unsere Kinder also zu Leuten kommen, denen wir nie im Leben unsere Kinder anvertrauen würden. Stell dir nur vor, was Nick sagen würde, wenn es ein Heim oder eine Familie ist, bei der es fast jeden Tag Essen gibt, das er nicht mag – zum Beispiel Apfelmus.«

Max nimmt einen großen Schluck Tee. »Dann lass uns so schnell wie möglich einen Vormund bestimmen.« – »Ja, aber vorher müssen wir erst einmal überlegen, wer als Vormund infrage kommt. Und natürlich müssen wir auch vorher mit dem Vormund reden. Es bringt ja nichts, wenn er oder sie keine Lust darauf hat. Wir können ihm die Vormundschaft jedenfalls nicht gegen seinen Willen ›aufzwingen‹. Ganz blöd wäre es ja, wenn er später Nein dazu sagt. Und nicht nur das. Wir müssen uns und auch ihn oder sie immer wieder fragen, ob er oder sie noch Lust darauf hat. Die Omas und Opas, die das jetzt noch übernehmen könnten, sind in zehn Jahren vielleicht geistig oder körperlich nicht mehr dazu in der Lage.«

Wir zählen verschiedene Varianten auf – allerdings diskutieren wir nicht mehr zu Ende, wer das konkret sein könnte, denn aus dem Babyphone quakt es. Mika ist wach geworden. Vermutlich wieder dieser halb durchgedrungene Zahn, der dem armen Knopf schon seit Tagen zu schaffen macht. Wir beenden unseren Kriegsrat und verlassen das Gurkenfass. Mit zwei leeren Tassen Yogi-Tee, einem Babyphone und vielen Fragezeichen.

§

BESTELLUNG EINES VORMUNDES FÜR DIE KINDER

Die Eltern können gemäß § 1776, 1777 BGB durch ein **Testament** bestimmen, wer im Falle des Todes Vormund des Kindes sein soll. Der Vormund hat dann das Recht und die Pflicht, für den »Mündel« zu sorgen. Das Familiengericht muss sich an die Entscheidung der Eltern halten – es sei denn, das Kindeswohl spricht dagegen.

Tipp: Auch, wenn ein Testament selbst geschrieben werden kann, indem man ganz einfach einen handschriftlichen Text mit Datum und vollständiger Unterschrift auf ein Blatt verfasst, ist es aus Beweisgründen ratsam, einen **Notar** hinzuzuziehen.

Wichtig: Die Vormundschaft sollte mit der betreffenden Person vorher abgesprochen werden, damit diese auch die Vormundschaft annimmt.

§§§

Eine Woche ist seit unserem »Leben-und-Tod-Gespräch« vergangen. Nicks Fragen hatte ich immer noch nicht beantwortet. Zugegebenermaßen habe ich mich darum gedrückt und mir selber eingeredet, dass ich schon richtig darauf »reagieren« würde, wenn er noch einmal fragen sollte. Bestimmt hat er vergessen, dass ich ihm noch eine Antwort schulde. Pustekuchen, falsch gehofft.

Ich sitze auf der Bettkante und lese Nick zum Einschlafen ein Buch vor, das er sich von Mathilde ausgeliehen hat.

Mika schnarcht bereits, mit offenem Mund und ausgebreiteten Armen. Auf meinem Schoß liegt ein großes Bilderbuch. Nick will, dass ich ihm die Geschichte von Tarzan vorlese. Er lauscht aufmerksam und unterbricht mich nicht ein einziges Mal. Das passiert sehr selten. Ich lese ihm vor, dass Tarzan mit seinen Eltern in Afrika strandet, nachdem das Schiff brannte, auf dem er sich befand. Sie leben dort im Dschungel in einem Baumhaus. Tarzans Eltern fallen jedoch tragischerweise einem Jaguar-Überfall zum Opfer. Affen entdecken das Baby, füttern und säugen es und ziehen es groß. Dabei erleben sie eine Menge Abenteuer mit ihm. Puhh. Ganz schön harter Tobak, denke ich mir beim Lesen. Einige Passagen werden von mir zensiert, indem ich sie einfach auslasse. Und schon wieder tote Eltern. Ob die Geschichte pädagogisch so wertvoll war? Nachdem ich das Licht ausgeknipst habe und Nick einen Gute-Nacht-Schmatz auf die Stirn gedrückt habe, fragt er plötzlich: »Mama, komme ich dann auch zu einer Affenfamilie, wenn ihr tot seid?« Diesmal bin ich gefasster als im Gurkenfass, dennoch erleichtert, dass das Licht bereits ausgeknipst ist. Ich nehme seine Hand und streichele sie sanft. »Nein, mein Schatz, erstens gibt es hier keine Affen, und zweitens, wenn mir etwas zustoßen sollte, dann kümmert sich doch der Papa um dich.« – »Und was passiert, wenn der Papa auch tot ist? Muss ich dann mit Mika zu den Affen? Bitte, bitte. Ich besuche euch auch mit der Rakete im Himmel und bringe dir Pfefferminzschokolade und Papa den Tennisschläger vorbei. Und Bananen.« Ich beschließe, das blöde Buch heimlich verschwinden zu lassen, wenn Nick eingeschlafen ist.

»Nein, mein Hasenkind, dann wird sich jemand um euch kümmern, den ihr gut kennt und der euch lieb hat, so wie deine Omas und der Opa, aber doch keine Affen. Die können doch noch nicht einmal richtig sprechen und kreischen nur laut herum.« – »Aber die Affen können uns doch auch lieb haben, und in dem Buch gerade konnten die doch auch sprechen.« – »Das kann sein, aber dann müsstet ihr in den Dschungel ziehen, und da gibt es fette Schlangen, giftige Spinnen und – keinen Fernseher. Und zu essen gibt es nur Apfelmus«, ergänze ich noch. Kurze Pause. »Hmmm«, sagt Nick und überlegt. »Dann bleibe ich lieber doch zu Hause bei Oma und Opa. Aber die Affen können ja zu uns ziehen. In meinem Zimmer ist ja noch Platz. Sie dürfen auch in meinem Indianerzelt wohnen.« Jetzt muss ich doch ein wenig schmunzeln. Ich stelle mir die Oma und den Opa mit unseren beiden Jungs und einer wild gewordenen Affenbande vor, die unser Haus zerlegt. »Das kannst du ja dann im Fall der Fälle mit den Omas und dem Opa besprechen, okay?« – »Gut, Mama, ich frage mal Oma«, sagt Nick zufrieden, umklammert meine Hand und schließt die Augen.

12

Die unvergessliche Schweineparty und ein Leitfaden für die Kitaplatz-Suche

Mist, ich muss noch schnell den Geburtstags-Kuchen mit einer Schokoglasur überziehen, wieso dauert das ausgerechnet heute so lange, bis er ausgekühlt ist, verdammt noch mal? Ob ich ihn angesichts der hochsommerlichen Außentemperaturen kurz in das Gefrierfach stecken soll? Lieber nicht - auf Geburtstagskuchen-Experimente sollte ich verzichten - wer weiß, wie der Schokokuchen schockgefrostet aussieht! Und die Kuchenglasur ist nicht das Einzige, was noch erledigt werden muss: Luftballons warten darauf, dass sie aufgepustet werden, der Tisch ist noch nicht einmal ansatzweise gedeckt, und die Pompons müssen noch gelupft und in die Bäume gehängt werden.

Ich schnappe mir eine Handvoll Luftballons, laufe über den Flur in den Garten und werfe einen Schulterblick in den Garderobenspiegel. Um Himmels willen - wie sehe ich überhaupt aus? Ab in die Maske, nach der Gartendekoration ist Körperdekoration angesagt: Haare kämmen, schminken und raus aus dem mehligen Schlabberpullover. Ich muss mich beeilen, Mika und Nick schlafen noch - aber nicht mehr lange. Das Zeitkontingent, das mir noch zu produktiver Arbeit bleibt, umfasst maximal 20 Minuten. Der Vorsprung, den ich mir durch Aufstehen um fünf Uhr morgens durch die Innere-Schweinehund-Überwindung erkämpft habe, ist bereits verbraucht. »Ticke-Tacke. Ticke-Tacke«, ich höre, wie die Zeit im Sekundentakt verrinnt. Mein Puls schlägt schneller. Irgendwo habe ich mal gelesen, dass eine Sekunde einen Herzschlag lang ist. Wahrscheinlich nur im körperlichen Ruhezustand. Also auf keinen Fall, wenn Kindergeburtstag gefeiert wird.

Heute ist Mikas erster Geburtstag, und ich fühle mich wie eine Mama am Rande des Nervenzusammenbruchs. Aus der Anwältin in Elternzeit ist eine hektische Eventmanagerin mit Bluthochdruck geworden, die seit Tagen, nein, seit Wochen nur noch eine Frage beschäftigt: Wie gestaltet man eine perfekte Schweineparty?

Während ich im Garten an der noch leeren Kaffeetafel sitze und einen Ballon nach dem anderen aufpuste, bis meine Wangen anfangen zu schmerzen, überlege ich, wer eigentlich die bescheuerte Idee hatte, anlässlich Mikas erstem Geburtstag eine »Schweineparty« zu feiern. Eigentlich dachte ich immer, dass ein Kindergeburtstag so abläuft, wie ich es noch aus meinen eigenen Kindheitserinnerungen kenne:

»Kindergeburtstag«, also eine Feier anlässlich eines Geburtstages, zu der »Freunde« des Geburtstagskindes eingeladen wurden, gab es früher eigentlich erst ab dem dritten Lebensjahr, davor wurde lediglich mit Kaffee und Nusstorte im engsten Familienkreis gefeiert, also mit Eltern, Geschwisterchen (wenn man schon welche hatte), Omas, Opas und Paten. Ab dem dritten Lebensjahr durfte das Geburtstagskind dann einen Freund pro Lebensjahr einladen. Gefeiert wurde zu Hause im Wohnzimmer oder im Garten – wenn man einen hatte oder jemanden kannte, der einen hatte und der ihn verlieh. Die Kinder wurden von den Eltern gebracht, verabschiedet und kamen erst zum Abholen der Kinder wieder. Und es gab nur ein kleines Geschenk für das Geburtstagskind. Ein Buch, vielleicht eine Kassette, ein Gummitwist oder eine Strickliesl. Auf dem Geburtstagstisch stand nur EIN Kuchen, meistens ein Schokoladenkuchen mit Fettglasur, dekoriert mit bunten Schokolinsen, auf dem die entsprechende Anzahl von bunten Geburtstagskerzen thronte. Die Raum- oder Gartendekoration bestand aus Luftschlangen, Luftballons, bunten Strohhalmen – vielleicht noch ein paar Lampions. Höhepunkt des Kindergeburtstages waren von den Eltern organisierte Spiele, bei denen die Gewinner kleine Preise gewinnen konnten – Trostpreise gab es natürlich auch. Gespielt wurden fast immer die gleichen Spiele: Sackhüpfen, Eierlaufen, Wattepusten, Topfschlagen und »Hänschen piep einmal«. Zum Ende der Feier gab es meistens Würstchen mit Kartoffelsalat. Abschiedsgeschenke waren unbekannt – die Kinder durften ja ihre Gewinne und Trostpreise mitnehmen. Obwohl die Geburtstage damals meistens nach diesem Schema F abliefen, freuten wir uns immer, wenn eine Einladung in das Haus geflattert kam. Wir Kinder hatten Spaß und waren glücklich, auch die Trostpreiskinder, zu denen ich oft gehörte – damals, vor ca. 30 Jahren.

Tatsächlich dachte ich zunächst, dass Kindergeburtstage heute ähnlich ablaufen würden. Dachte ich. Ich muss verrückt gewesen sein.

Kurz vor Nicks erstem Geburtstag verriet mir meine Schwägerin Valentina das Geheimrezept für den perfekten Kindergeburtstag – entstanden aus ihrem Erfahrungsschatz von mehr als 20 unvergesslichen Kindergeburtstagen, die sie für ihre drei Kinder ausgerichtet hatte (in Erinnerung geblieben waren mir die »Poolparty«, die »Gespensterparty« und auch die »Fackelparty« – die übrigens damit endete, dass der Garten durch einen Funkenflug brandgerodet wurde).

Valentinas Geheimtipps für einen unvergesslichen Kindergeburtstag

1. Kindergeburtstage ohne Motto sind keine richtigen Kindergeburtstage. Als Motto solltest du am besten einen »Hype« auswählen, der gerade bei deinen Kindern und in der Kita oder Schule kursiert (Kinofilm, Spielzeug) – oder etwas, auf das dein Kind so richtig abfährt. Wenn möglich, sollte das Motto verkleidungstechnisch leicht umsetzbar sein.

2. Gefeiert wird ab dem 1. Lebensjahr. Und vergiss die goldene Regel »1 Gast pro Lebensjahr«. Du musst mindestens 5 Kinder einladen, sonst wird es eine lahme Veranstaltung. Bis zum 4. Geburtstag solltest du die Kinder auswählen. Das perfekte Gastkind sieht so aus: Dein Kind hegt eine gewisse Sympathie für ihn (Freundschaft ist in dem Alter ja etwas übertrieben), das Kind hat nette Eltern und bestenfalls keine Geschwister, denn bis zum 4. oder 5. Lebensjahr feiern die Eltern und Geschwisterkinder grundsätzlich mit.

3. Spare nicht an passender Deko und bestelle alles rechtzeitig im Netz (falls man es in den USA oder Frankreich bestellen muss, könnte es etwas länger dauern).

4. Die Geburtstagstorte solltest du NIE selber backen. Lass sie von einem Konditor anfertigen und dem Motto entsprechend mit Marzipan oder Zuckerfondant verzieren. Die drei anderen Kuchen, Muffins und Cake Pops kannst du zur Not selber machen, da sie nicht so viel Stress- und Konfliktpotenzial in sich bergen, falls du sie vermasselst.

5. Lade dir mindestens einen »externen Stimmungsmacher« für die Kinder ein, wenn du zu Hause feiern solltest – sonst könnte es schnell langweilig werden (Maskenmaler, Luftballonverdreher, Zauberer).

6. Hinterlege in deinem Lieblings-Spielzeugladen eine

Geschenkeliste für dein Kind, sonst bekommt es womöglich etwas, das es schon hat oder blöd findet – das kann schlimmstenfalls dazu führen, dass die Party im Eimer ist.

7. Größte Sorgfalt ist auf die »Mitgebsel«-Tüte zu verwenden. Die Tüte sollte immer zum Motto passen und kleine Spielsachen und Süßigkeiten enthalten. Die Herausforderung ist groß: Denn sowohl die eingeladenen Kinder als auch deren Eltern müssen mit dem Inhalt zufrieden sein. Wenn nicht, stehen das Ansehen und die Beliebtheit deines Kindes auf dem Spiel. Verwende daher qualitativ hochwertige Süßigkeiten und kein kurzlebiges Billig-Plastikzeug, das nicht lange in Erinnerung bleibt.

Zuerst war ich mir nicht ganz sicher, ob Valentina die Aufzählung ernst meinte. Mottoparty? Deko aus den USA? Torte vom Konditor? Stimmungsmacher? Geschenkeliste? Mitgebsel ... – was? Ich fasse mir bereits während des Telefonats innerlich an den Kopf.

Valentina erklärte: »Du willst doch nicht im Ernst, dass sie eines Tages vorwurfsvoll sagen: ›Mama, wieso mussten wir eigentlich jedes Jahr langweiliges Topfschlagen spielen und Kartoffelsalat mit Würstchen essen?‹ Die Zeiten haben sich geändert. Du weißt gar nicht, was da so unter den Müttern los ist. Es gibt einen regelrechten Wettkampf um die originellste Geburtstagsparty. Eine Mutter hat sich neulich einen Baby-Elefanten aus dem Zoo geliehen, der dann von einem Tierpfleger im Garten herumgeführt wurde. Verrückt, oder? Dagegen sind meine Geburtstagspartys ja noch harmlos.«

Zugegebenermaßen hallten diese Worte noch länger nach und lösten irgendwann doch zumindest ein teilweises Umdenken in mir aus. Jedenfalls hatte ich nach diesem Gespräch etliche Bilder, die ich unter dem Stichwort »Kindergeburtstag« in meinem Gehirn abgespeichert hatte, ausgetauscht und zumindest einen Teil der Zutaten für den »perfekten Kindergeburtstag« beherzigt – zum Beispiel die Wahl eines Mottos. Bisher mussten wir bei der Mottosuche wenig Fantasie aufwenden, denn alle drei Geburtstage, die wir mit Nick gefeiert hatten, standen jeweils unter dem Motto »Bällebad« oder »Feuerwehr«.

Bei Mika waren die persönlichen Vorlieben nicht ganz so eindeutig ausgeprägt. Also stellten wir uns vor einigen Wochen die Frage: Auf was fährt denn Mika tatsächlich ab? Spontan fielen uns prall gefüllte Milchbrüste, Schnuller, Nuckelflasche, Handys und Schlüssel ein. Allerdings ließ sich das mottomäßig nur schwer umsetzen. Zumindest hatte ich noch nie Schnullergirlanden, Luftballons in Babyfläschchenform, geschweige denn eine Geburtstagstorte mit prallen Milchbrüsten aus Marzipan gesehen. Und Handy oder Schlüssel? Weder spektakulär noch pädagogisch wertvoll. Dann überlegten wir, etwas »mit Tieren« zu machen. Wir überlegten, welches vermutlich Mikas Lieblingstier sei.

»Ich hab's«, sagte Max und schlug sich mit der flachen Hand auf die Stirn – »natürlich ist es das Schwein. Erinnerst du dich noch an neulich, wie er in die Hände geklatscht hat, als er die kleinen Ferkel auf dem Kinderbauernhof mit Kartoffeln füttern durfte? Und denk mal an Zilli, Billi und Willi, die Geschichte von den drei kleinen Schweinchen! Das ist doch seit Wochen sein absolutes Lieblingsbuch, oder?« Ich stützte mein Kinn auf meine rechte Hand und tippte mir kurz mit dem Zeigefinger an meine Wange und überlegte. »Aber wir können doch nicht mit einem einjährigen Kind einen Kindergeburtstag mit dem Motto ›Schwein‹ feiern, oder? Das klingt doch irgendwie seltsam. Was denken denn die Eltern, wenn ich das auf die Einladungskarten schreibe. »Liebe..., du bist herzlich zu meiner Schweineparty eingeladen.«

»So ein Blödsinn«, entgegnete Max. »Ich fände das superwitzig. Ist doch mal etwas ganz anderes als Bälle, Feuerwehr oder Bauernhof, die sollen sich mal alle locker machen.« Je länger ich darüber nachdachte, umso mehr Gefallen fand ich an der »Schweineparty«. Ich begann also zu recherchieren und allen möglichen Geburtstagskitsch zum Motto »Schwein« zu bestellen. Nächtelang surfte ich im Netz, bis ich schöne Accessoires fand, die es würdig waren, Mikas ersten Geburtstagstisch zu zieren. In den kommenden Wochen stapelten sich die Pakete in unserem Hausflur. Mir war es fast schon ein bisschen peinlich, als Nick neuerdings bei jedem Klingeln an der Haustür zu sagen pflegte: »MAMA, DER PAKETMANN IST WIEDER DA, TÜR AUFMACHEN.« Hoffentlich erzählt er in der Kita nicht herum, dass er in den letzten beiden Wochen fast täglich bei uns vorbeikam, dachte ich. Auch Max schüttelte den Kopf, nachdem eine frische Ladung Schweinemasken eingetroffen war. »Das ist doch nicht dein Ernst, oder?«

Doch, das war mein voller Ernst. Der Ehrgeiz hatte mich gepackt. Mikas erster Geburtstag sollte definitiv unvergesslich werden. Ein Geburtstag, über den man in der Kita, in der Schule - vielleicht sogar noch auf Mikas Hochzeit - reden würde. Ich bestellte Luftballons in Schweinchenform, rosa Pompons mit Ringelschwänzchen und Schweineohren, winzige Schweinchen-Kerzen für den Geburtstagskuchen, die an einem langen Holzstab befestigt waren, Schweinegirlanden, Pappbesteck mit aufgedruckten Schweinchen... Ja, ich entdeckte sogar Schweinekonfetti und Schweineeis am Stiel. Als Mitgebsel für die Kinder entschied ich mich für grunzende

Stoffschweine, die man sich als Mütze aufsetzen konnte – dazu bestellte ich für jedes Kind eine Tüte süßen Schweinespeck, selbstverständlich in Confiserie-Qualität.

Fünf Minuten bevor die ersten Gäste kommen, habe ich alles erledigt. Ich überlege kurz, ob ich Valentinas Geheimtipps vollständig berücksichtigt habe. Naja, bis auf die bestellte Geburtstagstorte und den »externen Stimmungsmacher« hatte ich alles befolgt. Nicht schlimm, beruhige ich mich. Falls irgendjemand anfangen sollte zu gähnen, hole ich mein Schminkköfferchen aus dem Bad und male den Kindern mit Lippenstift und Kajal-Stiften Schweinchen ins Gesicht. Das dürfte ja wohl nicht so schwer sein, eine Anwältin in Elternzeit »kann« nicht nur »Eventmanagerin«, sondern zur Not auch »externe Stimmungsmacherin« sein.

§§§

Wenig später klingelt es an der Tür. Nick stürmt in seinem rosa Schweinekostüm die Treppe herunter: »MAMA, DER PAKETMANN KOMMT.« – »Nein, mein Schatz«, sage ich und laufe mit Mika auf dem Arm, ebenfalls im Schweinekostüm, an die Tür. »Das sind die ersten Gäste. Der Paketmann kommt bis auf Weiteres nicht mehr.« Ich glaube selbst nicht, was ich da sage – zu bestellen gibt es ja schließlich immer etwas bei einer vierköpfigen Familie, zum Beispiel Klamotten für die Mama, die keine Zeit und Lust mehr hat, sich in überfüllten Geschäften und stickigen Umkleidekabinen mit gnadenlos hellem Licht, das jedes Fettpölsterchen sichtbar macht, aufzuhalten.

Dann setze ich mir eine Schweinemaske auf. Ein bisschen Spaß muss ja schließlich sein. Mika brüllt wie am Spieß, es gefällt ihm nicht, dass sich seine Mutter in ein Schwein verwandelt hat. Auch das Schweinekostüm ist ihm nicht ganz geheuer. Ich schiebe die Maske nach oben auf die Stirn, damit Mika wieder mein Gesicht sehen kann. Nick öffnet die Tür. Olga steht am Gartentor, mit Mathilde und Theo an der Hand und lacht. Mathilde trägt ein Blümchenkleid – alle Achtung, sogar mottokonform in Schweinchenrosa, dazu ihre Einhorntasche, in der selbstverständlich ihr Feenstab steckt. Theo, inzwischen eineinhalb, überreicht Mika eine Geschenktüte in Schweineform. Er trägt ein T-Shirt, auf dem eine badende Schweinefamilie aufgedruckt ist. Niedlich. Die Schweineparty kann beginnen. Ich übergebe Nick und Mathilde eine Schweinemaske, mit der beide johlend in den Garten rennen. Mika und Theo wuseln im Wohnzimmer umher und beschäftigen sich mit den Schweineluftballons, die sie gerade in einem Umzugskarton entdeckt haben. Wir trinken zusammen ein Glas Sekt, dann klingelt es schon wieder. Vermutlich war das mein letzter entspannter Moment an diesem Tag.

§§§

Eine halbe Stunde später tummelt sich das Partyvolk im Garten. Neben Olga hatte ich noch die Yoga-Mädels eingeladen. Bis auf Pippa hatten alle Zeit: Marlene mit ihrem »Schmetterling«, der jetzt Milo heißt, Jette mit Charlie (»Cherrier«, wie sie stolz verkündet, denn Cosmo Comic hat tatsächlich die entsprechenden Erklärungen gegenüber dem Standesamt abgegeben) und Hermine mit ihrem entzückenden Töchterchen Lise. Vor dem Gurkenfass habe ich mehrere Decken ausgebreitet. Es ist wieder einer dieser wunderschönen Bilderbuch-Sommer-Sonnentage mit Hitzefrei-Temperaturen und säuerlichem Obstgeruch. Ich bin nicht die Einzige, die ein Déjà-vu hat.

»Oh«, sagt Marlene und setzt Milo auf eine Decke, »das erinnert mich an unser lustiges Elterngeld-Picknick.« Sie beugt sich ein Stück nach vorne und schaut zu dem Haus von Herrn Stein. »Bestimmt steht er schon wieder hinter dem Vorhang und glotzt in den Garten.«

Nachdem ich Nick beim Geschenkeauspacken assistiert habe, starten wir mit Kaffee und Kuchen. Mathilde verschüttet ihren Kakao und heult. Nachdem sie sich wieder beruhigt hat, singen wir Mika zu Ehren »Wie schön, dass du geboren bist, wir hätten dich sonst sehr vermisst«. Ich heule heimlich hinter meiner Digitalkamera, weil Mika mit einem Jahr nun kein Baby mehr ist und nie wieder seinen ersten Geburtstag feiern wird. Nick hilft beim Kerzenauspusten, ich denke mir schnell einen Wunsch für das Geburtstagskind aus. Mika macht sich über ein großes Stück Schokokuchen her und nuckelt an einem Marzipanschwein, das ihm Pippa geschenkt hat.

Dann ziehe ich mich kurz in die Küche zurück, um Kakao-Nachschub zu kochen. Zusammen mit Mika und dem Marzipanschwein auf dem Arm. Er wollte nicht bei den Gästen bleiben, sondern lieber auf Mamas Arm.

»Kann ich dir etwas helfen?«, fragt Marlene, die scheinbar genug von dem Partytreiben im Garten hat und ihren Kopf mit den perfekt gezupften Augenbrauen durch die Tür steckt – selbstverständlich mit geknotetem Kopftuch im Haar. Diesmal in Schweinepink. »Ich habe alles im Griff, danke«, antworte ich, während ich die Milch aus dem Kühlschrank hole. »Ich habe leider gerade nichts mehr im Griff, vielleicht kannst du mir helfen?«, seufzt Marlene verzweifelt. Ich schließe schnell die Kühlschranktür und drehe mich erstaunt um. Oha, das klingt bedrohlich, vermutlich macht der Doc wieder Ärger. »Was ist los? Lässt du dich wieder von deinem Zahnarzt ärgern?«, frage ich neugierig und kippe einen Liter Milch in einen großen Kochtopf, um sie zu erwärmen. »Mir wurde gestern der Kitaplatz abgesagt.« – »Bitte, was?«, frage ich neugierig und öffne die Dose mit dem Kakao, was nicht ganz so einfach ist, weil ich dafür eigentlich zwei Hände brauche. »Sie haben nicht genug Erzieher gefunden und können daher nicht alle neuen Kinder betreuen. Jedenfalls stehe ich jetzt ganz doof da, denn in zwei Wochen ist eigentlich mein erster Arbeitstag. Der Doc würde meine Elternzeit bestimmt verlängern und mir etwas ›Haushaltsgeld‹ zahlen, aber das will ich auf keinen Fall. Ich möchte niemals von einem Mann abhängig sein und immer mein eigenes Geld verdienen. Könnte ja sein, dass er jederzeit wieder abhaut.«

Ich nicke anerkennend und rühre drei Esslöffel Kakao mit einem Schneebesen unter die köchelnde Milch. »Ich blöde Kuh, hätte ich damals nur den Kita-Vertrag sofort unterschrieben. Scheinbar war ich blind und dämlich vor Glück, ich hatte mich so gefreut, als mir der Platz zugesagt wurde. Was soll ich denn jetzt tun? Ich habe doch eigentlich einen Rechtsanspruch auf einen Kitaplatz, oder? Wie und wo kann ich den denn durchsetzen?« Ich schalte den Herd aus, damit die Milch nicht überkocht. Der Kakao ist noch nicht fertig, ich sehe immer noch Kakaoklumpen, die in der Milch schwimmen. Dann ziehe ich mein Telefon aus der Hosentasche und recherchiere kurz in meinem Telefon, bis ich den Paragrafen 24 im VIII. Sozialgesetzbuch gefunden habe, der die Rechtsgrundlage für den Anspruch auf einen Betreuungsplatz ist. Ich drücke Marlene das Telefon in die Hand und bitte sie, den Text erst einmal durchzulesen. Während sie murmelt, rühre ich weiter im Milchtopf.

»Dein Telefon hat gerade gesummt«, sagt Marlene und reicht mir das Handy. Die Nachricht ist von Dr. Fizz.

Und? Wie hat es dir gefallen?

Ich denke kurz an letzte Woche. Am Dienstag hatte ich Dr. Fizz in seiner Kanzlei am Gendarmenmarkt besucht. Er hatte nicht zu viel versprochen und zeigte mir sogar ein Zimmer, in dem ich arbeiten könnte. Hell, mit altem Parkett und Aussicht auf den Französischen Dom. Marlene runzelt die Stirn. »Ich verstehe nur Bahnhof. Was heißt das nun im Klartext?« Sie sieht mich erwartungsvoll an. »Sag mal, hörst du mir zu?«, fragt sie. Dann grinst sie. »Ich hab's. Du hast eine Affäre.« – »So ein Schwachsinn«, antworte ich energisch. Marlene fängt an, mir auf die Nerven zu gehen. »Also, willst du jetzt noch etwas über den Kita-Rechtsanspruch hören oder nicht?« Marlene nickt. Dann fahre ich fort – mit Gedanken woanders, irgendwo am Gendarmenmarkt.

»Wenn man nach Alter des Kindes unterscheidet, kann man den Kita-Rechtsanspruch verkürzt in etwa so zusammenfassen.«

§

RECHTSANSPRUCH AUF EINEN BETREUUNGSPLATZ GEMÄSS §24 SGB VIII

Kinder von 0 bis 1 Jahr

Ein Rechtsanspruch auf einen Platz in einer Kita oder bei einer Tagesmutter besteht in dieser Altersgruppe immer dann, wenn du **erwerbstätig, arbeitsuchend oder in**

einer Ausbildung bist – oder wenn eine Betreuung erforderlich ist, weil dies für die **Entwicklung deines Kindes** geboten ist.

Kinder von 1 bis 3 Jahren

In dieser Altersgruppe müssen keine besonderen Voraussetzungen vorliegen – das bloße **Erreichen der Altersgrenze** genügt für die Entstehung des Rechtsanspruches auf Betreuung in einer Kita oder bei einer Tagesmutter.

Kinder ab 3 Jahren bis zum Schuleintritt

Ab dem 3. Lebensjahr besteht ein Rechtsanspruch auf eine Unterbringung **in einer Kita**, jedoch nicht mehr bei einer Tagesmutter. Auch hier genügt das Erreichen der Altersgrenze.

Gut zu wissen: Der genaue Betreuungsumfang richtet sich nach dem individuellen Bedarf (siehe S. 302)

»Das heißt also, dass ich automatisch einen Anspruch habe, wenn Milo seinen ersten Geburtstag feiert? Und davor nur, wenn ich arbeite?« – »Ja, genauso ist es«, bestätige ich und setze Mika, der einen Schweineballon entdeckt hat, auf den Boden. Das Marzipanschwein hat er scheinbar weggenuckelt, jedenfalls sehe ich es nicht mehr in seinen Händen. »Das klingt alles so einfach. Aber wie um Himmels Willen setze ich den Anspruch durch? Muss ich allen Kitas Briefe schreiben und sagen: Mein Kind will zu euch?« Ich höre auf zu rühren. »Tja, leider ist das ganz schön kompliziert.«

§

ANTRAGSTELLUNG UND DURCHSETZUNG DES ANSPRUCHS AUF EINEN BETREUUNGSPLATZ

Die Kitaplatzsuche ist für viele Eltern eine der größten Herausforderungen – trotz des bestehenden Rechtsanspruchs auf einen Betreuungsplatz gemäß § 24 SGB VIII. Zu wenige Kitaplätze, undurchsichtige Platzvergabe-Verfahren sowie eine Vielzahl von Sonderregelungen, die nicht nur auf Bundes-, sondern auch auf Landesebene anwendbar sind, erschweren den Eltern die Durchsetzung des Rechtsanspruchs. Daher ist es wichtig, die Basics im Gesetzes- und Behördendschungel zu kennen:

1. **Anspruchsinhaber** ist das **Kind**, die Eltern machen den Anspruch auf Betreuung als gesetzliche Vertreter des Kindes geltend. **Anspruchsgegner** sind nicht die Betreuungseinrichtungen, sondern die **Träger der öffentlichen Jugendhilfe**.

Wer das genau ist, regeln Landesgesetze, meistens sind das die Jugendämter (→ Linksammlung).

2. Der Anspruch besteht nur im Hinblick auf öffentliche Kitaplätze, also nicht bzgl. rein privater Kitas.

3. Den Antrag auf einen Betreuungsplatz (→ Vorlage siehe Mustertext) musst du beim zuständigen Träger der öffentlichen Jugendhilfe stellen, dafür gibt es grundsätzlich **keine speziellen Form- und Fristerfordernisse**.

Gut zu wissen: Es kann sein, dass es auf Landes- und kommunaler Ebene spezielle Antragsvoraussetzungen gibt. Diese solltest du beim zuständigen Jugendamt (→ Linksammlung) erfragen.

Wichtig: Neben dem offiziellen Antrag solltest du gleichzeitig bei den infrage kommenden **Kitas und Tagesmüttern/-vätern schriftlich die Aufnahme beantragen**. Spezielle Verfahren solltest du dabei beachten (z. B. Eintrag in zentrale Wartelisten).

4. Die Träger der öffentlichen Jugendhilfe müssen über deinen Antrag entscheiden. Wenn dein Antrag **abgelehnt** wurde oder deinem Antrag **nicht entsprochen** wurde (die zugewiesene Kita ist z. B. zu weit von deinem Wohnort entfernt), solltest du **Rechtsmittel** gegen die Entscheidung (Widerspruchsverfahren und/oder Klageverfahren vor dem Verwaltungsgericht) einlegen.

Wichtig: Die Fristen sowie die zuständige Behörde/Gericht, bei der/dem du Rechtsmittel einlegen musst, ergeben sich aus der Rechtsbehelfsbelehrung des Bescheides.

Falls du dich für den Rechtsweg entscheidest, solltest du unbedingt einen Rechtsanwalt hinzuzuziehen.

Wenn du nach mehreren Monaten keine Reaktion auf deinen Antrag erhältst, kannst du eine **Untätigkeitsklage** einreichen.

Gut zu wissen: In Eilfällen, z. B. nach einer schnellen Jobzusage, kannst du in einem gerichtlichen Schnellverfahren den Erlass einer **einstweiligen Anordnung** beantragen.

5. Wenn du einen Anspruch auf einen Kitaplatz nach den o.g. Kriterien hast und dieser nicht erfüllt wird, kann dieser **gerichtlich durchgesetzt** werden. Zusätzlich können »Sekundäransprüche« geltend gemacht werden. Darunter fallen:
   - Mehrkosten, die durch eine Ersatzbetreuung entstanden sind (z. B. durch einen qualifizierten privaten Babysitter, notfalls durch Verwandte)
   - Verdienstausfall, weil du nicht wie geplant deine Arbeit aufnehmen kannst oder Urlaub verbrauchen musstest.

Gut zu wissen: Hier musst du beweisen, dass die Stadt/Kommune schuldhaft gehandelt hat. Diese kann sich nicht zwingend darauf berufen, dass zu wenige Erzieher vorhanden sind. (OVG Berlin, 22.03.18, AZ OVG 6 S. 218)

»Aha, wenn ich es also richtig verstehe, kann es sein, dass sie mir einfach einen Kitaplatz zuweisen? Können diese Träger mich dann auch fast nach Brandenburg oder sonst wohin schicken? Wie weit darf der Kitaplatz denn von meinem Wohnort entfernt sein?« Marlene sieht ängstlich und verzweifelt aus.

»Tatsächlich gibt es einige Knackpunkte rund um den Kita-Rechtsanspruch, ein ganz schöner Schweinekram, wenn man Pech hat.« Ich setze mir wieder meine Schweinemaske auf.

§

HINTERGRUNDWISSEN ZUM KITA-RECHTSANSPRUCH

Knackpunkt 1: Wunschkita

Eigentlich haben die Eltern gemäß § 5 SGB VIII ein **»Wunsch- und Wahlrecht«**. Das bedeutet, dass man unter verschiedenen Betreuungseinrichtungen wählen darf. In der Praxis sieht das leider meistens anders aus. Denn die Stadt bzw. die Gemeinde erfüllen deinen Anspruch, wenn sie dir einen **»adäquaten« Betreuungsplatz** anbietet – und das muss nicht unbedingt ein Platz in deiner Wunschkita sein. Das Wunsch- und Wahlrecht z. B. bzgl. einer Betreuung in der Kita oder in der Tagespflege kann zudem eingeschränkt sein, wenn zu wenige Betreuungsplätze zur Verfügung stehen.

Knackpunkt 2: Entfernung des Betreuungsplatzes

Wie weit ein Betreuungsplatz maximal vom Wohnort entfernt sein darf, was dir also an Bring- und Holzeit zumutbar ist, regelt das Gesetz ebenfalls nicht. Die Gerichte haben bisher meistens entschieden, dass der Betreuungsplatz **»wohnortnah«** liegen muss, das heißt bis zu 5 km Entfernung, 30 Minuten Fahrtzeit oder Fußweg. Die Einbeziehung von Fahrtzeit zum Arbeitsplatz ist dabei nicht zwingend erforderlich.

Knackpunkt 3: Zeitlicher Umfang des Anspruchs

Eine konkrete Regelung, die festlegt, für welche Anzahl von Stunden dir ein Kitaplatz zusteht, bzw. ob du einen Ganz-, Teil- oder Halbtagesplatz in Anspruch nehmen darfst, besteht nicht. Das Gesetz ist da leider ziemlich schwammig und spricht immer vom **»individuellen Bedarf«**. Anknüpfungspunkt ist dann meistens die Erwerbstätigkeit der Eltern oder die Förderbedürftigkeit des Kindes. Einige Bundesländer haben dazu Konkretisierungen durch Landesgesetze vorgenommen. Bei einem Rechtsanspruch, der nicht an die Erwerbstätigkeit der Eltern geknüpft ist, also ab einem Jahr, ist davon auszugehen, dass ein Grundbedarf in Höhe eines **Halbtagsplatzes** (bis zu 5 Stunden täglich) besteht. Ein höherer Betreuungsumfang steht dir in diesem Fall also nur dann zu, wenn du z. B. Vollzeit arbeitest.

Marlene sieht verzweifelt aus. Zum Trost reiche ich ihr ein Stück Schweinespeck, das ich zum heimlichen Naschen in eine kleine Schale gefüllt hatte.

Ich schaue kurz aus dem Fenster zum Garten und sehe drei lustige Szenen.

Szene 1:

Max läuft mit Schweinemaske im Garten herum und bietet den Gästen Getränke auf einem Tablett an. Mathilde versucht ihm mit dem Feenstab den Hintern zu versohlen.

---Schnitt---

Szene 2:
Theo hat es irgendwie geschafft, einen Schweinepompon zu ergattern – vermutlich hat ihn Olga aus dem Baum abgehängt. Um ihn herum liegt ein Meer an zerfetzten rosa Papierschnipseln. Gerade steckt er sich ein Schweinenäschen in den Mund. Ich sehe eine entsetzte Olga, die ihm aufgeregt Papierfetzen aus dem Mund pult.

---- Schnitt ----

Szene 3:
Ein Schwein sitzt im Walnussbaum und erntet die noch grünen Walnüsse, die es anschließend in den Garten wirft. Es ist Nick im Schweinekostüm, der seit diesem Sommer leidenschaftlich gerne auf Bäume klettert. Mit Entsetzen sehe ich, dass eine der Nüsse in Richtung Gurkenfass und Krabbeldecke fliegt. Ich öffne schnell das Fenster und ermahne Nick, wieder den Baum herunterzuklettern und die Nüsse doch bitte hängen zu lassen.

---- Schnitt ----

Ein beißender Geruch vermischt sich mit dem süßlichen Duft nach Kakao. Mika, der immer noch mit dem Schweineluftballon spielt, hat in die Hose gemacht. »Kannst du mir vielleicht doch kurz helfen und die Milch weiter rühren?«, frage ich Marlene. »Dieser blöde Bio-Kakao will sich einfach nicht auflösen.«

§§§

Nachdem ich den Kakao in den Garten gebracht und an die durstigen Gäste verteilt habe, gönne ich mir auch ein Stück Kuchen. Max hat inzwischen die Schweineluftballons im Garten verteilt. Mathilde »hütet« die Schweine, indem sie die armen Viecher mit ihrem Feenstab schlägt. Ein Schwein platzt. Milo und Charlie heulen. Lise versucht ein Schwein zu umarmen, kippt dabei um und heult auch. Aber Heulen ist immer noch besser als Gähnen. Bisher hat jedenfalls noch keiner der Anwesenden gegähnt. Außer mir natürlich. Aber ich darf das, ich bin ja auch kein Gast. Läuft also alles wie am Schnürchen. Ich setze mich zu Jette und Hermine, die gerade Pläne schmieden und überlegen, sich wieder in einem Yoga-Kurs anzumelden. »Hast du auch Lust?«, fragt mich Hermine und schiebt Lise einen Cake-Pop in den Mund. »Mmmmhhh vielleicht«, antworte ich ausweichend, »ich weiß noch nicht, ob ich dafür Zeit habe, wenn es in einem Monat wieder mit der Arbeit losgeht.«

Wenn ich bloß wüsste, WO ich wieder arbeiten gehen werde, grübele ich vor mich hin. Ein Wiedereinstieg bei Dr. Schnietzel & Partner? Mein Magen krampft sich zusammen, wenn ich daran denke. Klar, ich werde gut verdienen, aber paradoxerweise zahle ich dafür irgendwann einen sehr hohen Preis. Die Zeit mit den Jungs kommt nicht wieder. Die ersten Schritte, die ersten gesprochenen Wörter, die ersten Buchstaben, die mit Krakelschrift in ein Schulheft geschrieben werden. Eines Tages werde ich in den Spiegel schauen und sagen: Wie bescheuert warst du eigentlich damals? Warum, verdammt noch mal, bist du so lange eine Gutenachtkuss-Mama geblieben? Nein, es muss ein neuer Job her, einer, für den ich keinen Urlaub einreichen muss, wenn in der Kita nachmittags ab 15.30 Uhr Sommerfest ist.

Plötzlich fliegt etwas Hartes auf meinen Kopf und fällt mit einem »Klonk« auf den Boden. Es ist eine Walnuss. Nick. Wer sonst. Ich springe auf und laufe schimpfend zum Baum. Nick hat immer noch keine Anstalten gemacht herunterzuklettern. Ganz im Gegenteil, er ist noch höher geklettert. Wütend fordere ich ihn auf: »Komm sofort herunter!« – »NEIN, ICH BLEIBE HIER OBEN, ICH MUSS MICH VOR MATHILDE VERSTECKEN.« Das also ist der Grund. Wahrscheinlich hat sie meinen Sohn wieder mit ihrem Feenstab traktiert. Ich überlege, ob es nicht eine Möglichkeit gibt, den Stab schnell für einige Zeit »verschwinden« zu lassen. Dann werde ich gerufen. »Können wir mal kurz in das Gurkenfass? Es ist so heiß hier«, fragt Marlene und fächelt sich theatralisch Luft zu. Ich verrate ihr den Trick, wie man die eingerostete Tür öffnet, und beschließe, Nick erst einmal seinem Schicksal im Nussbaum zu überlassen und mich einen Moment zu ihr zu setzen. »Fünf Minuten, Nick«, rufe ich, »dann kletterst du wieder herunter, sonst gibt es eine Woche Nachtischverbot.« Ich gebe Max noch ein Zeichen, dass er Nick im Auge behalten soll, schnappe mir einen Muffin und setze mich zu Marlene. Sie sieht immer noch verzweifelt aus. »Das mit dem Kita-Anspruch liegt dir schwer im Magen, oder?« – »Ja«, antwortet Marlene verzweifelt und knabbert nervös an ihrem Ringfingernagel. »Ich fühle mich orientierungslos und würde einfach gerne wissen, was ich jetzt machen muss.« – »Es gibt da noch einige Tipps, die ich dir verraten kann«, sage ich und knabbere an meinem Muffin, »sozusagen einen Kita-Leitfaden.«

§

DER LEITFADEN FÜR DIE KITAPLATZ-SUCHE

1. Sofort nach Beginn der Schwangerschaft **Wunschkita oder Tagesmutter suchen** und kennenlernen, die Räumlichkeiten besichtigen und Kontakt halten (Mails, Anrufe, Besuche etc.).

2. Ca. 4–12 Monate vor dem Betreuungsbeginn bei allen Wunschkitas schriftlich die Aufnahme deines Kindes beantragen.

3. Parallel einen **Antrag beim zuständigen Träger der Jugendhilfe** (→ Linksammlung) stellen und den Rechtsanspruch geltend machen (→ Mustertext).

4. Wenn eine Zusage bzw. öffentliche Zuweisung zum gewünschten Termin in einer der Wunschkitas erfolgt: »Juhuu!« schreien und sofort den **Betreuungsvertrag unterschreiben**.

5. Wenn Absagen der Kitas bzw. Ablehnung des öffentlichen Trägers der Jugendhilfe erfolgen: Unbedingt **dokumentieren** und den **Rechtsanspruch weiter geltend machen**. Das »August-Argument«, das man in Kitas und Jugendämtern zu hören bekommt – also, dass immer nur Plätze zu Beginn des Kita-Jahres frei werden –, ignorieren.

6. Falls kein Kitaplatz angeboten wird: Qualifizierte **Alternativbetreuung organisieren** (private Tagesmutter) und beim Jugendamt erfragen, ob die Kosten erstattet werden. Falls nein: Gegenüber dem Träger der öffentlichen Jugendhilfe Sekundäransprüche **geltend machen (Siehe S. 301)**.

Ich bin fast fertig, als es am Gurkenfass-Fenster klopft. Ich sehe einen Schweinekopf – Max mit Schweinemaske. »Kommt ihr bitte mal schnell heraus, wir haben ein Problem. Nick sitzt ganz oben im Walnussbaum und kann nicht mehr heruntersteigen.«

Das hat gerade noch gefehlt! Sofort stürme ich aus dem Gurkenfass und renne zum Walnussbaum, unter dem sich alle Gäste versammelt haben. Alle reden durcheinander auf den verängstigten Nick ein. Mathilde wedelt schon wieder mit ihrem Feenstab. Ich nehme ihr genervt den Stab aus der Hand. »Also, als Erstes solltest du Nick damit keine Angst mehr einjagen«, sage ich energisch und überreiche Olga den Stab. Dann fordere ich Max auf, zu Nick auf den Baum zu klettern. »Das bringt nichts«, erwidert er. »Nick ist über ganz dünne Äste nach oben geklettert. Bei unserem Gewicht brechen die Äste ab.« Ich blicke zu dem armen Nick im Schweinekostüm. Er steht auf einem dünnen Ast und klammert sich ängstlich an den großen Walnuss-Baumstamm. Geschätzte Höhe: zehn Meter. »MAMA, ICH HABE ANGST«, wimmert er verzweifelt. Ich versuche ihn zu beruhigen. »Vielleicht sollten wir ein Sprungtuch besorgen«, schlägt Jette vor. »Oder eine große Leiter«, sagt Olga. Ja, wenn wir die nur hätten!, denke ich. »Ich glaube, jetzt hilft nur noch eines«, sagt Max entschlossen: »Wir rufen die Feuerwehr.«

Eine halbe Stunde später öffne ich die Einfahrt in unseren Garten. Ein riesengroßes Feuerwehrauto und ein Notarztwagen passieren das Gartentor. Innerlich heule ich einmal kurz, denn sie fahren mein geliebtes Blumenbeet platt. Die beiden Einsatzwagen halten unter dem Nussbaum. Sieben Feuerwehrleute springen aus dem Auto, einer bleibt sitzen und fährt die Drehleiter hoch. Die gesamte Geburtstagsgesellschaft steht mit offenem Mund unter dem Walnussbaum. Ich sehe Herrn Stein, der sich nun nicht mehr hinter seinem Spitzenvorhang versteckt hat, sondern im Unterhemd, Sorte Feinripp, neben dem beiseitegeschobenen Vorhang aus dem Fenster in den Walnussbaum starrt – ebenfalls mit offenem Mund. Nick dagegen strahlt. Ein Traum geht für ihn in Erfüllung: Er wird von einem echten Feuerwehrmann gerettet. In voller Montur: Helm, Uniform und Haltegurt. Fehlt nur noch der Feuerlöscher. Der arme Nick, hätte er doch bloß ein Feuerwehrkostüm anstatt des dämlichen Schweineanzugs an. Ein Feuerwehrmann klettert die Leiter hoch, während die sechs anderen Feuerwehrmänner tatsächlich ein Sprungtuch ausbreiten. Der Feuerwehrmann auf der Leiter ist bei Nick angekommen und reicht ihm die Hand. »Los, los, kleines Schweinchen«, sagt der Feuerwehrmann, »du darfst jetzt in meine Arme springen.« Nick hat Angst. Ich sehe es an seinen Augen. Panische Angst. Wir feuern ihn an und ermutigen ihn zu springen. Erst einzelne Stimmen, dann im Chor: »Ni-hick, Ni-hick, Ni-hick«. Und dann springt das kleine Schweinchen in die Arme des Feuerwehrmanns, der ihn sicher auffängt und langsam die Leiter herunterklettert. Wir klatschen. Ich weine schon wieder. Erst umarme ich Nick und übersäe ihn mit Küssen, dann umarme ich den Feuerwehrmann und drücke ihm auch einen Kuss auf die Wange. »Schon jut«, sagt er und wischt sich den Schweiß von der Stirn. »Junge, Junge, ick hätte mer niemals jeträumt, dat icke einet Tages mal'n Schwein ausm Nussbaum hole, wa?«

§§§

Die Kinder schlafen endlich. Wir stehen im Garten und machen gerade eine kurze Pause, nachdem wir bereits eine halbe Stunde lang aufgeräumt haben. Ich blicke zu dem zerrupften Schweinepompon, das auf dem Geburtstagstisch liegt. Puh. Jeder von uns verarbeitet die Ereignisse auf seine Weise. Max trinkt ein Glas Rosé und setzt sich Nicks Schweinemütze auf, die er noch auf dem Rasen gefunden hat. Ich stopfe süßen Speck in mich hinein und sage halb abwesend: »Weißt du, das Gute ist, dass wir einen unvergesslichen ersten Geburtstag gefeiert haben. Davon werden wir Mika immer wieder erzählen. Und wer hatte zu seinem ersten Geburtstag schon ein Feuerwehrauto und Rettungswagen als externen Stimmungsmacher im Garten?«

Max zuckt mit den Schultern. Er kann meine Freude nicht so ganz teilen. »Weißt du, ich hatte Angst um Nick. Todesangst.« Dann umarmt er mich. Wir stehen eine Weile so da. Plötzlich zieht er mit seiner Hand etwas aus meinen Haaren. »Autsch«, sage ich, »bist du verrückt? Das ziept.« Dann hält er mir einen seltsamen kleinen Gegenstand unter die Nase. Unförmig, rosa und klebrig »Was-ist-das?«, sage ich angewidert. Ich betrachte den Gegenstand: Mikas angenuckeltes Marzipanschwein! Es war in meinen Haaren festgeklebt, nachdem ich mit Mika auf dem Arm in der Küche stand und Kakao gekocht hatte. »Ihhhh«, ruft Max und wirft die Überreste des abgelutschten Marzipan-Schweins zu Herrn Stein über den Gartenzaun.

13

Zwei Kinder außer Kontrolle – und wer haftet jetzt für die Schäden?

»Schaaaaahahaaatz!«, ruft Max aus dem Flur. »Ja, was denn?«, antworte ich etwas ungehalten aus dem Bad, gerade im Begriff, mich aufzuhübschen. »Wir müssen los, wann bist du endlich feeeeertig?« Obwohl ich weiß, dass er diese Antwort hasst, schmettere ich zurück: »Gleeeeiheich.« Ich beeile mich. Ab jetzt habe ich noch maximal fünf Minuten Zeit, danach wird er mit den beiden Jungs in der Tür stehen und mir fürchterlich auf die Nerven gehen. Schnell pinsele ich meine Augenränder weg, male meinen Mund rot an und zupfe drei sichtbare graue Haare mit der Pinzette heraus. Meinen Plan, die Nägel gegen das graue Herbstwetter da draußen noch schnell leuchtend rot mit der Farbe »Russian Roulette« zu lackieren, gebe ich auf. Schade. Eigentlich wollte ich so richtig dick auftragen, heute steht nämlich etwas ganz Besonderes auf dem Programm: Wir sind bei unseren Freunden Richard und Louise eingeladen.

Seit Wochen freue ich mich schon auf diesen Nachmittag, denn dieser Besuch verspricht ein Ausflug mit der Zeitmaschine in die Ära Prä-Kindertrubel zu sein. Die beiden, noch kinderlos, haben nämlich gewisse Eigenschaften und Äußerlichkeiten bewahrt, die bei uns leider kaum noch vorhanden sind und nach denen ich mich als zweifache Mutter manchmal insgeheim zurücksehne. Sie wirken ausgeschlafen, ihre

Kleidung ist nicht darauf ausgelegt, praktisch zu sein, und ich habe die beiden noch nie mit einem Zahnpastafleck auf Hüfthöhe oder im Schulterbereich gesehen. Trotz dieser offensichtlichen Unterschiede: Uns verbindet eine langjährige Herzensfreundschaft, die vor etwa zehn Jahren während einer wilden Partynacht in einem nicht mehr existierenden Club begann und irgendwann zu einer »Lasst uns Sonntagnachmittag gemeinsam Kaffee trinken und Schokotorte essen«-Freundschaft gereift war.

Richard und Louise sind das Glamour-Pärchen schlechthin. Schön, lustig, trinkfreudig, auf den begehrtesten Gästelisten an oberster Stelle, immer ein Platz in der Front Row und überall auf der Welt zu Hause. Louise gehört eine namhafte Galerie, Richard hat ein erfolgreiches Start-up gegründet, irgendetwas Digitales. Die beiden leben seit kurzem in einer – wie mir von gemeinsamen Freunden berichtet wurde – sehr weißen und schmucken Altbauetage im neuerdings angesagten Berlin-Wedding, mit wenigen, aber edlen Vintage-Möbeln, moderner Kunst an den Wänden und einem nie versiegenden Vorrat an Champagner im Kühlschrank. Bei uns lagern dort Massen an Hafermilch, die Mika noch zum Einschlafen aus dem Babyfläschchen nuckelt – noch so ein Unterschied.

Endlich habe ich es geschafft, mich »gleich« fertig zu machen, auch wenn ich mit dem Ergebnis nicht zufrieden bin. Die Augenringe lassen sich einfach nicht wegschminken, der Lieblingslippenstift ist nicht auffindbar, und das neue dunkelblaue Kleid mit Punkten und Spitzensaum, das der Paketdienst heute noch brachte, schleudert jetzt im Schongang in der Waschmaschine – Mika hatte heute Mittag seine laufende Nase am Rockzipfel abgewischt, als ich es kurz anprobierte. Ich entscheide mich für eine weiße Bluse mit wilden Neon-Prints, eine enge schwarze Jeans, bei der ich mich hinlegen muss, damit der letzte Knopf zugeht, und schwarze Stiefeletten mit Fransen. Dazu eine kleine schwarze Handtasche, denn auf die große Tasche, die sich so schön mit Kinderspielzeug und Wickelutensilien befüllen lässt, habe ich heute keine Lust. Ich versuche nämlich, wie »früher« auszusehen, überlege kurz, ob das so eine schlaue Idee ist, und packe schnell noch Feuchttücher ein, die knapp in das Täschchen passen. In Windeseile stopfe ich zwei Kinderrucksäcke mit Windeln, Dinos, Drachen, einem Malbuch und Wachsmalstiften, schnappe im Vorbeigehen den Blumenstrauß aus flamingofarbenen Callas und blühenden Quittenzweigen und setze mich mit einem tiefen Seufzer in das Auto, in dem Max wartet. Dann gehe ich noch einmal zurück. Der Brief, den ich sichtbar auf das Schuhregal gelegt habe, muss auch noch mit. Er ist adressiert an die Kanzlei Dr. Schnietzel & Partner. Er ist wichtig. Sehr wichtig.

§§§

Louise öffnet mit einem Strahlen die Tür und empfängt uns in einem faltenlosen grünen Seidenkleid mit raffiniertem Ausschnitt. Ihre langen blonden Haare trägt sie offen, nur zwei Klammern sorgen dafür, dass man ihr edles Gesicht mit den leuchtend blauen Augen sehen kann. Trotz der herbstlichen Temperaturen trägt sie zierliche goldene Ballerinas. Gastgeber, die ihre Straßenschuhe in der eigenen Wohnung tragen und an den Füßen behalten – wann hatte ich das zuletzt gesehen? Ich vermisse den Satz »Bitte zieht die Schuhe aus«, den man sich selbst und andere sagen hört, sobald Kinder auf der Welt sind. Ihre Nägel sind perfekt lackiert, mit einer leuchtend roten Farbe, die mich an »Russian Roulette« erinnert. Mist.

»Hach, toll, dass ihr es geschafft habt! Mensch, was sind eure Jungs groß geworden! Wie niedlich die beiden sind!«, ruft sie begeistert und klatscht in die Hände. Hoffentlich findet sie die beiden auch noch niedlich, wenn wir uns später von ihr verabschieden, denke ich leise. Nick und Mika rennen indes ohne Begrüßung an Richard vorbei, der uns mit ausgebreiteten Armen entgegenkommt und herzlich drückt. Ich hetze den beiden Jungs hinterher, die Kinderrucksäcke unter den Arm geklemmt, und stelle mir wiederholt die Frage: Wieso kennen meine Kinder keine andere Gangart als Rennen? Dann fällt mein Blick auf den langen Tisch aus Eichenholz: eine perfekt gedeckte Kaffeetafel! Weiße Porzellantassen mit dazugehörigen Untertassen und Kuchentellern, Stoffservietten, eingerollt in Serviettenringe, und poliertes Silberbesteck – ganz ohne die obligatorische Küchenrolle, unkaputtbare Melaminteller und abwaschbaren Plastik-Tischsets, die bei uns auch sonntags auf der Tagesordnung beziehungsweise auf dem Tisch stehen. Ich bin entzückt. In der Mitte der Kaffeetafel thront eine große Sachertorte, umrankt von einer wunderschönen herbstlichen Dekoration aus kupferfarbenen Glitzerhirschen, kleinen goldenen Käfern, Moos und Kastanien. »Das hat Louise extra für euch und die Kinder gebastelt«, bemerkt Richard mit einem ironischen Unterton. »Habt Ihr schon unsere neueste Errungenschaft gesehen, Richards neues Lieblingskunstwerk?«, lenkt sie ab und deutet mit ihrer Hand auf ca. fünf aneinandergenagelte Holzlatten, ca. drei Meter hoch, die längs an der Wohnzimmerwand lehnen.

Der Künstler hatte auf die Latten ein schwarzes Graffito gesprüht – eine ziemlich hippe Frau in einem schwarz gestreiften Kleid, umgeben von Kreisen, Dreiecken und Sternen. Die Frau hat eine Ponyfrisur, lugt durch eine große Sonnenbrille und hält lässig eine Hundeleine in der Hand, an der eine zerknitterte französische Bulldogge hängt. Auch Nick gefällt das Kunstwerk, er kriecht mit seinen Dinos, die er inzwischen ausgepackt hat, in das Dreieck aus Bild, Wand und Fußboden und klopft auf die Hinterseite der Holzlatten. »Komm schnell da raus!«, schimpfe ich und ziehe Nick an einem Arm aus der Höhle und setze ihn nebenan auf den Boden. »Das ist ein sehr wertvolles Kunstwerk, auf das du nicht einfach mit deinen Dinos klopfen darfst«, höre ich mich reden. »Geschätzter Wert 30 000 Euro, Tendenz stark steigend«, ergänzt Richard stolz, »von einem Berliner Street-Art-Künstler, der gerade immens gefeiert wird.« – »Nach meinem Geschmack hätte der Künstler noch etwas mehr Farbe verwenden können«, bemerkt Louise, »aber Richard war sofort verliebt und wollte es unbedingt kaufen.« Ich nicke anerkennend und halte Nick, der erneut in die Kunsthöhle kriechen möchte, an seinem Arm zurück.

Nach längerem Kunst- und Smalltalk, begleitet von zwei Gläsern Champagner, setzen wir uns an den Tisch, genauer genommen auf die mit weißen Schaffellen ausgelegten Panton-Stühle, und lassen uns Kaffee und die köstliche Torte schmecken. Die beiden Jungs haben scheinbar die mühevoll antrainierten Tischmanieren vergessen und fallen über ihre Teller her: Mika zerstochert sein Kuchenstück in Minikrümel, um diese anschließend mit seinen Händen überall zu verteilen. Nick, der fast das halbe Stück auf einmal in den Mund stopft, zaudert dagegen nicht lange, spuckt den Kuchen wieder aus und bemerkt entsetzt: »Schmeckt eklig, ich mag doch keine Marmelade im Kuchen.«

Am liebsten möchte ich im weißen Dielenboden versinken. Er hat die Krümel nicht nur auf seinen eigenen Teller gespuckt, sondern quer über den ganzen Tisch, auf die schöne Glitzerhirsch-Moos-Käfer-Deko, auf meinen Teller und – auf meine Neonprint-Bluse. Ich stammele eine kurze Entschuldigung, während die anderen lachen, kehre mit einem Feuchttuch, das ich schnell aus meiner kleinen Handtasche zaubere, hektisch die Krümel zusammen und wische zwei Münder, vier Hände und meine Bluse ab, die jetzt auch mit schokoladenfarbenem Muster bedruckt ist. Anschließend versuche ich die Deko von den klebrigen Krümeln zu befreien. »Lass das doch, ist doch nicht schlimm, ich habe noch etwas, was den Kindern bestimmt schmeckt«, sagt Louise verständnisvoll, nimmt mir die schmutzigen Feuchttücher ab und bringt den Jungs Butterkekse und Gummibärchen aus einer Schublade. Immerhin ist jetzt für die nächsten zehn Minuten Ruhe, denke ich erleichtert.

Endlich können wir uns ungestört über gemeinsame Freunde, unsere Vergangenheit und über Sansibar unterhalten – das letzte Reiseziel von Richard und Louise. Nachdem wir die passenden Urlaubsfotos bewundern und mir von den traumhaft schönen Stränden fast schon schlecht wird, berichtet Louise euphorisch über ein neues veganes Café, das bei den beiden um die Ecke eröffnet hatte: »Da müssen wir unbedingt mal zusammen hingehen, die Avocado-Ananas-Torte mit Petersilienstreuseln ist so köstlich!« Irgendwann staune ich nur noch und verstumme, denn die vielen neuen Restaurants, Bars, Clubs und Ausstellungen, die in unserem vollgestopften Familien-Kalender keinen Platz mehr haben, sagen mir nichts – und erst recht keine Petersilienstreusel. Für einen kurzen Moment sehne ich mich nach einem Gesprächsthema, bei dem ich als Expertin auftrumpfen kann, beiße mir aber auf die Zunge.

»Wollt ihr uns nicht einmal den Rest eurer neuen Wohnung zeigen?«, schlägt Max vor. »Klar«, meint Richard, »los geht's!« Ich nehme Mika auf den Arm, befreie ihn von den letzten Schokokrümeln und überlege noch einen Moment, ob ich Nick alleine lassen kann. Er hat es sich zwischenzeitlich mit den restlichen Keksen auf einem flauschigen Flokati, der zwischen dem Esstisch und der Holzlatten-Street-Art ausgelegt ist, gemütlich gemacht und malt mit Wachsmalstiften gewissenhaft Bilder in einem XXL-Malbuch mit dem Titel »Bei der Feuerwehr« aus. »Nicht dass er mit den Stiften irgendeinen Unfug treibt«, denke ich besorgt. Neulich hatte er unsere Wohnzimmerwand mit kleinen schwarzen Strichmännchen und Vulkanen bemalt. Er ist so vertieft in sein Malbuch. Da kann eigentlich nichts passieren, rede ich mir ein. Bevor die Besichtigung losgeht, werfe ich ihm trotzdem noch einen eindringlichen Blick zu. »Wir machen einen Rundgang durch die Wohnung und sind gleich wieder da.« Nick sieht mich an, überlegt, nickt kurz und widmet sich einer Feuerwehrleiter, die er mit langen Strichen rot ausmalt.

§

AUFSICHTSPFLICHT DER ELTERN GEGENÜBER IHREM KIND

Eltern sind dazu verpflichtet, ihre Kinder zu beaufsichtigen, um sie, aber auch Dritte vor Schäden zu bewahren. Die Aufsichtspflicht ist Teil des Sorgerechts, genau genommen der Personensorge, die in § 1631 BGB geregelt ist.

Gut zu wissen: Feste Regeln, wie die Aufsichtspflicht wahrzunehmen ist, gibt es nicht. Der Umfang richtet sich nach **Alter, Entwicklung, Gesundheit und Charakter** des Kindes sowie nach dem Aufenthalt und eventuell drohenden Gefahren. Du musst daher genau beurteilen und abwägen, wie weit die Aufsichtspflicht in der konkreten Situation reicht.

Beispiele und grobe Daumenregel:

- Ein Kleinkind bis zum 3. Lebensjahr sollte **nie unbeaufsichtigt** sein und alleine zu Hause gelassen werden.
- Kinder ab ca. 4–6 Jahren dürfen dagegen auch 15–30 Minuten **unbeaufsichtigt spielen**, solange sich die Eltern in der gleichen Wohnung bzw. in der Nähe aufhalten.
- Bei Kindern ab 7 Jahren sind Kontrollen nicht mehr erforderlich, sie können auch für **1–2 Stunden alleine gelassen** werden.

Zusatzinfo: Die Aufsichtspflicht kann auf andere Personen übertragen werden. Das passiert ganz häufig, ohne dass du dir dessen bewusst bist – z. B. dann, wenn du dein Kind morgens in der Kita abgibst. Die Basis dafür ist übrigens im Betreuungsvertrag geregelt. Obwohl die Übertragung der Aufsichtspflicht keiner Form bedarf und mündlich erteilt werden kann, kann es sinnvoll sein, eine schriftliche **»Aufsichtsvollmacht«** (→ Mustertext, eine Vorlage dafür findest du auf Seite 343) zu verfassen, z. B. wenn Bekannte dein Kind von der Kita abholen.

Die Wohnung ist wirklich ein Traum und enthält alles, was in eine schöne Altbauwohnung gehört: hohe Decken, knirschende Eichendielen, Flügeltüren mit Jugendstil-Bleiglas-Ornamenten, ein grüner Kachelofen und natürlich Stuck an der Decke. »Der aufwendigste Stuck ist hier im Schlafzimmer«, sagt Louise, während wir den ersten Raum neben dem Eingang betreten. Ich neige meinen Kopf nach hinten und entdecke an der Decke kleine Engel, die eine geschwungene Girlande aus Weinreben in den Händen halten. Ich bilde mir kurz ein, dass die Engel im Profil meinen Jungs ähnlich sehen. Schnell werde ich aus meinen Träumen gerissen. Mika strampelt und will nicht mehr auf meinem Arm bleiben, denn er hat etwas im Schlafzimmer entdeckt. Ein Auto! Es handelt sich dabei selbstverständlich nicht um ein normales Auto, sondern um einen feuerroten Alfa Romeo Spider – das Modell, in dem Dustin Hoffman durch den Film »Die Reifeprüfung« geflitzt war. Max, dem das Auto scheinbar auch gefällt, nimmt es schnell an sich und übergibt es nach kurzer Begutachtung Richard. »Tut mir leid, Kleiner, das kann ich dir nicht geben, das ist ein ganz besonderes Modellauto, das mir mein Papa zur Einschulung geschenkt hat«, erklärt Richard. Mika versteht das natürlich nicht und fängt bitterlich an zu weinen: »ATO, ATO«, ruft er und deutet mit seinem winzigen Zeigefinger auf das Auto, das Richard schnell im obersten Regalfach des Kleiderschrankes verstaut. »Hmmm, vielleicht habe ich ein anderes Spielzeug«, überlegt Louise diplomatisch und sucht mit ihren Augen das Schlafzimmer ab. Ihr Blick fällt auf ihr Smartphone, das neben einer Flasche teurem Kissenparfum auf dem Nachttischschrank liegt. »Darf er?« Ich nicke, obwohl ich nicht ganz begeistert bin – um des lieben Friedens willen. Mika ist glücklich, insbesondere als Louise ihm zeigt, wie man Fotos wischt.

Als Nächstes betreten wir das Badezimmer. So etwas habe ich noch nie gesehen: ein Badezimmer ohne kühle Fliesen, sondern mit weißem weichem Teppich! Aber nicht nur das. Ein Teil des Badezimmers ist erhöht, durch eine Art Podest, und darauf steht – eine freistehende Badewanne! Ich kneife ein Auge zu und überlege: Man kann im Wasser sicher den Horizont sehen. Wahnsinn. Wir stehen erst alle an der Badewanne, dann am Fenster und bewundern die tolle Aussicht. Weil das Kind langsam schwer wird, setze ich mich auf einen Hocker mit Mika auf meinem Schoß. Er hält das Smartphone fest in den kleinen Händchen. Plötzlich klettert er herunter und steuert auf die Toilette zu, deren Deckel offen steht. Ich denke an unsere Toilette, in die beide Jungs bereits etliche Puzzleteile, Zahnbürsten und Nagellack-Fläschchen versenkt hatten. Schnell stürme ich auf den Kleinen zu, stolpere und – bin eine Millisekunde zu spät. Ich höre nur noch einen dumpfen Plumps, und das Smartphone verschwindet mit einer Luftblase in der Toilette. »Oh nein«, ruft Louise und stürmt zur Toilette. »Schnell, wir müssen das Telefon wieder herausholen.« Alle Blicke richten sich erwartungsvoll auf mich. Weshalb um Himmels willen sollte ich jetzt das Smartphone aus der Schüssel holen? »Bin gleich wieder da«, sagt Richard, der scheinbar etwas Mitleid mit mir hat. »Ich hole dir schnell Küchenhandschuhe.«

Nach einigen Momenten, in denen ich ausrechne, was die Kinder bis zu ihrer Volljährigkeit noch alles in der Toilette versenken können, kehrt er wieder zurück. Ich streife mir einen knallgelben Gummihandschuh über, atme tief durch, wende meinen Blick ab, tauche die rechte Hand in das Wasser und fische das Telefon angewidert aus dem Lokus. »Du musst es trocknen lassen, wenn du Glück hast, funktioniert es wieder«, erklärt Richard und zerlegt das Telefon mit einigen Handgriffen vorsichtig in seine Einzelteile. »Jetzt müssen wir abwarten, kommt, wir trinken ein Gläschen auf den Schreck. Und die Kinder, hmmmm, wie wäre es, wenn wir den Fernseher anschalten, bald müsste doch das Sandmännchen kommen?«

Wir kehren in nicht mehr ganz so guter Laune in das Wohnzimmer zurück. Plötzlich stößt Louise einen langen schrillen Schrei aus, der mir durch Mark und Bein geht. Ich laufe schnell um die Ecke und traue meinen Augen nicht. Nick steht konzentriert vor der Holzlatten-Street-Art und malt mit regelmäßigen Hin-und-Her-Bewegungen den unteren Teil des Streifenkleides der Hipster-Lady rot aus. Ich traue meinen Augen nicht. Das Kleid ist ab kindererreichbarer Bauchnabelhöhe rot-schwarz gestreift. Aber nicht nur das. Die zerknitterte französische Bulldogge ist jetzt nicht mehr holzfarben, sondern grün. »Jetzt ist es endlich bunt«, verkündet Nick stolz. Seine Augen leuchten die vier Erwachsenen an, die wie angewurzelt vor ihm stehen und auf die Holzlatten-Street-Art starren. Schnell entreiße ich Nick den roten Wachsmalstift und nehme ihn aus Angst vor einem in Notwehr handelnden Richard auf den Arm. »Das daa-ha-ha-rf nicht wahr sein«, Richard ist blass und fassungslos, schließlich handelt es sich um sein Lieblings-Kunstwerk. Dreißigtausend aufwärts. Die Stimmung sackt auf einen Tiefpunkt. »Ich habe es doch gleich gesagt, wir hätten eine Kunstversicherung abschließen sollen«, bemerkt Louise mit einem Tonfall, den ich bisher noch nicht von ihr gehört hatte. Max begutachtet die Dame im jetzt rot-schwarzen Streifenkleid, neigt prüfend den Kopf und bemerkt pragmatisch: »Saubere Arbeit, ohne Krickelkrakel – wegradieren wird schwierig. Vielleicht kann man die Farbe abschleifen? Ich kann mich gerne darum kümmern, unser Nachbar Micha ist Handwerker und hat bestimmt eine Holzschleifmaschine.« Louise wirft ihm einen entsetzten Blick zu und zwirbelt nervös eine Haarsträhne um ihren Finger: »Um Gottes willen, das Kunstwerk muss – wenn überhaupt – zu einem Restaurator, das ist Vintage-Holz mit einer besonderen Patina – das kostet Unsummen!«

Ich denke an den hohen Schaden, an »Eltern haften für ihre Kinder« und gleichzeitig an das spärliche Elterngeld. Nichts wie weg, sagt meine innere Stimme.

Max nimmt es etwas gelassener: »Ich schlage vor, dass wir jetzt erst einmal Ruhe bewahren und kurz recherchieren, was wir machen können.« Der Vorschlag stößt bei Richard und Louise nicht auf Gegenliebe. »Ich glaube, das ist nicht nötig. Wir müssen jetzt dringend ein paar Leute anrufen.«

Das bedeutet so viel wie: Rauswurf. Ich bin traurig und zugleich erleichtert, denn dieser Nachmittag ist ab jetzt ohnehin nicht mehr zu retten. Die Reise mit der Zeitmaschine ist abrupt beendet. Die Kinder haben schon vor ca. einer Stunde den Zurück-Knopf gedrückt, und wir sind mit einer Bruchlandung in der Gegenwart gelandet. »Gut, dann gehen wir jetzt lieber und telefonieren später noch einmal, okay?«, schlage ich vor. Schnell packe ich die beiden Rucksäcke der Jungs. Nick zerrt an meinem Hosenbein und meckert: »Ich will noch nicht gehen, hier ist es so lustig, ich will das Bild weiter ausmalen.« Ich ziehe schnell die Kinder an, die Verabschiedung ist kürzer als die Begrüßung. Louise, die wieder Farbe im Gesicht hat, startet einen Versuch, um die Stimmung noch etwas aufzubessern. »Alles halb so wild, wir werden das Telefon und das Bild wieder flottmachen.« Ich schließe mich ihrem Optimismus an und besänftige die beiden aus dem Treppenhaus: »Wir sind gut versichert!«

§§§

Nachdem die Kinder, übermüdet von der Reise mit der Zeitmaschine, einschlafen, schnappe ich mir meinen Mantel, einen dicken Schal und eine noch dickere Decke. »Ich bin kurz draußen«, rufe ich Max zu, der gerade den Esstisch abräumt und zwei Melaminteller in der Hand hält. Ich hole ein Tablett mit Yogi-Tee und Pfefferminztalern aus der Küche und stapele noch meinen großen roten Gesetzestext und einen Aktenordner darauf. »Mhm«, brummt er. Er weiß, dass ich jetzt meine Ruhe haben will und dringend ein Stündchen in meinem Gurkenfass verbringen muss. Ich wärme meine Hände an einer heißen Tasse, starre auf meinen unlackierten Daumennagel und denke: Russian Roulette – genau so ist das, wenn man zusammen mit den Kindern in die Zeitmaschine einsteigt, den Knopf mit der Ära »Prä-Kindertrubel« drückt und sich wünscht, einen Nachmittag wie in guten alten Zeiten bei Richard und Louise zu verbringen. Es kann gut gehen, aber auch verdammt daneben. So wie heute. Hoffentlich hatte ich den beiden nicht zu viel versprochen, als ich ihnen zusicherte, dass unsere Versicherung schon alle Schäden übernehmen werde. Ich versuche meine Gedanken und die Schlagwörter zu sortieren, die plötzlich in meinem Kopf umherschwirren: Telefon in der Toilette, Eltern haften für ihre Kinder, bemalte Street-Art, Schadensersatz, dämlicher Badteppich, Aufsichtspflicht, Wachsmalstifte, Haftpflichtversicherung, Freunde oder Feinde? Die Schlagwörter verdichten sich zu drei Fragen, die ich auf einen Zettel schreibe, um meine wild gewordenen Gedanken zu sortieren:

1. Haften Nick und Mika für das Telefon und die bemalte Street-Kinder-Art?

Wenn nein:
2. Haften wir Eltern für Nick und Mika? Aufsichtspflicht!!!

Wenn die Antwort auf Frage 1 oder Frage 2 »Ja« ist:
3. Erstattet unsere Haftpflichtversicherung den Schaden?

Ich beginne über Frage 1 nachzudenken. Ginge es streng nach dem Verursacherprinzip, müssten Nick und Mika für die Schäden bei Richard und Louise haften. Denn wer etwas anstellt, muss dafür geradestehen. Das ist zum jetzigen Zeitpunkt natürlich Quatsch. Nick und Mika sind nicht vermögend und können keinen Schaden ersetzen – die beiden bekommen ja noch nicht einmal Taschengeld. Allerdings: Eine Forderung, die gerichtlich durchgesetzt – auf Juristendeutsch »tituliert« – wird, ist 30 Jahre vollstreckbar. Das heißt, Richard und Louise könnten die Jungs theoretisch verklagen und bei Erfolg bis zu 30 Jahre warten und – Zack – zuschnappen, sobald die beiden vermögende Männer geworden sind. Eine Erbschaft, ein Lottogewinn – vielleicht auch schon ein gut bezahlter Job? In 30 Jahren kann viel passieren.

Ich erinnere mich dunkel an eine Juravorlesung aus dem ersten Semester. Es ging um Haftung und Deliktsrecht. Unser Professor – ein griesgrämiges dickbäuchiges Männlein mit wenigen fettigen Haaren, die immer quer über den Kopf gekämmt waren – erklärte grinsend: »Die weisen Väter des Bürgerlichen Gesetzbuches haben kleine Kinder für unfähig … ähhhh … deliktsunfähig erklärt.« Selbst für mich, die damals noch eine Studentin war, die auf keiner Uniparty fehlte und nicht im Entferntesten daran dachte, dass sie eines Tages eine Mutter von zwei Söhnen wird und gerne in einem Gurkenfass sitzt, hörte sich das befremdlich an. Unfähig? Wer redet denn so über Kinder?

Schnell blättere ich die dünnen Seiten in meiner großen roten Gesetzessammlung durch, die vor mir auf dem Tisch liegt. Wo war noch einmal die Unfähigkeits-Altersgrenze? Gefunden. Ich lese laut:

§ 828 BGB

(1) Wer nicht das siebente Lebensjahr vollendet hat, ist für einen Schaden, den er einem anderen zufügt, nicht verantwortlich.

Glück gehabt. Ich seufze erst einmal erleichtert: Nick und Mika sind mit ihren fünf beziehungsweise bald zwei Lebensjahren für den Schaden, den sie Richard und Louise zugefügt haben, »nicht verantwortlich«. Das klingt ja schon einmal gut, denke ich. Eine Klage hätte keine Aussicht auf Erfolg. Das »Umstyling« von Street-Art zu Kinder-Art und das zerstörte Smartphone bleiben – zumindest für Nick und Mika – ohne finanzielle Konsequenzen, auch in den nächsten 30 Jahren. 1:0 für meine Jungs! Ich klappe mein Gesetz zu, lehne mich für einen Moment erleichtert zurück, nippe an meinem Tee und schreibe ein großes »Nein« mit Ausrufezeichen hinter die Frage »Haften Nick und Mika?« und versuche mich auf die zweite Frage zu konzentrieren: Haften wir Eltern für Nick und Mika? Die Antwort scheint auf der Hand zu liegen: Schließlich liest man doch an jedem Baustellen- und Spielplatzzaun unübersehbar: »Eltern haften für ihre Kinder«. Aber so einfach ist das nicht. Wäre ja noch schöner, wenn man durch diesen einen Satz die Haftung auf die Eltern abwälzen könnte. Nicht umsonst hatte ich noch das Wort Aufsichtspflicht hinter die zweite Frage geschrieben. Schnell blättere ich wieder in meinem Gesetztext vor und zurück, ich suche § 832 BGB, in dem man etwas zur Aufsichtspflicht lesen kann. Ein ungutes Gefühl kommt in mir auf. Hätte ich Nick doch bloß nicht alleine mit seinem Malbuch und den Wachsmalstiften auf dem Flokati zurückgelassen ...

§ 832 BGB
»Wer kraft Gesetzes zur Führung der Aufsicht über eine Person verpflichtet ist, die wegen Minderjährigkeit (...) der Beaufsichtigung bedarf, ist zum Ersatze des Schadens verpflichtet, den diese Person einem Dritten widerrechtlich zufügt. Die Ersatzpflicht tritt nicht ein, wenn er seiner Aufsichtspflicht genügt (...)«

Das ist also die Eltern-haften-für-ihre-Kinder-Regelung, nach der es jetzt doch nicht mehr ganz so gut aussieht: Das Gesetz vermutet, dass Eltern, die für ihre Kinder aufsichtspflichtig sind, für Schäden, die ihre Kinder verursacht haben, haften. Allerdings können sich die Eltern entlasten, wenn sie ihre Aufsichtspflicht erfüllt haben. Ich schreibe die Formel, die sich daraus ergibt, unter meine drei Fragen:

Schlecht aufgepasst = Schadensersatz
Gut aufgepasst = kein Schadensersatz

Ich atme tief durch. Habe ich meiner Aufsichtspflicht genügt, als Mika das Smartphone in die Toilette geworfen und Nick die Street-Art zu Kinder-Art umgemalt hat? Mein Gefühl sagt mir spontan, dass ich zumindest Nick nicht optimal beaufsichtigt habe. Doch ganz sicher bin ich mir nicht. Ich lese weiter und komme zu folgendem Ergebnis: Bei Mika haben wir unsere Aufsichtspflicht ordnungsgemäß wahrgenommen, bei Nick nicht.

1. Mika
Nach Mikas Entwicklungsstand war es nicht unwahrscheinlich, dass ein Telefon in der Toilette landen kann, denn für ihn war es ein Spiel. So ähnlich wie Steinchen ins Wasser werfen. Diese Situation hatte ich auch im Griff – abgesehen von dem Stolpern, das mir dazwischengefunkt hatte: Mika war in meiner Nähe, ich hatte ihn im Auge behalten, während er mit dem Smartphone spielte, und ich hätte das Versenken in der Toilette verhindern können – wenn ich nicht gestolpert wäre. Aber dafür konnte ich ja nichts.

2. Nick
Bei Nick allerdings sieht es anders aus. Ich wusste, dass er be-

reits Schabernack mit Stiften getrieben hatte und nicht davor zurückschreckte, sich auch außerhalb von Malbüchern zu verewigen. Zwar muss ich ihn als fast fünfjährigen normal entwickelten Jungen zwar nicht permanent beaufsichtigen – dafür aber belehren und zumindest in gewissen Abständen nachsehen, ob alles in Ordnung ist.

In diesem Moment leuchtet mein Telefon auf. Eine Nachricht von Louise:

Hey, ihr Vandalen ;-)... also das Telefon ist futsch. Das Bild kann man wieder flottmachen (3500 Euro). Wie machen wir das jetzt? Trotzdem schön, dass ihr da wart. Kuss.

Ich schlucke. Mist. Der Nachmittag war ein teurer Spaß und hat uns 3500 Euro gekostet. Ich überlege kurz, ob ich Louise das Zwischenergebnis meiner Prüfung schicken soll, da fällt mein Blick auf den dicken Ordner mit den Versicherungsunterlagen, den ich neben mich auf den Boden gestellt habe. »Pech und Pannen« hatte ich einst in großen schwarzen Buchstaben auf das Rückenetikett geschrieben. Stimmt, da war ja noch die letzte Frage zu beantworten. Nach kurzem Blättern finde ich die Haftpflichtpolice und quäle mich durch das Kleingedruckte, bis ich die entscheidende Passage finde:

»Tarif: Familien-Haftpflicht
Ihr Versicherungsschutz kann sich auch auf weitere Personen Ihres Umfeldes erstrecken. So sind auch Schäden abgedeckt, die infolge einer Verletzung Ihrer Aufsichtspflicht entstehen.«

Ein Stein fällt mir vom Herzen. Der Schaden, den Nick verursacht hatte, war versichert, obwohl ich meine Aufsichtspflicht verletzt hatte. Ich werfe noch einen Blick auf die Versicherungssumme: 10 Millionen Euro. Das dürfte reichen. Aber wie war es nun mit dem Telefon. Ich kann Richard und Louise doch nicht allen Ernstes verkünden: »Pech gehabt, ich habe meine Aufsichtspflicht erfüllt. Leider bleibt ihr auf dem Schaden sitzen, weil Mika deliktsunfähig ist.« Ich blättere weiter in der Police und konnte mir ein lautes »Juhuu« nicht verkneifen:

»Auch Ihre Familienmitglieder sind versichert. Dies gilt auch, wenn diese noch deliktsunfähig sind.«

Wir sind tatsächlich umfassend versichert. Ohne Ausschluss für Schäden, die von »Deliktsunfähigen«, also Kindern unter sieben Jahren, verursacht werden. Wie gut, dass wir einen ehrgeizigen Makler haben, der uns einst zu allerlei Versicherungen angeraten hatte. Ich gönne mir den Rest der Schokolade und tippe erleichtert eine Nachricht an Louise in mein Telefon:

Alles tippitoppi, unsere Schäden sind alle von der Versicherung gedeckt. Sobald ich das schwarz auf weiß habe, melde ich mich. Kuss von den Vandalen.

HAFTUNG FÜR SCHÄDEN, DIE VON KINDERN VERURSACHT WERDEN

1. Haftung des Kindes

Ein Kind haftet nur dann für Schäden, wenn es **deliktsfähig** ist. Entscheidend dabei ist, wie alt das Kind ist:

- Bis zum **7. Lebensjahr** ist dein Kind **deliktsunfähig** und haftet nicht für Schäden, die es verursacht hat.
- Sobald dein Kind seinen 7. Geburtstag feiert, ist es **deliktsfähig**. Ob es im Einzelfall für Schäden haftet, lässt sich nur anhand der besonderen Umstände ermitteln. Dabei spielt auch wieder die geistige Entwicklung, Gesundheit etc. des Kindes eine Rolle.
- Eine Ausnahme besteht für Kfz-, Schienen- und Schwebebahn-Unfälle. Verursacht ein Kind in diesem Zusammenhang Schäden, besteht bis zum 10. Lebensjahr **Deliktsunfähigkeit**, es sei denn, es handelt vorsätzlich.
- Kinder bis zum 18. Geburtstag haften dann nicht, wenn sie bei der Begehung der schädigenden Handlung **nicht die zur Erkenntnis der Verantwortlichkeit erforderliche Einsicht** hatten.

2. Haftung der Eltern für Schäden, die das Kind verursacht hat

Als aufsichtspflichtiger Elternteil haftest du nur dann für entstandene Schäden des deliktsunfähigen Kindes, wenn du die **Aufsichtspflicht** verletzt hast (s.o.).

Gut zu wissen: Sofern dein Kind – egal welchen Alters – einen finanziellen Schaden gegenüber dritten

Personen verursacht, ist das immer eine unangenehme Situation, besonders dann, wenn du die Person gut kennst.

Beispiel: Stell dir vor, du würdest einer Freundin, deren Ming-Vase nur noch aus Scherben besteht, weil dein Kind sie vom Sockel gestoßen hat, sagen: »Tut mir echt leid, dass das passiert ist, aber da hast du Pech gehabt. Mein Kind ist noch nicht deliktsfähig, und außerdem habe ich meine Aufsichtspflicht ordnungsgemäß ausgeübt, da sind Schadensersatzansprüche ausgeschlossen.«

Es ist daher von Vorteil, wenn du für dich und deine Kinder eine **private Haftpflichtversicherung** abschließt – damit auch Schäden erstattet werden, für die du bzw. dein Kind nicht haften würden.

Ich klappe den Gesetzestext zu, räume das Geschirr, die Bücher und die Ordner auf das Tablett. Plötzlich fällt mir ein: Herrje, vor lauter Aufregung haben wir vergessen, den Brief einzuwerfen. Er ist an Dr. Schnietzel & Partner adressiert und muss heute in den Briefkasten eingeworfen werden. Wichtige Fristen laufen sonst ab. Der Brief setzt die Entscheidung um, die ich während der Schweineparty getroffen habe: meine Kündigung bei Dr. Schnietzel & Partner.

Ich schwinge mich auf mein Fahrrad und fahre zur nächsten Post. Glück gehabt, der Briefkasten wird noch heute geleert. Ich schaue noch einmal auf die Adresse und den Absender und sage zum Briefkastenschlitz: »Adieu Frau Schnitzel, hallo neues Leben.«

Wieder zu Hause angekommen stapfe ich durch den Garten und suche Max, den ich laut hämmernd im Keller finde. »Was machst du da?« – »Och, ich nagele nur ein paar Holzlatten zusammen. Hast du Nicks leuchtende Augen gesehen, als er das Bild ausmalte? Ich stelle die Latten morgen bei uns im Garten auf, dann darf er darauf malen, so viel er möchte. Wir machen jetzt einfach unsere ganz eigene Kinder-Kunst.« Ich umarme Max und denke: »Die Schnitzel und Zeitmaschinen können mich mal. Was habe ich nur für eine wunderbare Familie.«

NACHGESCHICHTE

Wie ich es letztlich doch schaffte, zwei Hasen auf einmal zu fangen

Ich habe einen Schlüssel in der Hand und stehe vor der Eingangstür eines schmucken Berliner Altbaus. An der Fassade ist ein großes Schild befestigt, auf dem mein Name steht. Ich schließe die Tür auf und laufe ins Treppenhaus. Drei Etagen, dann bin ich angekommen und schließe noch eine Tür auf. Es riecht gut. Nach Seegrasteppich, frisch gemahlenen Kaffeebohnen und neuen Möbeln. Noch ist nicht alles eingerichtet. Umzugskartons stapeln sich im Flur. Ich lege meinen Mantel in der Garderobe ab und mache mir einen starken Kaffee. Ich habe viel zu tun heute, bis 15 Uhr muss die Arbeit erledigt sein, dann muss ich los zum Kita-Sommerfest. Nick spielt in einem Theaterstück namens »Der Löwe ist los« mit, und Mika musiziert im »Kitaorchester«. Das darf ich mir natürlich nicht entgehen lassen.

Ich drücke die Klinke herunter und öffne die Tür zu meinem Büro. Mein Schreibtischstuhl ist leer und wartet auf mich. Auf meinem Schreibtisch stehen mein Rechner, mein Telefon und ein großes gerahmtes Bild von uns vieren. Wir lachen alle und haben Sonnenbrillen auf, sogar Mika.

»Guten Morgen«, sagt Dr. Fizz und steckt seinen Kopf in mein Arbeitszimmer. »Ich habe da gerade ein spannendes neues Mandat reinbekommen, wollen wir so in etwa einer Stunde darüber reden?«

»Klar«, sage ich, während ich meinen Rechner hochfahre. Ich nehme das Foto vom Schreibtisch und drücke Max, Nick und Mika einen Kuss auf den Mund, bis es ganz verschmiert ist.

Plötzlich ploppt eine Mail auf. Ich öffne sie und lese:

Hallo,

ich benötige dringend Ihren Rechtsrat: Ich bin Angestellte in Elternzeit und beziehe Basiselterngeld, danach wollte ich in Teilzeit bei meinem Arbeitgeber wieder anfangen und vom Partnerbonus profitieren. Mein Mann und ich hatten uns das alles ganz genau ausgerechnet, getüftelt und geplant. Er arbeitet ebenfalls in Teilzeit, der Vertrag mit der Krippe ist schon lange abgeschlossen, die Eingewöhnung begonnen, und jetzt: Mein Arbeitgeber lehnt den Antrag auf Teilzeit aus dringenden betrieblichen Gründen ab. Damit gibt es kein Elterngeld bzw. keinen Partnerschaftsbonus mehr, mein Mann bekommt nur einen Bruchteil seines Gehalts, die Krippe will bezahlt werden, und der Staat sieht für diesen – vermutlich nicht ganz seltenen – Fall scheinbar keine Lösung vor, oder doch? Das Einzige, was mir die Elterngeldstelle sagt: Ich könnte versuchen, die Stelle einzuklagen. Allerdings möchte ich nicht mit aller Gewalt zurück, um dann jeden Tag den Unwillen des Betriebs zu spüren und nach der Elternzeit gekündigt zu werden. Bleibt mir fast nur der Weg zum Mompreneur. Ich würde mich freuen, wenn wir uns in den nächsten Tagen zu einem Beratungsgespräch treffen könnten.

Viele Grüße, Ihre verzweifelte Nadia R.

Und wieder werden einer Mutter zum Wiedereinstieg Steine, nein Felsbrocken, auf den Berufsweg gelegt. Wie lange wird es wohl noch dauern, bis wir alle ohne Straucheln und Stolpern aus der Elternzeit zurückkehren können? Ich antworte kurz, dass ich mich heute Nachmittag zurückmelde.

Dann nehme ich die erste Akte mit dem Vermerk »Fristablauf« vom Stapel und fange an zu arbeiten. Auch wenn es noch verdammt viel zu tun gibt da draußen: Endlich arbeite ich mit einem guten Gefühl im Bauch – ganz ohne schlechtes Gewissen.

ANHANG

Tipps zur Elterngeldoptimierung

1. Steuerklassenwechsel
Das Elterngeld lässt sich oft optimieren, wenn du vor der Geburt die Steuerklasse wechselst. Dadurch kann sich nämlich das Nettoeinkommen, das bei der Berechnung des Elterngeldes als Bemessungsgrundlage herangezogen wird, erhöhen. Leider wird die Frist für den Steuerklassenwechsel – nämlich 7 Monate vor Beginn des Mutterschutzes bzw. 7 Monate vor der Geburt (beim Vater) – häufig verpasst.

2. Verschiebetatbestände prüfen
In besonderen Fällen zählen als Elterngeld-Bemessungsgrundlage nicht die letzten 12 Monate vor der Geburt, sondern bereits ein früherer Zeitraum. Das kann dazu führen, dass ein höheres Einkommen bei der Elterngeldberechnung zugrunde gelegt wird (siehe S. 216).

3. Lange Elternzeiten vermeiden
Wer länger als ein Jahr in Elterngeld geht und zwischen zwei Elternzeiten nicht arbeitet, erhält weniger Elterngeld. Zur Elterngeldoptimierung ist es daher sinnvoll, vor der Geburt eines Geschwisterkindes wieder zu arbeiten – andernfalls kann es sein, dass du nur den Elterngeld-Mindestsatz bekommst (siehe auch S. 216).

4. Bemessungsgrundlage optimieren
Die Einkünfte während des Elterngeld-Bemessungszeitraumes lassen sich in manchen Fällen erhöhen, z. B. dann, wenn du dir im Bemessungszeitraum (also i.d.R. 12 Monate vor der Geburt) Überstunden auszahlen lässt. Oder indem du dir Einmalzahlungen, die nicht als reguläres Einkommen gelten, vertraglich in reguläres Einkom-

men umwandelst (z. B. indem es über einen längeren Zeitraum als »normales« Einkommen ausgezahlt wird). Wenn du selbstständig tätig bist, solltest du darauf achten, dass du schnell deine Rechnungen stellst, damit diese noch während des Bemessungsjahres bezahlt werden.

5. Inanspruchnahme von Urlaubstagen vermeiden
Wenn du während des Elterngeldbezugs Urlaub einreichst, bist du rechtlich voll erwerbstätig und beziehst Einkommen – damit erfüllst du nicht mehr die Voraussetzungen für den Elterngeldbezug. Die Folge: Du erhältst für den Urlaubszeitraum kein Elterngeld.

6. Einkommen während des Elterngeldbezugs
Das Elterngeld Plus setzt zwar einerseits Anreize, wieder früh in den Job einzusteigen und Teilzeit zu arbeiten, andererseits sind sich viele Eltern nicht bewusst, dass jeder Euro, der während des Elterngeldbezuges verdient wird, auf das Elterngeld angerechnet wird – einen Freibetrag gibt es nämlich leider nicht. Daher ist es ratsam, genau zu vergleichen und mit dem Elterngeldrechner des Familienministeriums (→ Linksammlung) auszurechnen, wie hoch das Elterngeld ungefähr vergleichsweise sein wird. Selbstständige, die während des Bezugszeitraumes arbeiten, sollten versuchen, die Einkünfte (z. B. durch Ausgaben oder spätere Rechnungsstellung) zu vermindern.

7. Elterngeldbezug unterbrechen
Sofern dir während des Elterngeldbezugs anrechenbares Einkommen ausgezahlt wird, kann es sinnvoll sein, den Elterngeldbezug zu unterbrechen, damit du eine Elterngeld-Anrechnung vermeidest.

8. Rückzahlung des Partnerschaftsbonus vermeiden
Wenn du den Partnerschaftsbonus beziehst, musst du darauf achten, dass während des Bezugszeitraumes alle Voraussetzungen eingehalten werden (dein Partner und du arbeiten parallel 4 Monate mindestens 25, maximal aber 30 Stunden in der Woche, siehe S. 219). Wird eine dieser Voraussetzungen nicht eingehalten, entfällt der Partnerschaftsbonus, mit der Folge, dass er von beiden Elternteilen zurückgefordert werden kann.

9. Rücklagen bilden
Elterngeld wird häufig nur »vorübergehend« bezahlt. Insbesondere dann, wenn die Bemessungsgrundlage noch nicht endgültig feststeht (der maßgebliche Steuerbescheid liegt noch nicht vor) oder wenn du weißt, dass du im Bezugszeitraum Einkommen erzielst, solltest du Rücklagen bilden, bis der Elterngeldbescheid endgültig ist.

10. Erhöhung der Steuerlast einplanen
Das Elterngeld wird zwar nicht versteuert, durch die Hintertür zahlst du aber doch mehr Steuern, da das Elterngeld dem »Progressionsvorbehalt« unterliegt. Das bedeutet - vereinfacht gesagt -, dass das übrige Einkommen dafür höher besteuert wird. Sofern das Elterngeld - zum Beispiel durch die Beantragung des Elterngelds Plus - auf mehrere Steuerjahre aufgeteilt wird, kann sich die Steuerlast vermindern. Ob das in deinem konkreten Fall tatsächlich Sinn macht, solltest du mit dem Lohnsteuerhilfeverein oder mit deinem Steuerberater besprechen.

11. Fristen einhalten
Nicht vergessen: Elterngeld wird rückwirkend nur für 3 Monate gezahlt, daher sollte der Antrag spätestens drei Monate nach dem Bezugsbeginn eingereicht werden.

12. Verzögerungen bei der Elterngeldauszahlung rügen
Leider kommt es häufig vor, dass die Bearbeitung der Elterngeldanträge wochenlang dauert. In diesem Fall solltest du die Behörde schriftlich unter Fristsetzung auffordern, den Elterngeldbescheid zu erlassen, ggf. auch auffordern, einen Teil des Elterngeldes vorab auszuzahlen. Dabei solltest du auf besondere Dringlichkeitsgründe hinweisen (z. B. finanzielle Engpässe, Alleinerziehend-Status etc.).

13. Elterngeldbescheid prüfen und notfalls Widerspruch einlegen
Sobald der Bescheid vorliegt, solltest du ihn genau prüfen und bei Fehlern innerhalb der vorgegebenen Frist Widerspruch einlegen (die Frist und die zuständige Behörde stehen in der Rechtsbehelfsbelehrung). Sofern die Elterngeldstelle dem Widerspruch nicht abhilft, musst du Klage beim zuständigen Sozialgericht einreichen.

Mustertext 1
Offenbarung der Schwangerschaft

Sehr geehrte/-r (Vorgesetze/r),
hiermit teile ich Ihnen mit, dass ich schwanger bin. Als voraussichtlicher Entbindungstermin wurde der (Datum) errechnet. Ein entsprechendes Attest meiner Hebamme/meines Arztes/meiner Ärztin habe ich Ihnen in der Anlage beigefügt.
Bitte bestätigen Sie mir kurz den Erhalt dieses Schreibens.
Mit freundlichen Grüßen
(Unterschrift)

Mustertext 2
Inanspruchnahme von Elternzeit
Variante 1 – vor der Geburt

Sehr geehrte/-r (Vorgesetzter),
hiermit teile ich Ihnen mit, dass ich nach der Geburt und Ablauf der Mutterschutzfrist (...) Monate/Jahr(e)/bis zum (...) in Elternzeit gehen werde. Der voraussichtliche Geburtstermin ist der (Datum).
Bitte bescheinigen Sie mir die Elternzeit für den von mir beanspruchten Zeitraum.
Mit freundlichen Grüßen
(Unterschrift)

Variante 2 – nach der Geburt

Sehr geehrte/-r (Vorgesetzter),
hiermit melde ich nach Ablauf der Mutterschutzfrist Elternzeit für meine Tochter/meinen Sohn (Name), geboren am (Datum)

an. Insgesamt möchte ich (...) Monate/Jahr(e)/bis zum (...) Elternzeit, gerechnet ab dem Geburtsdatum meines Kindes, anmelden.
Bitte bescheinigen Sie mir die Elternzeit für den von mir beanspruchten Zeitraum.
Mit freundlichen Grüßen
(Unterschrift)

Mustertext 3
Geltendmachung von Elternteilzeit

Sehr geehrte/-r (Vorgesetzte/r),
hiermit beanspruche ich für die Dauer der Elternzeit/für den Zeitraum vom (Datum) bis (Datum) Elternteilzeit mit einer Wochenarbeitszeit von (...) Stunden. Die Arbeit soll von (Wochentag) bis (Wochentag) auf die Zeit von (Uhrzeit) bis (Uhrzeit) verteilt werden.
(Bitte beachten Sie, dass ich die Elternzeit nur unter der Bedingung angemeldet habe, dass die von mir gewünschte Teilzeittätigkeit und die von mir gewünschte Verteilung der Arbeitszeit genehmigt wird.)*
Mit freundlichen Grüßen
(Unterschrift)
* Hinweis: Den Zusatz in Klammern kannst du in das Schreiben aufnehmen, wenn du die Elternzeit im Falle einer Ablehnung der Elternteilzeit anders planen möchtest.

Mustertext 4
Beantragung eines Kitaplatzes

Träger der öffentlichen Jugendhilfe (i.d.R. Jugendamt)
Sehr geehrte Damen und Herren,
hiermit beantrage ich für mein Kind (Name), geboren am (Datum), ab dem (Datum) eine Betreuung in einer Kindertages-

stätte/in der Tagespflege. Die Betreuung soll möglichst in einer der folgenden Einrichtungen erfolgen.
Erstwunsch (Name der Einrichtung, Träger, Adresse):
Zweitwunsch (Name der Einrichtung, Träger, Adresse):
Drittwunsch (Name der Einrichtung, Träger, Adresse):
Die Betreuung soll halbtags/ganztags in der Zeit von (Uhrzeit) bis (Uhrzeit) erfolgen.
Die Aufnahme bei den genannten Einrichtungen haben wir bereits schriftlich beantragt.
Bitte informieren Sie mich schriftlich über die Entscheidung sowie über das Ergebnis Ihrer Prüfung, ob in den o.g. Einrichtungen durch Erhöhung der Kitaplätze/Ausnahmegenehmigung eine Platzzusage möglich ist.
Für den Fall, dass ich keinen Betreuungsplatz ab dem (...) erhalte, teile ich bereits jetzt vorsorglich mit, dass ich mir die Geltendmachung von Schadensersatzansprüchen z. B. im Falle einer Ersatzbeschaffung vorbehalte.
Mit freundlichen Grüßen
(Unterschrift)

Mustertext 5
Anmeldung gegenüber der Wunschkita/Tagespflegeperson

Sehr geehrte Damen und Herren,
hiermit melde ich mein Kind (Name), geboren am (Geburtsdatum) zur Betreuung in Ihrer Kindertagesstäte/Tagespflege an. Die Aufnahme soll zum (Datum) halbtags/ganztags in der Zeit von (Uhrzeit) bis (Uhrzeit) erfolgen. (Falls zutreffend, Dringlichkeitsgründe aufführen)
Bitte bestätigen Sie mir den Eingang meiner Anmeldung. Zudem bitte ich Sie um Mitteilung, ob ein Betreuungsplatz zum o.g. Zeitraum zur Verfügung steht. Für weitere Rückfragen oder ein persönliches Gespräch stehe ich Ihnen gerne zur Verfügung.
Mit freundlichen Grüßen
(Unterschrift)

Mustertext 6
Aufsichtsvollmacht

Vollmacht
Hiermit wird Herrn/Frau (Name der Person, welcher die Vollmacht erteilt werden soll), geboren am (Geburtsdatum), die Vollmacht erteilt, mein Kind (Name), geboren am (Geburtsdatum Kind), generell/am (Datum)/in der Zeit von (Datum) bis (Datum) zu beaufsichtigen/von der Kita abzuholen/....
(Ort), den (Datum)

____
Unterschrift der/des sorgeberechtigten Eltern/Elternteiles

Checkliste für Eltern

1. Schwangerschaft

a) 1. Drittel (1.–12. SSW)

- Krankenversicherungsstatus prüfen, ggf. Krankenkassenwechsel (Eltern und Kind) ☐
- Hebamme/Geburtsklinik suchen ☐
- Steuerklasse prüfen und ggf. wechseln ☐
- Rechtsschutzversicherung abschließen ☐

b) 2. Drittel (13.–28. SSW)

- Schwangerschaft dem Arbeitgeber mitteilen, bei Gefahren am Arbeitsplatz ggf. früher ☐
- Zwischenzeugnis beim Arbeitgeber anfordern ☐

c) 3. Drittel (29.–40. SSW)

- Mutterschaftsgeld beim Bundesversicherungsamt beantragen ☐
- Elterngeld-Antrag ausfüllen und Unterlagen zusammenstellen bzw. von Arbeitgeber, Krankenkasse, Finanzamt etc. einholen ☐
- Sorgerechtserklärung/Vaterschaftsanerkennung beurkunden lassen
- 7 Wochen vor der Geburt: Elternzeit anmelden ☐
- Gespräch mit dem Arbeitgeber, um über den Wiedereinstieg, Teilzeit etc. zu sprechen ☐

2. Nach der Geburt

a) spätestens 1 Woche nach der Geburt

- Geburt anmelden ☐
- wenn noch nicht erfolgt, Elternzeit anmelden ☐
- Geburtsurkunde einholen ☐
- nachgeburtliches Mutterschaftsgeld beantragen ☐

b) ca. 1 Monat nach der Geburt
   - Betreuungsplatz suchen/weiterverfolgen, Antrag beim Träger der öffentlichen Jugendhilfe stellen ☐
   - Kindergeld beantragen ☐

c) ca. 2 Monate nach der Geburt
   - Elterngeld-Antrag absenden, damit das Elterngeld nahtlos an die Mutterschaftsfrist ausgezahlt wird ☐
   - Haftpflichtversicherung, ggf. auch andere Versicherungen abschließen ☐

3. Während der Elternzeit

- Teilzeit vereinbaren/beantragen ☐
- Anzeige einer eventuellen Nebentätigkeit ☐
- Vorsorge für den Todesfall ☐
- restlichen Urlaub geltend machen ☐

Linksammlung

Aufsichtsbehörden für die Einhaltung des Mutterschutzgesetzes
https://www.bmfsfj.de/bmfsfj/themen/familie/familienleistungen/mutterschaftsleistungen/aufsichtsbehoerden-fuer-den-mutterschutz-und-kuendigungsschutz/aufsichtsbehoerden-fuer-mutterschutz-und-kuendigungsschutz--informationen-der-laender/73648

Betreuungsplatz, zuständiges Jugendamt
http://www.familien-wegweiser.de/wegweiser/Familie-regional/Jugendamt/jugendamt.html

Betreuungsgeld (Bayern)
https://www.zbfs.bayern.de/familie/bayerisches-betreuungsgeld/index.php

Broschüren des Familienministeriums
https://www.bmfsfj.de/bmfsfj/service/publikationen/

Elterngeld – Formular für die Beantragung
http://www.familien-wegweiser.de/wegweiser/Familie-regional/Elterngeld/elterngeld%2Cdid%3D99360.html

Elterngeldstellen
http://www.familien-wegweiser.de/wegweiser/Familie-regional/Elterngeld/elterngeld.html

Elterngeldrechner
https://www.familien-wegweiser.de/Elterngeldrechner

Familienleistungen, Infotool
https://www.infotool-familie.de

Familienpflegezeit – Beantragung eines Darlehens beim Bundesamt für Familie und zivilgesellschaftliche Aufgaben
https://www.bafza.de/aufgaben/alter-und-pflege/familienpflegezeit.html

Gesetzessammlung
https://www.gesetze-im-internet.de

Hebammenberatung per Telefon/online
https://call-a-midwife.de

Hebammensuche
https://www.hebammenverband.de

Hebammenunterstützung
http://www.unsere-hebammen.de/familie/hebammensuche/

Kindergeld und Kinderzuschlag – Kontaktdaten der Familienkasse/Kindergeldantrag
https://www.arbeitsagentur.de/familie-kinder

Kindergeld-Auszahlungstermine
https://www.arbeitsagentur.de/familie-und-kinder/auszahlung

Kindesunterhalt – Düsseldorfer Tabelle
http://www.olg-duesseldorf.nrw.de/infos/Duesseldorfer_Tabelle/index.php

Landeserziehungsgeld (Bayern und Sachsen)
https://www.zbfs.bayern.de/familie/landeserziehungsgeld/
http://www.familie.sachsen.de/22727.html

Mutterschaftsgeld – Online Antrag
http://www.bundesversicherungsamt.de/mutterschaftsgeld.html

Namensberatungsstelle
http://www.namenberatung.eu/

Rentenversicherung – Infos
http://www.deutsche-rentenversicherung.de
(Lebenslagen/Familie und Kinder)

Unterhaltsvorschuss – Zuständiges Jugendamt
http://www.familien-wegweiser.de/wegweiser/Familie-regional/Unterhaltsvorschuss/unterhaltsvorschuss.html

Beantragung von Halbwaisen-/Waisenrente
https://www.deutsche-rentenversicherung.de/Allgemein/de/Inhalt/5_Services/04_formulare_und_antraege/01_versicherte/02_rente/_DRV_Paket_Rente_Waisenrente.html

Wiedereinstiegsrechner, Gehalts- und Rentenentwicklung
http://www.wiedereinstiegsrechner.de/

Stichwortverzeichnis

Dank

Dieses Buch konnte nur geboren werden, weil ich so viele wunderbare Unterstützer um mich herum hatte. Mein ganz besonderer Dank gilt:

... meinen Kindern, die mir immer wieder zeigen, dass die Familie das Wichtigste im Leben ist – und ohne die ich niemals auf die Idee gekommen wäre, ein Buch zu schreiben

... meinem Mann, der mir den Rücken freigehalten und mich immer wieder ermutigt hat weiterzumachen

... meinen Eltern und Großeltern, die meine Vorbilder sind, auch wenn sie das vermutlich noch nie gemerkt haben

... meinem Bruder und seiner Frau, die bald selbst Eltern werden

... meiner Schwägerin und ihrer Familie für die vielen Inspirationen und lustigen Momente

... meiner Schwiegermutter, der besten Bäckerin und Geschichtenerzählerin der Welt

... meiner Freundin und Hebamme Sissi Rasche, die mir verständlich gemacht hat, wie Babys »funktionieren«, und in vielen stressigen Lebenssituationen geholfen hat

... meinen wunderbaren Freundinnen, ganz besonders Maike, Malina, Manja, Myriam und Jette

... meiner Agentin Natalie Tenberg und Barbara Wenner. Dafür, dass sie meine Buchidee aus dem Dornröschenschlaf geweckt haben, und für das Vertrauen, das sie mir geschenkt haben

... dem großartigen Team vom Blanvalet-Verlag – für die tolle Zusammenarbeit und für das Erfüllen meiner diversen Sonderwünsche. Ganz besonders aber bei meiner Lektorin Beatrice Lampe für den »Love Letter«, für die vielen klugen Ideen und dafür, dass sie mich auch in stressigen Situationen mit ihrer professionellen Ruhe angesteckt hat

... meiner Redakteurin Nadine Lipp für die Geduld und für

den wunderbaren Feinschliff, den sie dem Buch mit ihrer Arbeit verliehen hat

Und natürlich ganz besonders den Leserinnen meines Blogs smart-mama.de, die mich mit ihrem großen Interesse für Elternrechte ermutigt haben, ein Buch zu schreiben, und mir mit ihren Kommentaren, Diskussionsbeiträgen und Mails zeigen, wo es in der Praxis noch »knirscht«.